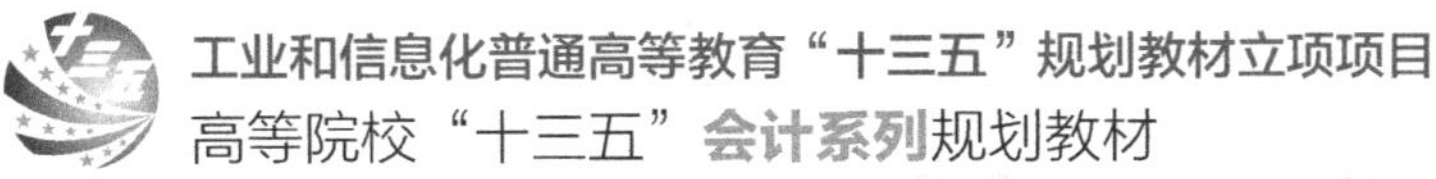

TAX LAW

税法
理论、案例及应用
微课版

◆ 陈文军 徐中伟 主编

人民邮电出版社
北京

图书在版编目（CIP）数据

税法 : 理论、案例及应用 : 微课版 / 陈文军, 徐中伟主编. -- 北京 : 人民邮电出版社, 2020.9（2022.9重印）
高等院校“十三五”会计系列规划教材
ISBN 978-7-115-54032-4

Ⅰ. ①税… Ⅱ. ①陈… ②徐… Ⅲ. ①税法－中国－高等学校－教材 Ⅳ. ①D922.22

中国版本图书馆CIP数据核字(2020)第083013号

内 容 提 要

本书系统地介绍了我国现行税收法律体系和相关税种，讲述了各税种的基本概念、征税范围、应纳税额的计算、税收优惠、税收征收管理等内容。全书分为 13 章，包括税法概论，税收征收管理法，税务行政管理法，增值税，消费税，城市维护建设税与教育费附加，资源税与环境保护税，城镇土地使用税、耕地占用税与契税，土地增值税、房产税与烟叶税，车辆购置税、车船税与印花税，企业所得税，个人所得税，关税和船舶吨税等内容。

本书可作为高等院校会计学、财务管理学、法学等专业相关课程的教材，也可作为会计从业人员和税务从业人员的自学参考书。

◆ 主　　编　陈文军　徐中伟
责任编辑　刘向荣
责任印制　周昇亮

◆ 人民邮电出版社出版发行　　北京市丰台区成寿寺路 11 号
邮编　100164　　电子邮件　315@ptpress.com.cn
网址　https://www.ptpress.com.cn
北京捷迅佳彩印刷有限公司印刷

◆ 开本：700×1000　1/16
印张：15.75　　2020 年 9 月第 1 版
字数：295 千字　　2022 年 9 月北京第 2 次印刷

定价：49.80 元

读者服务热线：(010)81055256　印装质量热线：(010)81055316
反盗版热线：(010)81055315
广告经营许可证：京东市监广登字 20170147 号

前 言 Preface

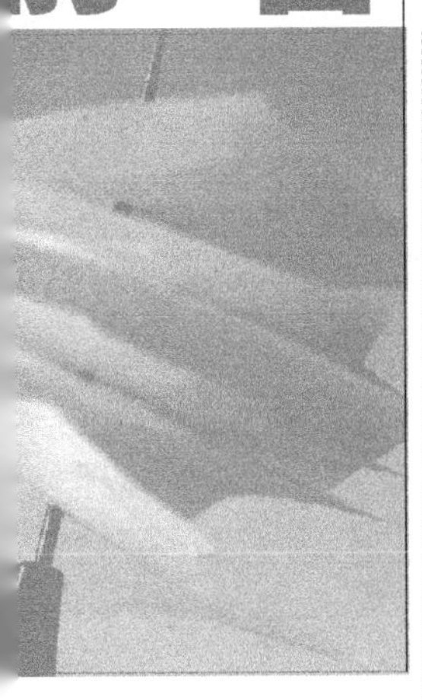

近年来，随着我国财税体制改革的不断深入，税收法律制度也发生了许多变化，如全面推行营业税改征增值税（简称“营改增”），开征环境保护税，对《中华人民共和国个人所得税法》《中华人民共和国个人所得税法实施条例》进行修订，对一般纳税人增值税税率进行调整等。为了使广大读者能够更好地掌握税法知识，编者编写了本书。

本书是在吸收国内外相关教材精华的基础上，结合中国税收法律、国际税收惯例和税收实务等内容编写的，具有如下特色。

（1）理论联系实际，应用性强。本书通过大量案例分析，将税务相关法律的立法依据、法律条文与实践案例相结合，以提高读者对税务相关法律的应用能力。

（2）法理明确，通俗易懂。本书对税务相关法律用语和条文，以朴实的语言，简明精练地进行了解释，帮助读者快速理解税务的相关法律知识。

（3）课证融合，接轨考试。本书的内容、例题和案例设置结合了会计职称、注册会计师等资格考试的大纲，力争为读者通过上述资格考试奠定知识基础。

（4）形式新颖，资源丰富。本书以二维码形式嵌入微课视频，读者通过扫描二维码即可进行学习。同时，本书还提供 PPT、参考答案、教学大纲等教学资源，便于教师教学。

本书由南京师范大学金陵女子学院陈文军教授和中共山东省委党校（山东行政学院）徐中伟教授共同编写。由于时间有限，书中难免存在不足和疏漏之处，如有任何意见或建议，读者可以通过电子邮件随时与我们联系。我们的邮箱是：chenwenjun1106@163.com。教师也可登录人邮教育社区网站（www.ryjiaoyu.com）免费下载相关教学资源。

编　者

2020 年 6 月

目 录 Contents

第8章 城镇土地使用税、耕地占用税与契税 / 138

第9章 土地增值税、房产税与烟叶税 / 151

第10章 车辆购置税、车船税与印花税 / 163

第11章 企业所得税 / 185

第12章 个人所得税 / 203

第13章 关税和船舶吨税 / 227

参考文献 / 242

第1章 税法概论

引导案例

不懂税法的后果

2019 年 10 月，某一般纳税人企业被税务局稽查后，接税务局通知，领取《税务行政处罚事项告知书》。《税务行政处罚事项告知书》主要内容如下：根据国家税务总局公告 2016 年第 15 号的规定，因该企业未按规定抵扣进项税额，故做出补缴增值税并加收滞纳金的处罚，因该企业不懂税法规定，故未加收罚款。事实上，我国每年针对企业发起的税务稽查事件有几十起，税务风险不仅来自企业的不当处理，还来自不断复杂的税法规定，因此，企业财会人员一定要知法懂法，只有这样，才能为企业合法理财。

思考与讨论：

1. 何谓税法？

2. 您认为不懂税法的后果是否可怕？

3. 该案例对纳税人的启示是什么？

1.1 税收概述

1.1.1 税收的含义

税收是国家为了满足社会公共需求，凭借政治权力，按照法律规定，强制、无偿地取得财政收入的一种形式。

名人论税收

1. *税收是国家凭政治权力进行的特殊分配*

国家征税，就是把一部分社会产品和国民收入强制地转变为国家所有，归国家支配使用的过程。征税的过程，就是一部分社会产品和国民收入从纳税人所有转变为国家所有的分配过程。不仅如此，国家征税的结果，还会引起各社会成员占有社会产品和国民收入比例的变化，使一部分社会成员占有的比例会减少。社会产品分配关系是社会生产关系的组成部分，所以，税收作为一种分配方式，在不同的社会制度下，与该社会的生产关系的性质相适应，体现着性质不同的分配关系。

2. 税收是国家为了实现其职能取得财政收入的一种方式

国家是阶级统治的工具。国家为了行使其职能，维持其正常的活动，必须耗用一定的物质资料，因而必须采取适当的方式取得财政收入。税收就是国家在一定客观经济条件下取得财政收入的一种方式。

3. 国家征税凭借的是政治权力

国家取得任何一种财政收入，总是要凭借国家的某种权力。从经济性质上看，税收同利润、利息、地租有相同的一面，但从取得方式上看却存在差别。取得利润、利息、地租依靠的是占有生产资料和资本，而不是凭借政治权力，但取得税收凭借的是政治权力，而不是以占有生产资料和资本为依托的。

1.1.2 税收的特征

税收具有强制性、无偿性和固定性等特征，具体内容如下。

1. 税收的强制性

税收的强制性，是指国家以社会管理者身份，直接凭借政治权力，用法律、法令形式对征纳双方权利与义务的制约。具体表现就是以法律形式颁布的税收制度和法令。从根本上说，税收的强制性是由税收的依据即国家政治权力所决定的。因而它是一种超经济强制，不受生产资料所有制的限制，国家凭其对不同所有者都可行使国家课税权。

税收的强制性包括两个方面：一是税收分配关系的建立具有强制性，它是通过立法的程序确定的，国家依法征税，纳税人必须依法纳税，不允许有任何超越税法的行为；二是税收征收过程具有强制性。税收征收的法律保证是税法，税法从征税和纳税两个方面来规范、约束、保护和巩固税收分配关系。

2. 税收的无偿性

税收的无偿性，是指国家征税以后，税款就成为国家财政收入的一部分，由国家预算安排直接用于满足国家行使职能的需要，不再直接返还给纳税人，也不付出任何形式的直接报酬和代价。税收的无偿性是针对具体的纳税人而言的，也就是说，国家征税不是与纳税人之间进行等量财富的交换或补偿，而是纳税人无偿地向国家缴纳财富，国家不需要对原纳税人直接返还已纳税款，也不需要直接对纳税人提供相应的服务或给予相应的特许权利。它只是所有权的单向转移。明确税收的无偿性特征，可以把税收同国有资产收益、公债和规费收入等财政收入形式区别开来。

3. 税收的固定性

税收的固定性是指国家征税必须通过法律的形式，预先规定征税对象、纳税人和征税标准等征税事项，按照预定的标准征税。这些事先规定的事项对征纳双方都有约束力，纳税人只要取得了应纳税收入或发生了应纳税行为，就必须按照规定纳税。征收机关也必须按照预先规定的标准征收，不得随意变更标准。所以，税收的固定性就包含时间上的连续性和征收比例上的限度性。固定性是国家稳定地取得财政收入的基本保证，也是税收区别于罚没、摊派等财政范畴的重要标志。

税收的 3 个形式特征是缺一不可的统一整体。无偿性是税收这种特殊分配手段本质的体现；强制性是实现税收无偿征收的强有力的保证；固定性是无偿性和强制性的必然要求。税收的 3 个形式特征是税收区别于其他财政收入的基本标志，也是鉴别财政收入是否是税收的基本标准。税收的形式特征，不因社会制度不同而改变。

1.1.3 税收的分类

1994 年税制改革之后，我国的税种由 37 个缩减至目前的 18 个，具体是增值税、消费税、企业所得税、个人所得税、资源税、城镇土地使用税、房产税、城市维护建设税、耕地占用税、土地增值税、车辆购置税、车船税、印花税、契税、烟叶税、环境保护税、关税、船舶吨税。关税和船舶吨税由海关征收，因此，目前税务部门征收的税种只有 16 个。税收分类就是按照一定的标准和方法，对形式或特点相同或相近的税种进行的系统分析、归纳和综合。目前，税收主要按以下标准分类。

1. 以税收管理和使用权限为标准，税收可分为中央税、地方税、中央与地方共享税

中央税又称为国税，是指管辖权和收入支配权划归中央的税收。在我国，中央税包括消费税、关税、车辆购置税、海关代征的进口环节消费税和增值税。

地方税又称为地税，是指管辖权和收入支配权划归地方各级的税收。目前，地方税主要包括烟叶税、城镇土地使用税、耕地占用税、房产税、土地增值税、车船税、契税等。

中央与地方共享税又称为共享税，是指中央与地方共同课征或支配使用的税收。在我国，中央与地方共享税包括增值税、资源税、企业所得税、个人所得税、印花税、城市维护建设税。

我国按照税收管理和使用权限明确将税收划分中央税、地方税、中央与地方共享税，并完善各种的税收体系，是与市场经济原则和公共财政原理相一致的，是实现分税制财政体制的基础。它有利于规范中央与地方之间的财政关系；有利于事权、财权、财力的有机结合；有利于增强宏观调控能力和地方因地制宜地处理区域范围内的公共事务，提高财政管理效率和效益。

2. 以税收负担能否转嫁为标准，税收可分为直接税和间接税

直接税是指由纳税人直接负担、不易转嫁的税种，这种税的纳税人就是负税人。一般认为所得税和财产税属于直接税。

间接税是指纳税人能够将税负转嫁给他人负担的税种，这种税的纳税人不一定是负税人。一般认为对商品课的税属于间接税，如增值税、消费税、关税等。

3. 以税收的计税依据为标准，税收可分为从价税和从量税

从价税亦称“从价计征”，是指以课税对象的价值或价格为计税依据的税收。增值税、关税、房产税等都属于从价税。

从量税亦称“从量计征”，是指以课税对象的重量、面积、件数、容积等数量指标为依据，采取固定税额计征的税收。在西方国家或地区，从量税也称“单位税”，如美国的酒按加仑（1 加仑＝4.546 千克）计算征税等。

从量税不受商品价格变化的影响，有利于鼓励改进商品包装，从而增加企业利润，计算也比较简单，但如果课税对象等级划分过粗则不利于公平税负。从价税受商品价格的影响，即税额随商品价格的提高而增加，随商品价格的下降而减少。从价税税收负担比较合理，但不利于企业改进商品包装，因为包装费会并入商品价格，从而提高税额。

4. 以课税对象不同为标准，税收可分为流转税、所得税、财产税、资源税和行为税

流转税又称为商品税，是指以纳税人的商品流转额或非商品流转额为征税对象的一类税，包括增值税、消费税、关税等。

所得税又称为收益税，是指以纳税人的净所得（纯收益或纯收入）为征税对象的一类税，包括个人所得税、企业所得税等。

财产税是指以各类动产和不动产为征税对象的一类税，包括一般财产税、遗产税、赠予税等。

资源税是指以应纳资源税产品为征税对象的一类税。

行为税是国家为了对某些特定行为进行限制或开辟某些财源而征收的一类税。

以课税对象不同为标准划分税种是最基本、最常见的一种分类方法。

5. 按照税收与价格的关系，税收可分为价内税与价外税

价内税是指在征税对象的价格之中包含有税款的一类税。若货款中包含税款，则购买方无须另外支付税款，如我国现行的消费税。

价外税是指税款独立于征税对象的价格之外的税种，我国的增值税就属于价外税。

6. 按照税收的侧重点或着眼点，税收可分为对人税与对物税

早期的对人税是主要着眼于人身因素而征收的税种，如人头税、人丁税。现代的对人税是以作为主体的人为基础并考虑个人具体情况而征收的税种，如所得税。

对物税是主要着眼于物的因素而征收的税种，如对商品、财产征的税。

7. 按照征税标准是否具有依附性，税收可分为独立税与附加税

独立税又称为主税，是指凡不需依附于其他税种而仅依自己的征税标准独立征收的税种。大多数税种均为独立税。

附加税是指附加于其他税种之上征收的税种。狭义的附加税仅指以其他税种的征税额作为自己征收标准的税种；广义的附加税还包括直接以其他税种的征收标准作为自己征收标准的税种。在我国，附加税主要有城市维护建设税、教育费附加等。

8. 按照税收收入形态的不同，税收可分为实物税与货币税

实物税是指以实物形式缴纳的税种，它主要存在于商品经济不发达的时代和国家。

货币税是指以货币形式缴纳的税种，是市场经济国家最普遍、最基本的税收形式。

1.2 税法概述

1.2.1 税法的含义

税法是国家制定的用于调整国家和纳税人之间在税收征纳方面的权利和义务关系的法律规范的总称，有广义和狭义之分。广义的税法是指一切涉及税收关系的法律规范的总称。狭义的税法仅指由国家最高权力机关以正式立法形式颁布的税收法律。它们通常被冠以“税法”名称。

税法与税收、税制

税收是国家依据符合宪法的税收法律对公民和法人行使的一种请求权，而税法则是国家制定的用以调整国家与纳税人之间在征纳税方面的权利及义务关系的法律规范的总称。税收决定税法，没有税收就没有税法；反之，税法规范税收，没有税法，税收便失去了法律依据，使税收活动难以正常进行，国家难以组织财政收入、实现预算。

1.2.2 税法与其他部门法的关系

税收活动涉及社会经济生活的各个层面，作为调整税收关系的税法与国家其他部门法具有密切的关系。

1. 税法与宪法的关系

宪法是我国的根本大法。税法属于部门法，其位阶低于宪法，依据宪法制定，这种依从包括直接依据宪法的条款制定和依据宪法的原则精神制定两个层面。

2. 税法与民法的关系

民法是调整平等主体之间，即公民之间、法人之间、公民与法人之间财产关系和人

身关系的法律规范，其调整方法的主要特点是平等、等价和有偿。税法的本质是国家依据政治权力进行征税，是调整国家与纳税人征纳关系的法律规范，这种税收征纳关系不是商品的关系，而是国家意志和强制的关系，其调整方法的主要特点是命令和服从。

税法与民法两者之间又具有联系，当税法的某些规范与民法的规范基本相同时，税法一般援引民法条款。在征税过程中，经常涉及大量的民事权利和义务问题，如印花税中有关经济合同关系的成立、房产税中有关房屋产权的认定等，这些在民法中已有规定，所以税法未做另行规定。

3. 税法与刑法的关系

刑法是关于犯罪、刑事责任与刑罚的法律规范的总和，税法则是调整税收征纳关系的法律规范。虽然两者调整的范围不同，但两者又有着密切的联系，因为税法和刑法对于违反税法都规定了处罚条款。但应该指出的是，违反了税法，并不一定就是刑事犯罪。其区别在于情节是否严重，轻者给予行政处罚，重者则要承担刑事责任，给予刑事处罚。自2009年2月28日起，“偷税”将不再作为一个刑法概念存在。十一届全国人大常委会第七次会议表决通过了《中华人民共和国刑法修正案（七）》，修订后的《中华人民共和国刑法》对第二百零一条关于不履行纳税义务的定罪量刑标准和法律规定中的相关表述方式进行了修改，用“逃避缴纳税款”取代了“偷税”。但目前《中华人民共和国税收征收管理法》中还没有做出相应修改。

4. 税法与行政法的关系

税法与行政法有一定区别。与一般行政法所不同的是，税法具有经济分配的性质，并且使经济利益由纳税人向国家无偿单方面转移，这是一般行政法所不具备的。几乎社会再生产的每一个环节都有税法的参与与调节，这在广度和深度上是一般行政法所不能比的。另外，行政法大多为授权性法规，其所含的少数义务性规定也不像税法一样涉及货币收益的转移，而税法则是一种义务性法规。

税法与行政法有十分密切的联系，主要表现为税法具有行政法的一般特性。税法中有大量内容是关于对国家机关之间、国家机关与法人或自然人之间的法律关系的调整的。而且税收法律关系中居于领导地位的一方总是国家，体现国家单方面意志，不需要征纳双方意思表示完全一致。另外，税法一般按照行政复议程序和行政诉讼程序解决争议。

1.2.3 税法的地位与作用

1. 税法的地位

税法是我国法律体系的重要组成部分，其地位是由税收在国家经济活动中的重要性决定的。一方面，税收收入是政府取得财政收入的主要来源，而财政收入是维持国家机器正常运转的经济基础；另一方面，税法是国家宏观调控的经济杠杆和法律手段。因此，税法是调整国家与企业和公民个人收入分配关系的最基本、最直接的方式，特别是在市场经济条件下，税收收入的上述两项功效表现得非常明显和直接。税与法密不可分，有税必有法，无法不成税。现代国家大多奉行立宪征税、依法治税的原则，即政府的征税权由宪法授予，税收法律需经立法机关批准，税务机关履行职责必须依法办事，税务争讼要按法定程序解决。简而言之，国家的一切税收活动均以法定形式表现出来，因此，税法属于国家法律体系中一个重要的部门法，它是调整国家与各个经济单位及公民个人分配关系的基本法律规范。

2. 税法的作用

（1）税法是国家宏观调控经济的法律手段。我国建立和发展社会主义市场经济体制的一个重要改革目标就是国家从过去习惯于运用行政手段直接管理经济向主要运用经济、法律手段宏观调控经济转变。税法作为国家宏观调控经济的法律手段，以法律的形式确定国家与纳税人之间的利益分配关系，调节社会成员的收入水平，调整产业结构和社会资源的优化配置，使之符合国家宏观经济的发展要求。

（2）税法是国家组织财政收入的法律保障。我国为了维护国家机器的正常运转以及促进国民经济健康、有序发展，必须筹集大量的资金，即组织国家财政收入，为了保证税收组织财政收入职能的发挥，必须制定税法，以法律的形式确定企业、单位和个人履行纳税义务的具体项目、数额和纳税程序，惩治偷逃税款的行为，防止税款流失，保证国家依法征税，及时足额地取得税收收入。针对我国现阶段税费并存的宏观分配格局，今后一段时间，我国实施税制改革的一个重要目的就是逐步提高税收占国民生产总值的比重，以保障财政收入。

（3）税法能有效地保护纳税人的合法权益。如果税务机关随意征税，就会侵犯纳税人的合法权益，影响纳税人的正常经营，这是法律所不允许的。因此，税法在确定税务机关征税权力和纳税人履行纳税义务的同时，相应规定了税务机关必须尽到的义务和纳税人应该享有的权利，如纳税人享有延期纳税权、申请减税免税权、多缴税款要求退还权、不服税务机关的处理决定申请复议或提起诉讼权等。税法还严格规定了对税务机关执法行为的监督制约制度，如税务机关必须按照法定的权限和程序进行税收征收管理，造成纳税人合法权益损失的要承担赔偿责任等。所以，税法不仅是税务机关征税的法律依据，同时也是纳税人保护自身合法权益的重要法律依据。

（4）税法是维护国家权益，有力促进国际经济交往的可靠保证。在国际经济交往中，任何国家对在本国境内从事生产、经营的外国企业或个人都拥有税收管辖权，这是国家权益的具体体现。我国自改革开放以来，在平等互利的基础上，不断促进同各国、各地区的经济交流与合作，利用外资的情况、引进技术的规模、渠道和形式都有了很大变化。我国在建立和完善涉外税法的同时，还同80多个国家和地区签订了避免双重征税的协定。这些税法规定既维护了国家的权益，又为鼓励外商投资、保护国外企业或个人在华合法经营、建立和维护国家间平等互利的经济技术合作关系提供了可靠的法律保障。

1.3 税法原则

税法原则反映税收活动的根本属性，是税收法律制度建立的基础。税法原则包括税法基本原则和税法适用原则。

1.3.1 税法基本原则

税法基本原则是统领所有税收规范的根本准则，是包括税收立法、执法、司法在内的一切税收活动所必须遵守的。

1. *税收法定原则*

党的十八届三中全会审议通过的《中共中央关于全面深化改革若干重大问题的决定》提出了“落实税收法定原则”。这是我国在党的文件中首次明确提出税法原则中最根本的一个原则。

税收法定原则又称为税收法定主义，是指税法主体的权利义务必须由法律加以规定，税法的各类构成要素都必须且只能由法律予以明确。如果没有以响应法律为前提，国家则不能征税，公民也没有纳税的义务。税收法定原则贯穿税收立法和执法的全部领域，其内容包括税收要件法定原则和税务合法性原则。

（1）税收要件法定原则

税收要件法定原则是指有关纳税人、课税对象、课税标准等税收要件必须以法律形式做出规定，且有关课税要素的规定必须尽量明确。具体来说，它要求：

① 国家对其开征的任何税种都必须由法律对其进行专门确定才能实施；

② 国家对任何税种征税要素的变动都应当按相关法律的规定进行；

③ 征税的各个要素应当由法律做出专门的规定，并且这种规定还应当尽量明确，如果规定不明确则会产生漏洞或者歧义。我国在税收的立法过程中对税收的各要素加以规定之后还应当采用恰当准确的用语，使之明确化，尽量避免使用模糊性的文字。

（2）税务合法性原则

税务合法性原则是指税务机关按法定程序依法征税，不得随意减征、停征或免征，做到无法律依据不征税。具体来说，它要求：

① 立法者在立法的过程中要对各个税种征收的法定程序加以明确规定，这既可以使纳税得以程序化，提高工作效率，节约社会成本，又可以尊重并保护税收债务人的程序性权利，促使其提高纳税的意识；

② 征税机关及其工作人员在征税过程中，必须按照税收程序法和税收实体法的规定来行使自己的职权，履行自己的职责，充分尊重纳税人的各项权利。

2. *税收公平原则*

税收公平原则包括税收横向公平和纵向公平，即税收负担必须根据纳税人的负担能力分配，负担能力相等，税负相同；负担能力不等，税负不同。税收公平原则源于法律上的平等性原则，所以许多国家的税法在贯彻税收公平原则时，都特别强调“禁止不平等对待”的法理，禁止对特定纳税人给予歧视性对待，也禁止在没有正当理由的情况下对特定纳税人给予特别优惠。

3. *税收效率原则*

税收效率原则包含两个方面的内容：一是经济效率；二是行政效率。前者要求税法的制定有利于资源的有效配置和经济体制的有效运行，后者要求提高税收行政效率，节约税收征管成本。

4. *实质课税原则*

实质课税原则指国家应根据客观事实确定纳税人是否符合课税要求，并根据纳税人的真实负担能力决定纳税人的税负，而不能仅考虑相关外观和形式。

1.3.2 税法适用原则

税法适用原则是税务行政机关和司法机关运用税收法律规范解决具体问题所必须遵循的准则。税法适用原则并不违背税法基本原则，而且在一定程度上体现着税法基本原则。但是与税法基本原则相比，税法适用原则含有更多的法律技术性准则，更为具体化。该原则包括以下内容。

1. *法律优位原则*

法律优位原则在税法中的作用主要体现在处理不同等级税法的关系上。法律优位原则明确了税收法律的效力高于税收行政法规的效力，对此还可以进一步推论出税收行政法规的效力优于税收行政规章的效力。当效力低的税法与效力高的税法发生冲突时，效力低的税法即是无效的。

2. 法律不溯及既往原则

法律不溯及既往原则是绝大多数国家所遵循的法律程序技术原则。其基本含义为：一部新法实施后，对新法实施之前人们的行为不得适用新法，而只能沿用旧法。在税法领域内坚持这一原则，目的在于维护税法的稳定性和可预测性，使纳税人能在知道纳税结果的前提下做出相应的经济决策，如此税收的调节作用才会较为有效。

3. 新法优于旧法原则

新法优于旧法原则也称后法优于先法原则，其含义为：新法、旧法对同一事项有不同规定时，新法的效力优于旧法的效力。其作用在于避免因法律修订带来新法、旧法对同一事项有不同规定而引起法律适用的混乱，为法律的更新与完善提供法律适用上的保障。新法优于旧法原则在税法中普遍适用，但是当新税法与旧税法为普通法与特别法的关系时，以及某些程序性税法引用“实体从旧，程序从新原则”时，可以例外。

4. 特别法优于普通法原则

这一原则的含义为当对同一事项两部法律分别定有一般规定和特别规定时，特别规定的效力高于一般规定的效力。特别法优于普通法原则打破了税法效力等级的限制，即居于特别法地位的级别较低的税法，其效力可以高于作为普通法的级别较高的税法的效力。

5. 实体从旧，程序从新原则

这一原则的含义包括两个方面：一是实体税法不具备溯及力。即在纳税义务的确定上，以纳税义务发生时的税法规定为准，实体性的税法规则不具有向前的溯及力。二是程序性税法在特定条件下具备一定的溯及力。即对于在新税法公布实施之前发生，却在新税法公布实施之后进入税款征收程序的纳税义务，原则上新税法具有约束力。

6. 程序优于实体原则

程序优于实体原则是关于税收诉讼法的原则，其基本含义为，在诉讼发生时税收程序法优于税收实体法。确定这一原则，是为了确保国家课税权，避免因争议的发生而影响税款的及时、足额入库。

1.4 税法要素

1.4.1 税法要素的含义

税法要素，是指各种单行税法具有的基本要素的总称。一方面，税法要素既包括实体性的，也包括程序性的；另一方面，税法要素是所有完善的单行税法都共同具备的，仅为某一税法所单独具有而非普遍性的内容，不构成税法要素，如扣缴义务人。

1.4.2 税法要素的内容

税法要素一般包括总则、纳税义务人、征税对象、税目、税率、纳税环节、纳税期限、纳税地点、减税免税、罚则、附则等。

1. 总则

总则主要包括立法依据、立法目的、适用原则等。

2. 纳税义务人

纳税人是纳税义务人的简称，是税法明确规定的直接向税务机关负有纳税义务的单位和个人，纳税人包括自然人和法人。自然人是指居民或公民个人，法人是指具有法人资格的单位或组织。就企业而言，其成为法人至少应同时具备以下条件：（1）依法成立，必须在政府管理部门登记注册，有合法的独立的经营条件和完备手续并取得政府和法律的正式承认；（2）必须有独立的经济核算权，不是企业内部的下属单位或只有核算形式的附属单位；（3）能够独立对外与其他经济组织签订合同、协议和办理其他各种经济业务；（4）能够独立承担民事上的财产义务以及能以自己的名义参加民事活动和诉讼。

纳税人中的法人和自然人并不是按税种截然分开的，大部分税种都是同时面向法人和自然人的，另外按照国际惯例，独资企业、合伙企业不是法人。尽管独资企业、合伙企业可以以企业名义与外界开展业务活动，但不能以企业的名义纳税，独资企业、合伙企业的所得税均是以独资者个人或合伙人个人的形式缴纳的，因此独资企业、合伙企业不是纳税人。

另外，需说明的是，除了纳税人外，还应注意扣缴义务人、负税人等。扣缴义务人，是指税法规定负有代扣代缴、代收代缴义务的单位和个人。其虽然不直接负担纳税义务，但我国税法仍将其作为纳税主体。扣缴义务人所承担的义务和享有的权利与纳税人的基本相同。负税人是指最终负担税款的单位和个人。

3. 征税对象

征税对象又叫征税客体，它是纳税人应该承担某种税的对象。它表明国家应对什么进行征税，纳税人应就什么纳税。

征税对象是确立税种的重要标志，通常征税对象不同，税种也就不同，如企业所得税是以企业应纳税所得额为征税对象的税，增值税是以产品增值额为征税对象的税，消费税是以应税消费品的销售额或销售数量为征税对象的税，它体现了不同税种的根本界限。

与征税对象密切相关的概念还有征税依据，又称计税依据、计税标准或税基，它是计算应纳税额的直接依据。不同的税种，其征税依据是不同的，如营业税的纳税依据是营业额，所得税的纳税依据是所得额，消费税的纳税依据是销售额或销售数量。如果征税依据是价值形态的，则征税对象和征税依据是一致的；如果征税依据是实物形态的，则征税对象和征税依据一般不一致，如车船使用税，其征税对象是车辆、船舶，而征税依据却是车船的吨位。

4. 税目

税目是在税法中对征税对象分类规定的具体的征税项目，反映具体的征税范围，是对课税对象质的界定。设置税目的目的一是明确具体的征税范围，凡列入税目的即为应税项目，未列入税目的，则不属于应税项目；二是划分税目也是贯彻国家税收调节政策的需要，国家可以不同项目的利润水平以及国家经济政策等为依据制定高低不同的税率，以体现不同的税收政策。并非所有的税种都需规定税目，有些税种不分课税对象的具体项目，一律按照课税对象的应税数额采用同一税率计征税款，因此，一般无须设置税目，如企业所得税。有些税种的具体课税对象比较复杂，需要规定税目，如消费税、增值税等一般都规定有不同的税目。

5. 税率

税率是指应纳税额与征税对象数额之间的比例，它表明国家征税的深度以及纳税人税负的轻重。税率是税收制度中的核心问题，税率的高低直接关系到国家财政收入的多少和纳税人税收负担的轻重。

税率是发挥税收杠杆作用的重要手段，国家对同一税种制定高低各异的税率，往往可体现国家鼓励什么、限制什么的奖限政策。税率可以采用百分比表示，也可以采用绝对额表示。由此，我们常将税率分为比例税率、累进税率和定额税率 3 种类型。

（1）比例税率

比例税率是指对同一征税对象，不分数额大小，只规定一个相同的征税比例。比例税率常用于对流转额的征税，如增值税税率为 13%、消费税率为 10%等，它不因产品或销售额数量的不同而改变。比例税率计算简便，征税方便，但不能调节收入差距。

（2）累进税率

累进税率是指随着征税对象数量增大而随之提高的税率，即按征税对象数额的大小分成若干等级，不同等级的课税数额适用不同的税率，课税数额越大，适用的税率越高。累进税率一般在所得税中使用，可以充分体现对纳税人收入多的多征、收入少的少征、无收入的不征的税收原则，从而有效地调节纳税人的收入，正确处理税收负担的纵向公平问题。

（3）定额税率

定额税率又称固定税额，根据课税对象计量单位直接规定固定的征税数额。征税对象的计量单位可以是重量、数量、面积、体积等自然单位，征税对象也可采用复合计量单位，如资源税中的天然气以千立方米为计量单位。显然，定额税率一般适用于从量征收的税种。定额税率使用方便，简单明了，税额不受征税对象价格和生产经营成本变动的影响。

6. 纳税环节

纳税环节是指税法规定的征税对象在从生产到消费的流转过程中应当缴纳税款的环节。它在商品征税方面具有重要意义，以至于人们往往认为纳税环节是运用于商品征税领域中的特殊概念。税法规定了在产品流转过程中应纳税额在什么环节缴纳。例如，对一种产品，纳税人可以选择在生产环节纳税，也可选择在批发、零售环节纳税，同时也可以选择在每个环节都纳税。我国现行税制对产品流转采用每道环节都征税的办法，同时采用对增值额征税的方法，以克服重复征税和税负不平衡的现象。

7. 纳税期限

纳税期限是指税法规定的关于税款缴纳时限方面的限定。纳税人应该履行纳税义务、掌握缴纳税款的时间限制。合理规定和严格执行纳税期限，对于保证财政收入的及时性和财政收支平衡有重要作用。纳税人应该依法在规定的纳税期限内缴纳税款，并应根据纳税期限，合理安排现金量以保证足额及时纳税。

税法关于纳税期限的规定，有以下 3 个概念：一是纳税义务发生时间，即应税行为发生的时间。例如，《中华人民共和国增值税暂行条例》（以下简称《增值税暂行条例》）规定，采取预收货款方式销售货物的，其纳税义务发生时间为货物发出的当天。二是纳税期限，即纳税人每次发生纳税义务的时间。例如，《增值税暂行条例》规定，增值税的纳税期限分别为 1 日、3 日、5 日、10 日、15 日、1 个月或 1 个季度。纳税人的具体纳税期限，由主管税务机关根据纳税人应纳税额的大小分别核定；不能按照固定期限纳税的，可以按次纳税。三是缴库期限，即税法规定的纳税期满后，纳税人将应纳税款缴入国库的期限。例如，《增值税暂行条例》规定，纳税人以 1 个月或 1 个季度为 1 个纳税期的，自期满之日起 15 日内申报纳税，以 1 日、3 日、5 日、10 日或 15 日为 1 个纳税期的，自期满之日起 5 日内预缴税款，于次月 1 日起 15 日内申报纳税并缴清上月应纳税款。

8. 纳税地点

纳税地点是指纳税人申报、缴纳税款的场所，包括机构所在地、经济活动发生地、财产所在地、报关地等。

9. 减税免税

减税免税是对某些纳税人和征税对象采取的减少征税或者免予征税的特殊规定。

10. 罚则

罚则主要是对纳税人违反税法的行为采取的处罚措施。

11. 附则

附则一般都规定与该法紧密相关的内容，如该法的解释权、生效时间等。

1.5 税收立法

1.5.1 税收立法的含义

税收立法是国家立法机关或其授权机关根据一定的立法程序，制定税收法律规范的一系列活动。它是国家整个立法工作的重要组成部分，包括制定、修改和废止税收法律等环节。国家通过税收立法，一方面要确定国家、集体、个人之间的税收分配关系，以及我国与外国政府或外籍人员的税收权益分配关系；另一方面要制定正确处理这些关系所必须遵守的程序和准则。

只有对税收立法，我们才能有法可依，避免“以权代法、以言代法”等问题的出现。做好税收立法工作，对于正确处理国家、集体、个人之间及中央与地方政府之间的经济利益关系，促进税务机关依法征税和依法行政，维护纳税人的合法权益，促进经济的良性运行和发展，保证国家财政收入等，都具有积极的现实意义。

1.5.2 税收立法原则

税收立法原则是在税收立法活动中必须遵循的准则。我国的税收立法原则是根据我国的社会性质和具体国情确定的，是立法机关根据社会经济活动、经济关系，特别是税收征纳双方的特点确定的，并贯穿于税收立法工作始终的指导方针。税收立法主要应遵循以下 5 项原则。

1. 从实际出发的原则

从实际出发，是唯物主义的思想在税收立法实践中的运用和体现。贯彻这一原则，一方面，要求税收立法必须根据经济、政治发展的客观需要，反映客观规律，也就是从我国国情出发，充分尊重经济社会发展规律和税收分配理论；另一方面，要客观反映一定时期国家、社会、政治、经济等各方面的实际情况，既不能被某些条条框框束缚，也不能盲目抄袭别国的立法模式。在此基础上，人们充分运用科学知识和技术手段，不断丰富税收立法理论，完善税法体系，以适应社会主义市场经济发展的客观需要。

2. 公平原则

在税收立法中一定要体现公平原则。所谓公平，就是要体现合理负担原则。在市场经济体制下，参加市场竞争的各个主体需要有一个平等竞争的环境，而税收的公平是实现平等竞争的重要条件。公平主要体现在以下 3 个方面：一是从税收负担能力角度看，负担能力大的应多纳税，负担能力小的应少纳税，没有负担能力的不纳税；二是从纳税人所处的生产和经营环境角度来看，由于客观环境优越而取得超收入的人或级差受益者应多纳税，反之则少纳税；三是从税负平衡角度来看，不同地区、不同行业间及多种经济成分之间的实际税负必须尽可能公平。

3. 民主决策的原则

民主决策主要指相关部门在税收立法过程中必须充分倾听群众的意见，严格按照法定程序进行，确保税收法律能体现广大群众的根本利益。这一原则要求税收立法的主体应以人民代表大会及其常务委员会为主，按照法定程序进行税收立法；对税收法案的审议，要进行充分的辩论，倾听各方面的意见；税收立法过程要公开化，让广大人民群众及时了解税收立法的全过程，以及立法过程中产生的争论和如何达成共识的情况。

4. 原则性与灵活性相结合的原则

在制定税法时，相关部门应做到明确、具体、严谨、周密。但是，为了保证税法被制定后在全国范围内都能得到贯彻执行，不致与现实脱节，且在制定税法时，不能规定得过细过死，就要求相关部门必须坚持原则性与灵活性相结合的原则。具体来讲，就是必须贯彻法制的统一性。与因时、因地制宜相结合。法制的统一性，表现在税收立法上，就是税收立法权只能由国家最高权力机关来行使，各地区、各部门不能擅自制定违反国家法律的“土政策”“土规定”。但是，我国又是一个幅员辽阔、人口众多、多民族的国家，各地区的经济文化发展水平不平衡，因而对不同地区不能强求一致。因此，为了照顾不同地区特别是少数民族地区不同的情况和特点，为了充分发挥地方的积极性，在某些情况下，我国允许地方在遵守国家法律、法规的前提下，制定适合当地的实施办法等。因此，只有贯彻这一原则，才能制定既符合全国统一性要求又能适应各地区实际情况的税法。

5. 法律的稳定性、连续性与“废、改、立”相结合的原则

制定税法是与一定的经济基础相适应的。税法一旦被制定，在一定阶段内就要保持稳定性，不能朝令夕改，变化不定。如果税法经常变动，不仅会破坏税法的权威性和严

肃性，而且会给国民经济生活造成非常不利的影响。但是，这种稳定性不是绝对的，因为社会政治、经济状况是不断变化的，税法也要相应发展变化。这种发展变化具体表现在：有的税法已经过时，需要废除；有的税法部分失去效力，需要修改、补充；根据新的情况，需要制定新的税法。此外，我们还必须注意保持税法的连续性，即税法不能中断，在新的税法未被制定前，原有的税法不应随便中止、失效；在修改、补充原有的税法和制定新的税法时，应保持其与原有税法的承续关系，应在原有税法的基础上，结合新的实践经验，修改、补充原有的税法和制定新的税法。只有遵循这一原则，我国才能制定出符合社会政治、经济发展规律的税法。

1.5.3 税法立法机关

根据《中华人民共和国宪法》《中华人民共和国全国人民代表大会组织法》《中华人民共和国国务院组织法》及《中华人民共和国地方各级人民代表大会和地方各级人民政府组织法》的规定，我国的立法体制是：全国人民代表大会及其常务委员会行使立法权，制定法律；国务院及所属部委，有权根据宪法和法律制定行政法规和规章；地方人民代表大会及其常务委员会，在不与宪法、法律、行政法规抵触的前提下，有权制定地方性法规，但要报全国人民代表大会常务委员会和国务院备案；民族自治地方的人民代表大会有权依照当地民族政治、经济和文化的特点，制定自治条例和单行条例。

各有权机关根据国家立法体制规定所制定的一系列税收法律、法规、规章和规范性文件，构成了我国的税收法律体系。由于制定税收法律、法规和规章的机关不同，其法律级次不同，因此其法律效力也不同。

1. 全国人民代表大会及其常务委员会制定的税收法律

《中华人民共和国宪法》（以下简称《宪法》）第五十八条规定："全国人民代表大会和全国人民代表大会常务委员会行使国家立法权。"其他任何机关都没有制定税收法律的权力。在国家税收中，凡是基本的、全局性的问题，如国家税收的性质、税收法律关系中征纳双方权利与义务、税种的设置等，都需要由全国人民代表大会及其常务委员会以税收法律的形式确定，并且在全国范围内，无论对国内纳税人，还是涉外纳税人都普遍适用。

2. 全国人民代表大会及其常务委员会授权立法

授权立法是指全国人民代表大会及其常务委员会根据需要授权国务院制定某些具有法律效力的暂行规定或者条例。授权立法与制定行政法规不同。国务院经授权立法所制定的规定或条例等，具有国家法律的性质和地位，它的法律效力高于行政法规的法律效力，在立法程序上还须报全国人民代表大会常务委员会备案。

3. 国务院制定的税收行政法规

国务院作为最高国家权力机关的执行机关，是最高的国家行政机关，拥有广泛的行政立法权。我国的《宪法》规定，国务院可根据宪法和法律，规定行政措施，制定行政法规，发布决定和命令。行政法规作为一种法律形式，在中国法律形式中处于低于宪法、法律和高于地方性法规、部门规章、地方规章的地位，也是在全国范围内普遍适用的。

4. 地方人民代表大会及其常务委员会制定的税收地方性法规

根据《中华人民共和国地方各级人民代表大会和地方各级人民政府组织法》的规定，省、自治区、直辖市的人民代表大会以及省、自治区的人民政府所在地的市和经国务院批准的较大的市的人民代表大会有制定地方性法规的权力。我国在税收立法上坚持“统一税法”的原则，因此，地方权力机关制定税收地方性法规不是无限制的，而是要严格按照税收法律的授权行事。

5. 国务院税务主管部门制定的税收部门规章

《宪法》第九十条规定：“国务院各部、各委员会根据法律和国务院的行政法规、决定、命令，在本部门的权限内，发布命令、指示和规章。”有权制定税收部门规章的税务主管机关是财政部、国家税务总局及海关总署。其制定规章的范围包括对有关税收法律、法规的具体解释、税收征收管理的具体规定、办法等，税收部门规章在全国范围内具有普遍适用效力，但不得与税收法律、行政法规相抵触。

6. 地方政府制定的税收地方规章

根据《宪法》以及《中华人民共和国立法法》的规定，省、自治区、直辖市的人民代表大会以及省、自治区的人民政府所在地的市和经国务院批准的较大的市的人民政府，可以根据法律和国务院的行政法规、制定规章。按照“统一税法”的原则，上述地方政府制定税收地方性法规，都必须在税收法律、法规明确授权的前提下进行，并且不得与税收法律、行政法规相抵触。没有税收法律、法规的授权，地方政府是无权自定税收规章的，凡是越权自定的税收规章没有法律效力。

1.5.4 税法立法程序

税法立法程序是指有权的机关在制定、认可、修改、补充、废止等税收立法活动中必须遵循的法定步骤和方法。目前，我国税收立法程序主要包括以下几个阶段。

1. 提议阶段

无论是税法的制定，还是税法的修改、补充和废止，一般由国务院授权其税务主管部门（财政部、国家税务总局及海关总署）负责立法的调查研究等准备工作，并提出立法方案或税法草案，上报国务院。

2. 审议阶段

税收法规由国务院负责审议。税收法律在经国务院审议通过后，以议案的形式提交全国人民代表大会或其常务委员会的有关工作部门，在广泛征求意见并做修改后，提交全国人民代表大会或其常务委员会审议通过。

3. 通过和公布阶段

税收行政法规，由国务院审议通过后，以国务院总理名义发布实施。对于税收法律，在全国人民代表大会或其常务委员会开会期间，先听取国务院关于制定税法议案的说明，然后经过讨论，以简单多数的方式通过后，以国家主席名义发布实施。

1.6 税收执法

税法的实施就是税法的执行。它包括税收执法及守法两个方面：一方面要求税务机关及税务人员正确运用税收法律，并对违法者实施制裁；另一方面，要求税务机关、税务人员、公民、法人、社会团体及其他组织严格遵守税收法律。

税法具有多层次的特点，因此，在税收执法过程中，对其适用性或法律效力的判断，一般按以下原则掌握：一是层次高的法律优于层次低的法律；二是同一层次的法律中，特别法优于普通法；三是国际法优于国内法；四是实体法从旧，程序法从新。所谓遵守税法，是指税务机关及税务人员都必须遵守税法的规定，严格依法办事。遵守税法是保证税法得以顺利实施的重要条件。

1.6.1 税务机关设置

根据我国经济和社会发展及实行分税制财政管理体制的需要，现行税务机构设置原则是中央政府设立国家税务总局，原来的省及省以下税务机构国家税务局系统，通过合并整合，统一设置为省、市、县三级税务局，实行以国家税务总局为主与省（自治区、直辖市）人民政府双重领导管理体制，另由海关总署及下属机构负责关税征收管理和受托征收进出口增值税、消费税等税收。

1.6.2 税款征收管理权限划分

《中华人民共和国税收征收管理法》第二十八条规定，税务机关依照法律、行政法规的规定征收税款。

根据国务院关于实行财政分税制有关问题的通知等有关法律、法规的规定，我国现行税制下税收执法管理权限的划分如下。

（1）将维护国家权益、实施宏观调控所必需的税种划分中央税；将同国民经济发展直接相关的主要税种划分为中央与地方共享税；将适合地方征管的税种划分为地方税，并充实地方税税种，增加地方税税收收入。对中央税，其税收管理权由国务院及其税务主管部门（财政部和国家税务总局）掌握，由中央税务机构负责征收；对地方税，其管理权由地方人民政府及其税务主管部门掌握，由地方税务机构负责征收；对于中央与地方共享税，原则上由中央税务机构负责征收，共享税中地方分享的部分，由中央税务机构直接划入地方金库。

（2）地方自行立法的地区性税种，其管理权由省级人民政府及其税务主管部门掌握。

（3）属于地方税收管理的权限，在省级及其以下的地区如何划分，由省级人民代表大会或省级人民政府决定。

（4）除少数民族自治地区和经济特区外，各地均不得擅自开征和停征全国性的地方税种。

（5）经全国人民代表大会及其常委会和国务院的批准，民族自治区可以拥有某些特殊的税收管理权，如全国性地方税种某些税目税率的调整权以及一般地方税收管理权以外的其他一些管理权等。

（6）经全国人民代表大会及其常委会和国务院的批准，经济特区也可以在享有一般地方税收管理权之外，拥有一些特殊的税收管理权。

（7）上述地方（包括少数民族自治地区和经济特区）的税收管理权的行使，必须以不影响国家宏观调控和中央财政收入为前提。

（8）涉外税收必须执行国家的统一税法，涉外税收政策的调整权集中在全国人民代表大会常务委员会和国务院，各地一律不得自行制定涉外税收的优惠措施。

（9）根据国务院的有关规定，为了更好地体现公平税负、促进竞争的原则，保护社会主义统一市场的正常发育，在税法规定之外，一律不得减税免税，也不得采取先征后返的形式变相减免税。

1.6.3 税收征收管理范围划分

目前，我国的税收分别由税务、海关等系统负责征收管理。

（1）税务系统负责征收和管理的税种有增值税、消费税、车辆购置税；各银行总行、各保险总公司集中缴纳的所得税、城市维护建设税；中央企业缴纳的所得税；中央与地方所属企业、事业单位组成的联营企业、股份制企业缴纳的所得税；地方银行、非银行金融企业缴纳的所得税；海洋石油企业缴纳的所得税、资源税；部分企业的企业所得税、证券交易税。

（2）海关系统负责征收和管理的项目有关税、船舶吨税，同时负责代征进出口环节的增值税和消费税。

1.6.4 税务检查权

税务检查是税务机关依据国家的税收法律、法规对纳税人等管理相对人履行法定义务的情况进行审查、监督的执法活动。有效的税务检查可以抑制不法纳税人的侥幸心理，提高税法的威慑力，减少税收违法犯罪行为，保证国家收入，维护税收公平与合法纳税人的合法权益。税务检查包括以下两类：

（1）税务机关为取得确定税额所需资料，证实纳税人纳税申报的真实性与准确性而进行的经常性检查，其依据是税法赋予税务机关的强制行政检查权。

（2）为打击税收违法犯罪而进行的特别检查，它可以分为行政性检查和刑事调查。行政性检查属于税务检查权范围之内，从原则上讲，在纳税人有违反税法的刑事犯罪嫌疑的情况下，即调查的刑事性质确定后，案件应开始适用刑事调查程序。

1.6.5 税务稽查权

税务稽查是税务机关依法对纳税人、扣缴义务人履行纳税义务、扣缴义务情况所进行的税务检查和处理工作的总称。税务稽查权是税收执法权的一个重要组成部分，也是整个国家行政监督体系中的一种特殊的监督权行使形式。根据相关法律规定，税务稽查的基本任务是：依照国家税收法律、法规，查处税收违法行为，保障税收收入，维护税收秩序，促进依法纳税，保证税法的实施。税务稽查必须以事实为根据，以税收法律、法规、规章为准绳，依靠人民群众，加强与司法机关及其他有关部门的联系和配合。

1.6.6 税务行政复议裁决权

税务行政复议裁决权是税收执法权的一个重要组成部分，该权力的实现对保障和监督税务机关依法行使税收执法权，防止和纠正违法或者不当的具体税务行政行为，保护纳税人和其他当事人的合法权益发挥着积极作用。根据《中华人民共和国行政复议法》（以下简称《行政复议法》）《中华人民共和国税收征收管理法》（以下简称《税收征收管理法》）和其他有关规定，为了防止和纠正违法或者不当的具体税务行政行为，保护纳税人及其他当事人的合法权益，保障和监督税务机关依法行使职权，纳税人及其他当事人认为税务机关的具体行政行为侵犯其合法权益时，可依法向税务行政复议机关申请税务行政复议；税务行政复议机关受理税务行政复议申请，做出税务行政复议决定。税务行政复议机关是指依法受理税务行政复议申请，对具体行政行为进行审查并做出税务行政复议决定的税务机关。

在税务行政复议裁决权的行使过程中，税务行政复议机关中负责税收法制工作的机构具体办理税务行政复议事项，履行下列职责。

（1）受理税务行政复议申请。

（2）向有关组织和人员调查取证，查阅文件和资料。

（3）审查申请税务行政复议的具体行政行为是否合法与适当，拟定税务行政复议决定。

（4）处理或者转送对《税务行政复议规则》第九条所列有关规定的审查申请。

（5）对被申请人违反《行政复议法》及《税务行政复议规则》规定的行为，依照规定的权限和程序提出处理建议。

（6）办理因不服税务行政复议提起行政诉讼的应诉事项。

（7）对下级税务机关的税务行政复议工作进行检查和监督。

（8）办理税务行政复议案件的赔偿事项。

（9）办理税务行政复议、诉讼、赔偿等案件的统计、报告和归档工作。

税务行政复议活动应当遵循合法、公正、公开、及时、便民的原则，纳税人及其他当事人对税务行政复议决定不服的，可以依照行政诉讼法的规定向人民法院提起行政诉讼。

1.6.7 其他税收执法权

在除上述税收执法权之外，根据法律规定，税务机关还享有其他相关税收执法权，其中主要的有税务行政处罚权等。税务行政处罚权是指税务机关依法对纳税主体违反税法尚未构成犯罪，但应承担相应法律责任的行为实施制裁措施的权力。税务行政处罚是行政处罚的基本组成部分，税务行政处罚权的行使对于保证国家税收利益，督促纳税人依法纳税有重要作用。税务行政处罚权的法律依据是《中华人民共和国行政处罚法》和《税收征收管理法》等法律法规。根据《税收征收管理法》的相关规定，税务行政处罚的种类有警告（责令限期改正）、罚款、停止出口退税权、没收违法所得、收缴发票或者停止发售发票、提请吊销营业执照、通知出境管理机关阻止出境等。

同步测试题

一、名词解释

税收；税法；纳税人；扣缴义务人；负税人

二、单项选择题

1. 以下关于税收法律关系的表述正确的是（　　）。

   A. 税收法律关系的保护对权利主体双方是不平等的

   B. 权利主体纳税义务人一方的确定原则是属地原则

   C. 税收法律关系中最实质的东西是税收法律事实

   D. 税收法律关系的产生、变更与消灭是由税收法律事实来决定的

2. 下列税法适用原则中，打破税法效力等级限制的原则是（　　）。

   A. 程序优于实体原则　　B. 法律不溯及既往原则

   C. 特别法优于普通法原则　　D. 新法优于旧法原则

3. 下列关于税收的说法中，正确的是（　　）。

   A. 税收是国家取得财政收入的一种重要工具，其本质是一种生产关系

   B. 税收分配是基于生产要素进行的分配

   C. 国家课税是为了满足提供社会公共产品的需要

   D. 国家要行使职能不需要财政收入作为保障

4. 下列说法不正确的是（　　）。

   A. 征税对象是区分不同税种的重要标志

   B. 税目是征税对象的具体化

   C. 税率是衡量税负轻重与否的唯一标志

   D. 纳税义务人即纳税主体

5. 税务合法性原则是指（　　）。

   A. 对纳税人、课税对象、课税标准等必须以法律形式做出规定

   B. 禁止对特定纳税人给予歧视性对待，也禁止在没有正当理由的情况下对特定纳税人给予特别优惠

   C. 税务机关应按法定程序依法征税，不得随意减征、停征、免征，做到无法律依据不征税

   D. 诉讼发生时，税收程序法优于税收实体法

三、多项选择题

1. 一般认为，税收的形式特征包括（　　）。

A. 强制性　　B. 稳定性　　C. 无偿性　　D. 固定性

2. 在下列关于税法原则的表述中，正确的有（　　）。

A. 新法优于旧法原则属于税法的适用原则

B. 税法主体的权利义务必须由法律加以规定，这体现了税收法定原则

C. 税法的原则反映税收活动的根本属性，包括税法基本原则和税法适用原则

D. 税法适用原则中的法律优位原则明确了税收法律的效率高于税收行政法规的效率

3. 下列关于税法地位的相关陈述中，正确的有（　　）。

A. 税法的地位在我国法律体系中是由税收在国家经济活动中的重要性决定的

B. 税收是取得财政收入的基本来源，而财政收入是维持国家机器正常运转的经济基础

C. 税收是国家宏观调控的重要手段

D. 税收与法密不可分，有税必有法、无法不成税

4. 税收职能是税收的一种长期固定的属性，我国社会主义税收的职能包括（　　）。

A. 组织财政收入职能　　B. 调控经济运行职能

C. 促进经济发展职能　　D. 监督管理经济职能

5. 在下列关于税收实体法构成要素的说法中，正确的有（　　）。

A. 纳税人是税法规定的直接负有纳税义务的单位和个人，是实际负担税款的单位和个人

B. 征税对象是税法中规定的征税的标的物，是国家征税的依据

C. 税率是指对征税对象的征收比例或征收额度，是计算税额的尺度

D. 税目是课税对象的具体化，反映课税对象质的规定

四、判断题

1. 保护税收法律关系，就是保障国家财政收入。（　　）

2. 纳税期限是指纳税人按税法规定缴纳税款的期限，也就是税款的入库期限。（　　）

3. 税收的固定性是对强制性和无偿性的一种规范和约束。（　　）

4. 税收在社会再生产中属于分配范畴，税收分配是以国家为主体的分配。（　　）

5. 制定税收法律的机关只能是全国人民代表大会及其常务委员会。（　　）

五、简答题

1. 简述税收的含义和职能。
2. 简述税收与税法的关系。
3. 税法的构成要素有哪些？
4. 税法有哪些作用？
5. 简述我国现行税法体系中不同税种的类别。

案例分析题

2020 年 2 月 20 日，某县税务局两个税务干部在深入企业开展税收专项检查时，突然接到口头举报，说邻近的某电器商店有偷税行为，这时正开具未入账的单据。于是这两位税务干部接到举报后立即赶到该商店，出示税务检查证后，夺过了正在开具的销售单据，经清点核对，确实属于账外单据，未记入销售账簿，共计 25 840 元，应缴增值税 3 359.2 元，滞纳金 75.09 元。这时，该商店的老板从外面回来，了解情况后，将税务干部手中的账外单据夺回，并拒绝接受在调查底稿上核对数字、签字盖章，也拒绝提供有关资料。2 月 21 日，该县税务局送达“税务处理决定书”，要求该电器商店补缴税款 3 359.2 元，滞纳金 75.09 元。与此同时，在依法履行税务行政处罚告知有关程序后，于 2 月 26 日下达了“税务行政处罚决定书”，认定该电器商店偷税和拒绝税务检查等违法行为，并分别处以所偷税数额 50%的罚款和拒绝税务检查行为 2 000 元罚款。该电器商店按期缴纳税款、滞纳金，但对罚款不服，依法向人民法院提起诉讼。

要求：

1. 税法是由哪些内容构成的？
2. 税法的具体作用表现在哪几个方面？
3. 本案例中的纳税人有权拒绝税务机关的检查吗？

第2章 税收征收管理法

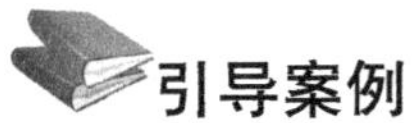

引导案例

税务所的强制措施违法吗

王海博在宝康县工商局办理了临时营业执照从事服装经营，但未向税务机关办理税务登记，被宝康县税务所查处。税务所核定其应缴纳税款300元，限其于次日缴清税款。王海博在限期内未缴纳税款，对核定的税款提出异议，税务所不听其申辩，直接扣押了其价值400元的一件服装，扣押后，王海博仍未缴纳税款，税务所将服装以300元的价格销售给内部职工，用以抵缴税款。

思考与讨论：

1．对王海博的行为应如何处理？

2．请分析宝康县税务所的执法行为有无不妥之处。

2.1 税收征收管理法概述

2.1.1 税收征收管理法的概念

税收征收管理法是有关税收管理法律规范的总称，包括税收征收管理法及税收征收管理的有关法律、法规和规章。《中华人民共和国税收征收管理法》于1992年9月4日第七届全国人民代表大会常务委员会第27次会议通过，1993年1月1日起施行，经1995年2月28日第八届全国人民代表大会常务委员会第12次会议修正。2001年4月28日，第九届全国人民代表大会常务委员会第21次会议通过了修订后的《中华人民共和国税收征收管理法》（以下简称《征管法》），并于2001年5月1日起施行。2012年和2015年全国人民代表大会常务委员会对《征管法》又进行过两次修订。

税收征收管理法概述

2.1.2 税收征收管理法的适用范围

我国征税机关包括税务、海关、财政等部门。税务机关征收各种工商税，海关征收关税。《征管法》只适用于由税务机关征收的各种税的征收管理。海关征收关税及代征的增值税、消费税等，适用其他法律、法规的规定。

值得注意的是，目前还有一部分政府收费由税务机关征收，如教育费附加。这些费用不适用《征管法》，其具体管理办法由收费的条例和规章决定。

2.1.3 税收征收管理法的遵守主体

1. 税务行政主体——税务机关

税务行政主体是税务机关。《征管法》第五条规定："国务院税务主管部门主管全国税收征收管理工作。各地国家税务局和地方税务局应当按照国务院规定的税收征收管理范围进行征收管理。"《征管法》第十四条规定："本法所称税务机关是指各级税务局、税务分局、税务所和按照国务院规定设立的并向社会公告的税务机构。"

2. 税务行政管理相对人——纳税人、扣缴义务人和其他有关单位

税务行政管理相对人包括纳税人、扣缴义务人和其他有关单位。法律、行政法规规定负有纳税义务的单位和个人为纳税人，负有代扣代缴、代收代缴税款义务的单位和个人为扣缴义务人。纳税人、扣缴义务人必须依照法律、行政法规的规定缴纳税款、代扣代缴、代收代缴税款。纳税人、扣缴义务人和其他有关单位应当按照国家有关规定，如实向税务机关提供与纳税和代扣代缴、代收代缴税款有关的信息。

3. 有关单位和部门

《征管法》第五条规定："地方各级人民政府应当依法加强对本行政区域内税收征收管理工作的领导或者协调，支持税务机关依法执行职务，依照法定税率计算税额，依法征收税款。"

2.2 税务管理

税务管理是指税务机关在税收征收管理中对征纳过程实施的基础性的管理制度和管理行为。税务管理主要包括税务登记、发票开具与管理和纳税申报管理 3 个环节。

2.2.1 税务登记

税务登记又称纳税登记，是税务机关依据税法，对纳税人的生产、经营活动进行登记管理的一项法定制度，也是纳税人依法履行纳税义务的法定手续。

1. 设立税务登记

（1）设立税务登记的对象

根据有关规定，设立税务登记的纳税人分为以下两类。

① 领取工商营业执照，从事生产、经营的纳税人。

纳税人指：

a. 企业，即从事生产、经营的单位或组织，包括国有、集体、私营企业，中外合资合作企业，外商独资企业，以及各种联营、联合、股份制企业等；

b. 企业在外地设立的分支机构和从事生产、经营的场所；

c. 个体工商户；

d. 从事生产、经营的事业单位。

② 其他纳税人。

其他纳税人即①中规定以外的纳税人，除国家机关、个人和无固定生产、经营场所的流动性农村小商贩外，也应按规定向税务机关申报办理税务登记。

（2）开业税务登记的时间和地点

① 企业从事生产、经营的场所和在外地设立的分支机构，个体工商户和从事生产、经营的事业单位，向生产、经营所在地税务机关申报办理税务登记。

a. 从事生产、经营的纳税人领取工商营业执照的，应当自领取工商营业执照之日起30日内申报办理税务登记，由税务机关发放税务登记证及副本。

b. 从事生产、经营的纳税人未办理工商营业执照但经有关部门批准设立的，应当自有关部门批准设立之日起30日内申报办理税务登记，由税务机关发放税务登记证及副本。

c. 从事生产、经营的纳税人未办理工商营业执照也未经有关部门批准设立的，应当自纳税义务发生之日起30日内申报办理税务登记，由税务机关发放临时税务登记证及副本。

d. 有独立的生产经营权、在财务上独立核算并定期向发包人或者出租人上交承包费或租金的承包承租人，应当自承包承租合同签订之日起30日内，向其承包承租业务发生地税务机关申报办理税务登记，由税务机关发放临时税务登记证及副本。

e. 境外企业在中国境内承包建筑、安装、装配、勘探工程和提供劳务的，应当自项目合同或协议签订之日起30日内，向项目所在地税务机关申报办理税务登记，由税务机关发放税务登记证及副本。

② 上述规定以外的其他纳税人，除国家机关、个人和无固定生产、经营场所的流动

性农村小商贩外，均应当自纳税义务发生之日起30日内，向纳税义务发生地税务机关申报办理税务登记，由税务机关核发税务登记证及副本。

以下情况应比照设立税务登记办理。

扣缴义务人应当自扣缴义务发生之日起30日内，向所在地的主管税务机关申报办理扣缴税款登记，领取扣缴税款登记证件。税务机关对已办理税务登记的扣缴义务人，可以只在其税务登记证件上登记扣缴税款事项，不再发放扣缴税款登记证件。根据税收法律、行政法规的规定可不办理税务登记的扣缴义务人，应当自扣缴义务发生之日起30日内，向机构所在地税务机关申报办理扣缴税款登记，税务机关发放扣缴税款登记证件。

（3）设立税务登记程序

① 税务登记的申请。办理税务登记是为了建立正常的征纳秩序，是纳税人履行纳税义务的第一步。因此，纳税人必须严格按照规定的期限，向当地主管税务机关及时申报办理税务登记手续，实事求是地填写税务登记表。

税务登记表的主要内容包括：单位名称、法定代表人或业主姓名及其居民身份证、护照或者其他证明身份的合法证件的号码；住所、经营地点；登记类型；核算方式；生产经营方式；生产经营范围；注册资金（资本）、投资总额；生产经营期限；财务负责人、联系电话；国家税务总局确定的其他有关事项。

② 纳税人办理税务登记时应提供的资料：工商营业执照或其他核准执业证件；有关合同、章程、协议书；组织机构统一代码证书；法定代表人或负责人或业主的居民身份证、护照或者其他证明身份的合法证件。

③ 税务登记证件的核发。纳税人提交的证件和资料齐全且税务登记表的填写内容符合规定的，税务机关应当在当日办理并发放税务登记证件。

2. 变更、注销税务登记

变更税务登记，是指纳税人在办理税务登记后，原登记内容发生变化时向原税务机关申报办理变更税务登记手续；注销税务登记，则是指纳税人税务登记内容发生了根本性变化，依法需终止履行纳税义务时向税务机关申报办理注销税务登记手续。

（1）纳税人已在工商行政管理机关办理变更登记的，应当自工商行政管理机关办理变更登记之日起30日内向原税务机关如实提供下列证件、资料，申报办理变更税务登记：

① 工商登记变更表及工商营业执照；

② 纳税人变更登记内容的有关证明文件；

③ 税务登记机关发放的原税务登记证件（登记证正本、副本和登记表等）；

④ 其他有关资料。

（2）纳税人按照规定不需要在工商行政管理机关办理变更登记，或者其变更登记的内容与工商登记内容无关的，应当自税务登记内容实际发生变化之日起30日内或者自有关机关批准或者宣布变更之日起 30 日内，持下列证件到原税务登记机关办理变更税务登记：

① 纳税人变更登记内容的有关证明文件；

② 税务机关发放的原税务登记证件（登记证正本、副本和登记表等）；

③ 其他有关资料。

（3）纳税人提交的有关变更税务登记的证件、资料齐全的，应如实填写《税务登记变更表》。对符合规定的，税务机关应当日办理；对不符合规定的，税务机关应通知其补正。

（4）税务机关应当于受理当日办理变更税务登记。《纳税人税务登记表》和税务登记证中的内容都发生变更的，税务机关按变更后的内容重新发放税务登记证件；《纳税人税务登记表》的内容发生变更而税务登记证中的内容未发生变更的，税务机关不重新发放税务登记证件。

（5）注销税务登记的适用范围及时间要求。

① 纳税人发生解散、破产、撤销以及其他情形，依法终止纳税义务的，应当在向工商行政机关或者其他机关办理注销登记前，持有关证件和资料向原税务登记机关申报办理注销税务登记；按规定不需要在工商行政机关或者其他机关办理注销登记的，应当自有关机关批准或者宣告终止之日起15日内，持有关证件和资料向原税务登记机关申报办理注销税务登记。

② 纳税人被工商行政管理机关吊销营业执照或者被其他机关予以撤销登记的，应当自营业执照被吊销或者被撤销登记之日起15日内，向原税务登记机关申报办理注销税务登记。

③ 纳税人因住所、经营地点变动，涉及改变税务登记机关的，应当在向工商行政机关或者其他机关申请办理变更、注销登记前，或者住所、经营地点变动前，持有关证件和资料向原税务登记机关申报办理注销税务登记，并自注销税务登记之日起30日内向迁达地税务机关申报办理税务登记。

④ 境外企业在中国境内承包建筑、安装、装配、勘探工程和提供劳务的，应当在项目完工、离开中国境内前15日内，持有关证件和资料，向原税务登记机关申报办理注销

税务登记。

（6）纳税人办理注销税务登记前，应当向税务机关提交相关证明文件和资料，结清应纳税款、多退（免）税款、滞纳金和罚款，缴销发票、税务登记证件和其他税务证件，经税务机关核准后，办理注销税务登记。

（7）根据2015年国家税务总局《关于落实“三证合一”登记制度改革的通知》的要求，已实行“三证合一、一照一码”登记模式的企业、农民专业合作社办理注销税务登记，须先向主管税务机关申报清税，填写《清税申报表》。清税完毕后由受理税务机关根据清税结果向纳税人统一出具《清税证明》。

（8）根据国家税务总局《关于进一步优化办理企业税务注销程序的通知》的要求，自2018年10月1日起：

① 对向市场监管部门申请简易注销的纳税人，符合下列情形之一的，可免予到税务机关办理清税证明，直接向市场监管部门申请办理注销税务登记。

a. 未办理过涉税事宜的。

b. 办理过涉税事宜但未领用发票、无欠税（滞纳金）及罚款的。

② 对向市场监管部门申请一般注销的纳税人，税务机关在为其办理注销税务注销时，进一步落实限时办结规定。对未处于税务检查状态、无欠税（滞纳金）及罚款、已缴销增值税专用发票及税控专用设备，且符合下列情形之一的纳税人，优化即时办结服务，采取“承诺制”容缺办理，即纳税人在办理注销税务登记时，若资料不齐，在其做出承诺后，税务机关即时出具清税文书。

a. 纳税信用级别为A级和B级的纳税人。

b. 控股母公司纳税信用级别为A级的M级纳税人。

c. 省级人民政府引进人才或经省级以上行业协会等机构认定的行业领军人才等创办的企业。

d. 未纳入纳税信用级别评价的定期定额个体工商户。

e. 未达到增值税纳税起征点的纳税人。

3. 停业、复业登记

（1）实行定期定额征收方式的个体工商户，需要停业的，应当在停业前向税务机关申报办理停业登记。纳税人的停业期限不得超过一年。

（2）纳税人在申报办理停业登记时，应如实填写《停业申请登记表》，说明停业理由、停业期限、停业前的纳税情况和发票的领、用、存情况，并结清应纳税款、滞纳金、罚款。税务机关应收存其税务登记证件及副本、发票领购簿、未使用完的发票和其他税务证件。

（3）纳税人在停业期间发生纳税义务的，应当按照税收法律、行政法规的规定申报缴纳税款。

（4）纳税人应当于恢复生产、经营之前，向税务机关申报办理复业登记，如实填写《停业复业报告书》，领回并启用税务登记证件、发票领购簿及停业前领购的发票。

（5）纳税人停业期满不能及时恢复生产经营的，应当在停业期满前向税务机关提出延长停业登记申请，并如实填写《停业复业报告书》。

4. 外出经营报验登记

（1）纳税人跨省税务机关管辖区域经营的，应当在外出生产经营以前，持税务登记证向主管税务机关申请开具《外出经营活动税收管理证明》。

（2）税务机关按照一地一证的原则，核发《外出经营活动税收管理证明》，《外出经营活动税收管理证明》的有效期限一般为30日，最长不得超过180天。

（3）纳税人应当在《外出经营活动税收管理证明》注明地进行生产经营前向当地税务机关报验登记，并提交下列证件、资料：①税务登记证件副本；②《外出经营活动税收管理证明》。

纳税人在《外出经营活动税收管理证明》中注明地销售货物的，除提交以上证件、资料外，应如实填写《外出经营货物报验单》，申报查验货物。

（4）纳税人在外出经营活动结束后，应当向经营地税务机关填报《外出经营活动情况申报表》，并结清税款，缴销发票。

（5）纳税人应当在《外出经营活动税收管理证明》有效期满后10日内，持《外出经营活动税收管理证明》回原税务登记地税务机关办理《外出经营活动税收管理证明》缴销手续。

2.2.2 发票开具与管理

为了加强发票管理和财务监督，保障国家税收收入，维护经济秩序，根据《征管法》，1993年12月12日《中华人民共和国发票管理办法》经国务院批准并获得实施，该管理办法于2010年12月20日重新修订。国务院税务主管部门统一负责全国的发票管理工作，在中华人民共和国境内印制、领购、开具、取得和保管发票的单位和个人，必须遵守《中华人民共和国发票管理办法》。

1. 发票的概念

发票是指在购销商品、提供或者接受服务以及从事其他经营活动中，开具、收取的收、付款凭证。它是确定经营收支行为发生的法定凭证，是会计核算的原始依据，也是税务稽查的重要证据。

发票的基本内容包括发票的名称、代码和号码、联次及用途、客户名称、开户银行及账户、商品名称或经营项目、计量单位、数量、单价、大小写金额、开票人、开票日期、开票单位（个人）名称（章）等。

税务机关是发票的主管机关，负责对发票印制、领购、开具、取得和保管、缴销的管理和监督。

（1）发票的印制

增值税专用发票由国务院税务主管部门确定的企业印制；其他发票按照国务院税务主管部门的规定，由省、自治区、直辖市税务机关确定的企业印制。我国禁止私自印制、伪造、变造发票。印制发票的企业必须按照税务机关批准的式样和数量印制发票。

发票应当套印全国统一发票监制章。全国统一发票监制章的式样和发票版面印刷的要求，由国务院税务主管部门规定。发票监制章由省、自治区、直辖市税务机关制作。我国禁止伪造发票监制章。

我国对发票实行不定期换版制度。

（2）发票的领购

需要领购发票的单位和个人，应当持税务登记证件、经办人身份证明、按照国务院税务主管部门规定式样制作的发票专用章的印模，向主管税务机关办理发票领购手续。主管税务机关根据领购单位和个人的经营范围和规模，确认领购发票的种类、数量以及领购方式，在5个工作日内发给发票领购簿。

单位和个人领购发票时，应当按照税务机关的规定报告发票使用情况，税务机关应当按照规定进行查验。

临时到本省、自治区、直辖市以外从事经营活动的单位或者个人，应当凭所在地税务机关的证明，向经营地税务机关领购经营地的发票。

税务机关对从外省、自治区、直辖市来本辖区从事临时经营活动的单位和个人领购发票的，可以要求其提供保证人或者根据所领购发票的票面限额以及数量缴纳不超过1万元的保证金，并限期缴销发票。对按期缴销发票的，解除保证人的担保义务或者退还保证金；对未按期缴销发票的，由保证人或者以保证金承担法律责任。

（3）发票的保管

开具发票的单位和个人应当建立发票使用登记制度，设置发票登记簿，并定期向主管税务机关报告发票使用情况，对开错的作废发票必须将全部联次粘贴在原发票存根上套写“作废”字样或“误填作废”字样，一起妥善保管，以备查核。

开具发票的单位和个人对已经开具的发票存根联和发票登记簿，应当保存 5 年。保存期满，报经税务机关查验后销毁。

（4）发票的缴销

发票的缴销是指用票单位和个人按照规定向税务机关上缴已经使用或者未使用的发票。一般包括下列几种情况。

① 用票单位和个人在已使用的发票存根保管期满后，应向主管税务机关造具清册，申请缴销。

② 用票单位和个人发生解散、破产、撤销、合并、联营、分设、迁移、停业、歇业等情形时应当在申报办理变更税务登记的同时，就原来印制、购买的发票向税务机关申请缴销。

③ 在税务机关统一实行发票换版时和原来的发票使用到期以后，用票单位和个人应当将其登记造册，集中报送税务机关缴销。

④ 用票单位和个人有严重违反税务管理和发票管理行为的，由税务机关将其发票予以收缴。

在办理发票缴销手续时，用票单位和个人根据发票管理规定，编制发票缴销清册，说明发票种类、号码及使用情况，说明缴销的依据和理由，经负责人签字，加盖单位公章后，连同发票一并报送税务机关。

2. 发票的种类

根据《中华人民共和国发票管理办法》及其实施细则的有关规定，发票分为专用发票、普通发票和专业发票 3 类。其中，专用发票特指增值税专用发票。

（1）增值税专用发票

增值税专用发票是指专门用于结算销售货物和提供加工、修理修配劳务与应税服务的一种发票，属于国家税务总局管理范围，其样式和印制及管理规定均由国家税务总局制定。

增值税专用发票只限于增值税一般纳税人领购使用，增值税小规模纳税人不得领购使用。一般纳税人有下列情形之一者，不得领购使用增值税专用发票。

① 会计核算不健全，不能向税务机关准确提供增值税销项税额、进项税额、应纳税额数据及其他有关增值税税务资料的。

② 有《征管法》规定的税收违法行为，拒不接受税务机关处理的。

③ 有下列行为之一，经税务机关责令限期改正而仍未改正的：虚开增值税专用发

票；私自印制增值税专用发票；向税务机关以外的单位和个人买取增值税专用发票；借用他人增值税专用发票；未按规定开具增值税专用发票；未按规定保管增值税专用发票和专用设备；未按规定申请办理防伪税控系统变更发行；未按规定接受税务机关检查。

④ 销售的货物全部属于免税项目的。

有上述情形的，如已领购专用发票，主管税务机关应暂扣其结存的专用发票和IC卡。

增值税专用发票分为4联，各联的用途规定分别如下：第一联为存根联，由销货方留存备查；第二联为发票联，作为购买方核算采购成本和增值税进项税额的记账凭证；第三联为抵扣联，作为购买方报送主管税务机关认证和留存备查的凭证；第四联为记账联，作为销货方核算销售收入和增值税销项税额的记账凭证。

增值税专用发票开具时限的规定如下。

a. 采用预收货款、托收承付、委托银行收款结算方式的，为货物发出的当天。

b. 采用交款提货结算方式的，为收到货款的当天。

c. 采用赊销、分期付款结算方式的，为合同约定的收款日期的当天。

d. 将货物交付他人代销的，为收到受托人送交的代销清单的当天。

e. 设有两个以上机构并实行统一核算的纳税人，将货物从一个机构移送其他机构用于销售，按规定应当征收增值税的，为货物移送的当天。

f. 将货物作为投资提供给其他单位或个体经营者的，为货物移送的当天。

g. 将货物分配给股东的，为货物移送的当天。

（2）一般普通发票

一般普通发票主要由增值税小规模纳税人使用，增值税一般纳税人在不能开具专用发票的情况下也可使用一般普通发票。一般普通发票由行业发票和专用发票组成。前者适用于某个行业的经营业务，如商业零售统一发票、商业批发统一发票、工业企业产品销售统一发票等；后者仅适用于某一经营项目，如广告费用结算发票、商品房销售发票等。一般普通发票的基本联次包括存根联、发票联、记账联。存根联由收款方或开票方留存备查；发票联由付款方或受票方作为付款原始凭证；记账联由收款方或开票方作为记账原始凭证。

（3）专业发票

专业发票是指国有金融、保险企业的存贷、汇兑、转账凭证、保险凭证；国有邮政、电信企业的邮票、邮单，话务、电报收据；国有铁路、国有航空企业和交通部门、国有公路、水上运输企业的客票、货票等。

专业发票是一种特殊种类的发票，它属于发票的管理范围，但经有关部门批准后，由主管部门自定式样，自行印制、发放和管理，自行负责。这是专业发票的特征，也是它与其他发票的区别之处。

3. 发票的开具要求

销售商品、提供服务以及从事其他经营活动的单位和个人，对外发生经营业务收取款项时，收款方应向付款方开具发票；收购单位和扣缴义务人支付个人款项时，由付款方向收款方开具发票。在开具发票时要遵守的规定如下。

（1）单位和个人只有在发生经营业务、确认营业收入时，才能开具发票，未发生经营业务一律不得开具发票。

（2）相关人员开具发票时应按号顺序填开，做到填写项目齐全、内容真实、字迹清楚，全部联次一次性复写或打印，内容完全一致，并在发票联和抵扣联加盖单位财务印章或者发票专用章。

（3）填写发票应当使用中文。民族自治地区可以同时使用当地通用的一种民族文字；外商投资企业可以同时使用一种外国文字。

（4）使用电子计算机开具发票必须报主管税务机关批准，并使用税务机关统一监制的机打发票。开具后的存根联应当按照顺序号装订成册，以备税务机关检查。

（5）开具发票的时间、地点应符合规定。发票的开票时间和地点是记载购销商品，提供、接受劳务等业务实际发生的时间和地点，必须准确。为不混淆销售商品、提供或接受劳务等业务实际发生的时间和地点，开具发票的时间不得提前或错后。

（6）任何单位和个人不得转借、转让、代开发票；未经税务机关批准，不得拆本使用发票；不得自行扩大专业发票使用范围。

开具发票的单位和个人应当按照税务机关的规定存放和保管发票，不得擅自损毁。已经开具的发票存根联和发票登记簿，应当保存 5 年。保存期满，报经税务机关查验后销毁。

2.2.3 纳税申报管理

纳税申报是指纳税人、扣缴义务人按照法律、行政法规的规定，在申报期限内就纳税事项向税务机关书面申报的一种法定手续。

1. 纳税申报方式

纳税人应依照法律、法规的申报期限、申报内容如实填写纳税申报表，办理纳税申报手续。纳税申报方式包括以下几种。

（1）直接申报

直接申报即纳税人、扣缴义务人直接到税务机关办理纳税申报或者报送代扣代缴、代收代缴税款报告表的一种传统申报方式。

（2）邮寄申报

纳税人采取邮寄方式办理纳税申报的，应当使用统一的纳税申报专用信封，并以邮政部门的收据作为申报凭据。邮寄申报以寄出的邮戳日期为实际申报日期。

（3）数据电文申报

数据电文申报又称电子申报，是指以经税务机关确定的电话语音、电子数据交换或网络传输等电子方式办理纳税申报的方式。纳税人的网上申报就是数据电文申报的一种形式。纳税人采取数据电文申报方式办理纳税申报的，应当按照税务机关规定的期限和要求保存有关资料，并定期书面报送主管税务机关。

（4）简易申报

实行定期定额征收的纳税人可以采取简易申报（按期纳税即视为申报）、简并征期（将若干纳税期的税款集中在一个纳税期缴纳）的申报方式。

2. 纳税申报的其他相关规定

（1）纳税人在纳税期内没有应纳税款的，也应当按照规定办理纳税申报。

（2）纳税人享受减税、免税待遇的，在减税、免税期间应当按照规定办理纳税申报。

（3）纳税人、扣缴义务人不能按期办理纳税申报或者报送代扣代缴、代收代缴税款报告表的，经税务机关核准，可以延期申报。

（4）经核准延期办理前款规定的申报、报送事项的，应当在纳税期内按照上期实际缴纳的税额或者税务机关核定的税额预缴税款，并在核准的延期内办理税款结算。

2.3 税款征收

税款征收是税务机关将税款及时足额地收入国库的一系列活动的总称。它是税收征收管理工作的重要组成部分，税务机关根据保证国家税款及时足额入库、方便纳税人、降低税收成本的原则，确定税款征收方式。

2.3.1 税款征收方式

税款征收方式是指税务机关根据各税种的不同特点和纳税人的具体情况而确定的计算、征收税款的形式和方法。我国税款征收方式主要有以下几种。

1. 查账征收

查账征收是指纳税人依据账簿记载，先自行计算缴纳税款，事后经税务机关查账核实，对不符合税法规定的进行多退少补的一种征收方式。查账征收的程序是：纳税人在规定的期限内，向税务机关报送纳税申报表和财务会计报表，经税务机关查账核实后，填写缴款书，到当地开户银行缴纳税款。这种征收方式适用于掌握税收法律、法规，账簿、凭证、财务会计制度比较健全，能够如实反映生产经营成果、正确计算应纳税款的纳税人。

2. 查定征收

查定征收是指税务机关根据纳税人的从业人员、生产设备、耗用原材料等情况，在正常生产经营条件下，对其生产的应税产品查实核定产量和销售额，然后依照税法规定的税率征收税款的一种税款征收方式。这种税款征收方式主要适用于生产经营规模较小、账册不健全、财务管理和会计核算水平较低、产品零星、税源分散的纳税人。

3. 查验征收

查验征收是指税务机关对纳税申报人的应税产品进行查验，并贴上完税凭证、查验证或盖查验戳，从而据以征税的税款征收方式。这种税款征收方式主要适用于某些零星、分散的高税率工业产品。

4. 定期定额征收

定期定额征收是指税务机关按照有关法律、法规的规定，按照一定的程序，核定纳税人在一定经营时间内的应纳税经营额以及收益额，并以此为计税依据，确定其应纳税额的一种税款征收方式。这种税款征收方式主要适用于生产经营规模小、确无建账能力，经主管税务机关审核、县级以上税务机关批准可以不设置账簿或暂缓建账的小型纳税人。

5. 代扣代缴

代扣代缴是指按照税法的规定，负有扣缴税款义务的法定义务人，在向纳税人支付款项时，从所支付的款项中直接扣收税款的方式。这种方式有利于相关部门对零星分散的税源实行源泉控制。

6. 代收代缴

代收代缴是指负有代收代缴义务的法定义务人，对纳税人应纳的税款进行代收代缴的方式。即由与纳税人有经济业务往来的单位和个人向纳税人收取款项时，依照税收的规定收取税款并代为缴入国库。

7. 委托代征

委托代征是指受托单位按照税务机关核发的代征证书的要求，以税务机关的名义向纳税人征收一些零散税款的一种税款征收方式。

8. 其他征收方式

除上述税款征收方式以外，随着科学技术的发展和税务改革的不断推进，新的更方便、快捷、安全、有效的税款征收方式开始出现，如利用网络申报、网络账户转账纳税的方式，用IC卡纳税的方式以及利用税控系统进行纳税的方式等。

2.3.2 税款征收的其他相关规定

（1）纳税人、扣缴义务人按照法律、行政法规规定或者税务机关依照法律、行政法规规定确定的期限，缴纳或者解缴税款。

纳税人因有特殊困难，不能按期缴纳税款的，经省、自治区、直辖市税务机关批准，可以延期缴纳税款，但是最长不得超过3个月。

（2）若纳税人未按照规定期限缴纳税款或扣缴义务人未按照规定期限解缴税款，税务机关除责令限期缴纳外，从滞纳税款之日起，按日加收滞纳税款5‱的滞纳金。

（3）税务机关征收税款时，必须给纳税人开具完税凭证。扣缴义务人代扣、代收税款，纳税人要求扣缴义务人开具代扣、代收税款凭证的，扣缴义务人应当开具。

（4）核定应纳税额。对有下列情形之一的纳税人，税务机关有权核定其应纳税额。

① 依照法律、行政法规的规定可以不设置账簿的。

② 依照法律、行政法规的规定应当设置但未设置账簿的。

③ 擅自销毁账簿或者拒不提供纳税资料的。

④ 虽设置账簿，但账目混乱或者成本资料、收入凭证、费用凭证残缺不全，难以查账的。

⑤ 发生纳税义务，未按照规定的期限办理纳税申报，经税务机关责令限期申报，逾期仍不申报的。

⑥ 纳税人申报的计税依据明显偏低，又无正当理由的。

税务机关核定应纳税额的具体程序和方法由国务院税务主管部门规定。

2.4 税收检查

2.4.1 税收保全措施

税务机关有根据认为从事生产、经营的纳税人有逃避纳税义务行为的，可以在规定的纳税期之前，责令限期缴纳税款；在限期内发现纳税人有明显转移、隐匿其应纳税的商品、货物以及其他财产或者应纳税的收入的迹象的，税务机关可以责成纳税人提供纳税担保。如果纳税人不能提供纳税担保，经县以上税务局（分局）局长批准，税务机关可以采取下列税收保全措施。

（1）书面通知纳税人开户银行或者其他金融机构冻结纳税人的金额相当于应纳税额的存款。

（2）扣押、查封纳税人的价值相当于应纳税款的商品、货物或者其他财产。

纳税人在前款规定的限期内缴纳税款的，税务机关必须立即解除税收保全措施；限期期满仍未缴纳税款的，经县以上税务局（分局）局长批准，税务机关可以书面通知纳税人开户银行或者其他金融机构从其冻结的存款中扣缴税款，或者依法拍卖或者变卖所扣押、查封的商品、货物或者其他财产，以拍卖或者变卖所得抵缴税款。

个人及其家属维持生活必需的住房和用品，不在税收保全措施的范围之内。

2.4.2 税收强制执行

从事生产、经营的纳税人、扣缴义务人未按照规定的期限缴纳或者解缴税款，纳税担保人未按照规定的期限缴纳所担保的税款，由税务机关责令限期缴纳，逾期仍未缴纳的，经县以上税务局（分局）局长批准，税务机关可以采取下列强制执行措施。

（1）书面通知纳税人开户银行或者其他金融机构从其存款中扣缴税款。

（2）扣押、查封、依法拍卖或者变卖其价值相当于应纳税款的商品、货物或者其他财产，以拍卖或者变卖所得抵缴税款。

税务机关采取强制执行措施时，对前款所列纳税人、扣缴义务人、纳税担保人未缴纳的滞纳金同时强制执行。

个人及其家属维持生活必需的住房和用品，不在强制执行措施的范围之内。

2.5 法律责任

2.5.1 税务违法行政处罚

纳税人如果违反了税收征收管理制度，但还没有构成犯罪，将会受到严厉的行政处罚。现行执行的税务行政处罚主要有3种：罚款、没收财产和停止出口退税权。

1. 罚款

纳税人有下列行为之一的，由税务机关责令限期改正，可以处2 000元以下的罚款；

情节严重的，可以处2 000元以上10 000元以下的罚款：（1）未按照规定的期限申报办理税务登记、变更或者注销登记的；（2）未按照规定设置、保管账簿或者保管记账凭证和有关资料的；（3）未按照规定将财务、会计制度或者财务、会计处理办法和会计核算软件报送税务机关备查的；（4）未按照规定将其全部银行账号向税务机关报告的；（5）未按照规定安装、使用税控装置，或者损毁、擅自改动税控装置的。

纳税人不办理税务登记的，由税务机关责令限期改正；逾期不改正的，经税务机关提请，由工商行政管理机关吊销其营业执照。

纳税人未按照规定使用税务登记证件，或者转借、涂改、损毁、买卖、伪造税务登记证件的，处2 000元以上10 000元以下的罚款；情节严重的，处10 000元以上50 000元以下的罚款。

2. 没收财产

没收财产适用于有违法所得的税收违法行为，是将犯罪分子个人所得的一部分或者全部强制无偿地收归国有的一种处罚行为。

3. 停止出口退税权

停止出口退税权适用于骗税行为。享有出口退税权的企业，以假报出口或者其他欺骗手段，骗取国家出口退税款的，税务机关可以在规定期间内停止为其办理出口退税。

2.5.2 税务违法刑事处罚

对危害税收征管罪的刑罚，包括管制、拘役、有期徒刑和死刑以及罚金和没收财产。其中，虚开增值税专用发票，虚开用于骗取出口退税、抵扣税款的发票以及伪造、出售伪造的增值税专用发票罪的最高量刑是死刑；骗取出口退税罪、非法出售增值税专用发票罪的最高量刑是无期徒刑；其他罪的最高量刑是有期徒刑。

在刑事处罚中，税款追缴优先。因犯偷税罪、抗税罪、逃避追缴欠税罪、骗取出口退税罪、虚开增值税专用发票罪，被判处罚金、没收财产的，在执行前，应当由税务机关追缴税款和所骗取的出口退税款。

2.5.3 税务行政复议

行政复议是指公民、法人或者其他组织，认为行政机关的行政行为侵犯了其合法权益，按照法定的程序和条件向做出该行政行为的上一级行政机关或法定机关提出申诉，由受理申请的行政机关对该行政行为进行复查并做出复议决定的活动。

税务行政复议

纳税人、扣缴义务人、纳税担保人同税务机关在纳税上发生争议时，必须先依照税务机关的纳税决定缴纳或者解缴税款及滞纳金或者提供相应的担保，然后可以依法申请行政复议；对行政复议决定不服的，可以依法向人民法院起诉。

当事人对税务机关的处罚决定、强制执行措施或者税收保全措施不服的，可以依法申请行政复议，也可以依法向人民法院起诉。

若当事人对税务机关的处罚决定逾期不申请行政复议，也不向人民法院起诉，又不履行，做出处罚决定的税务机关可以采取税收强制执行措施，或者申请人民法院强制执行。

同步测试题

一、名词解释

税务管理；税务登记；纳税申报；税款征收

二、单项选择题

1. 下列各项中，不适用《征管法》的是（　　）。

A. 城市维护建设税　　B. 海关代征的增值税

C. 消费税　　D. 房产税

2. 根据《征管法》第十五条的规定，税务机关应当于收到纳税人申报办理税务登记的一定时限内，为纳税人办理登记并发给税务登记证件。该规定的时限是税务机关收到申报的（　　）。

A. 当日　　B. 7日内　　C. 15日内　　D. 30日内

3. 以下表述不符合《征管法》规定的是（　　）。

A. 从事生产经营的纳税人应当自领取营业执照之日起30日内，向生产经营地或者纳税义务发生地的主管税务机关申报办理税务登记

B. 扣缴义务人应当自扣缴义务发生之日起30日内，向所在地的主管税务机关申报办理扣缴税款登记

C. 从事生产经营的纳税人应当自领取营业执照或发生纳税义务之日起15日内设置账簿

D. 扣缴义务人应当自税收法律、行政法规规定的扣缴义务发生之日起15日内，按照所代扣、代收的税种，分别设置代扣代缴、代收代缴税款账簿

4. 纳税人税务登记内容发生变化的，应当自工商行政管理机关或者其他机关办理变更登记之日起（　　）内，持有关证件向原税务登记机关申报办理变更税务登记。

A. 10日　　B. 15日　　C. 30日　　D. 60日

5. 从事生产经营的纳税人外出经营，自其在同一县（市）实际经营或提供劳务之日起，在连续的12个月内超过180天的，应当自期满之日起（　　）内，向生产经营所在地的主管税务机关申报办理税务登记，税务机关核发（　　）。

A. 15日，临时税务登记证　　B. 15日，临时税务登记证及副本

C. 30日，临时税务登记证　　D. 30日，临时税务登记证及副本

三、多项选择题

1.《征管法》属于（　　）。

A. 税收实体法　　B. 税收程序法

C. 税收基本法　　D. 税收普通法

2. 下列各项中，不适用《征管法》的有（　　）。

A. 海关代征的消费税　　B. 关税

C. 车辆购置税　　D. 教育费附加

3. 纳税人应办理变更税务登记的情形有（　　）。

A. 纳税人改变名称

B. 纳税人改变隶属关系

C. 纳税人改变经营地址而改变原主管税务机关的

D. 纳税人银行账号改变

4. 根据《征管法》的规定，下列应当办理纳税申报的有（　　）。

A. 负有纳税义务的单位和个人　　B. 纳税期内没有应纳税额的纳税人

C. 扣缴义务人　　D. 享受减税、免税待遇的纳税人

5. 纳税人办理的下列事项中，必须提供税务登记证件的有（　　）。

A. 开立银行账户　　B. 领购发票

C. 纳税申报　　D. 缴纳税款

四、判断题

1. 纳税人在办理注销税务登记前，应当向税务机关结清应纳税款、滞纳金、罚款，但发票和其他税务证件则不须缴销。（　　）

2. 纳税人享受减税、免税待遇的，在减税、免税期间可以暂不办理纳税申报。（　　）

3. 对于未按规定设置、保管账簿或保管凭证和有关资料的纳税人，均应给予行政处罚，但罚款数额最高不超过1万元。（　　）

4. 纳税人所属跨地区的非独立核算的分支机构，由其总机构申报办理税务登记，不

用向所在地税务机关申报办理注册税务登记。（　　）

5. 因税务机关的责任，致使纳税人未缴或者少缴税款的，税务机关在3年内可以要求纳税人补缴税款并加收滞纳金，但是不得处以罚款。（　　）

五、简答题

1. 什么是税务管理？新时期应如何加强税务管理工作？
2. 发票的种类有哪些？
3. 简述普通发票与专用发票的区别。
4. 纳税申报及税款征收的方式有哪些？
5. 简述税务违法的行政处理与刑事处理的异同点。

案例分析题

2019年3月，A市税务局稽查局在集贸市场专项检查中发现，下岗职工陈欣开办了一个农机产品经销点，经营范围主要是农机产品。2017年11月，他仅办理了工商营业执照，没有办理税务登记便开始挂牌营业。A市税务局稽查局认为，该纳税人不符合享受国家免征增值税的条件，于是做出了行政处理决定，对陈欣下达了《核定应纳税款通知书》，责令其补缴自开业以来应纳的增值税1 300元，并处罚款700元。陈欣对此不服，认为农机产品是农业生产资料，可以享受国家免税优惠，所以他没有办理税务登记，更没有去税务机关申报纳税。当地主管税务分局也认为，农机产品是农业生产资料，在商品流通环节一概不纳增值税，所以也一直没有过问此事，陈欣于2019年3月8日按规定缴清了全部税款、滞纳金和罚款，随后向市税务局申请复议，要求市税务局撤销稽查局做出的补缴税款、滞纳金以及行政处罚的处理决定。

复议决定：市税务局经过审查，认为稽查局做出的具体行政行为认定事实清楚、证据确凿、适用法律法规正确、程序合法、内容适当，于是做出了税务行政复议决定，对陈欣下达了《税务行政复议决定书》，维持市税务局稽查局做出的税务处理决定。

要求：

请回答陈欣未办理税务登记是否能享受税收优惠政策？

第3章 税务行政管理法

引导案例

查税也要守法——李某诉县税务局案

2019 年 6 月 25 日，某县税务局车辆税收管理所为防止税款流失，在通往某煤矿的公路上进行税收检查，查堵逃税车辆。在个体营运车主李某驾驶运煤汽车路经此处时，两名身穿制服的税务检查人员将其拦住，向李某出示税务检查证，并讲明实施检查的意图。税务检查人员郑某在登上车门踏板准备进行检查时，年初以来一直未申报纳税的李某惧怕检查，趁其他税务检查人员不备突然启动车辆企图逃离检查现场，郑某在十分危险的情况下强行爬进驾驶室。李某被迫停车，随即追来的其他税务检查人员经检查，认定李某未按期申报纳税，向李某填发了《限期纳税通知书》和《查封扣押证》，并根据《中华人民共和国税收征收管理法》第 27 条的规定将李某的汽车扣押，停放在办公室后院的停车场内，要李某补缴上半年税款 5 400 元，李某四处托人说情，均被拒绝，此间李某汽车的轮胎等部件被盗。

7 月 5 日，李某向县人民法院起诉县税务局，要求税务局返还扣押的汽车并赔偿被盗部件及误工损失 5 000 元，县人民法院受理了此案，向县税务局发出《应诉通知书》，地税局在规定期限内提供了举证材料并聘请了律师为诉讼代理人。7 月 20 日法院开庭进行了审理，7 月 25 日县人民法院做出一审判决。撤销县税务局扣押李某汽车的具体行政行为，赔偿李某汽车部件被盗及误工损失 5 000 元，诉讼费由县税务局承担。

思考与讨论：

1. 指出某县税务局在此案中执法存在的问题。

2. 法院的判决是否正确，依据是什么？

3.1 税收管理体制

3.1.1 税收管理体制的概念

税收管理体制是指在中央和地方之间划分税收管理权限，确立各自税权范围的一种税收制度。税收管理体制既是财政管理体制的重要组成部分，也是税务行政管理法的一项重要内容。其实质体现了中央和地方在课税及其管理全过程中的一种权力分配关系。

3.1.2 税收管理权限的内容

税收管理权限是指在同级立法、司法、行政等国家机构之间税收管理权限。其具体包括以下内容。

1. 税收立法权

（1）税收立法权的含义

税收立法权是指制定、修改、解释或废止税收法律、法规、规章和规范性文件的权力。税收立法权可以按照税种类型、税法构成要素、税收执法级次等方面来划分。我国的税收立法权是按照税收执法级次来划分的。

（2）税收立法权的内容

税收立法权的内容主要如下。

① 全国人民代表大会及其常务委员会的税收立法权。全国人民代表大会及其常务委员会有全国性税种的立法权，包括中央税和在全国范围内征收的地方性税法的制定、公布和税种的开征、停征权。

② 国务院的税收立法权。经全国人民代表大会及其常务委员会授权，全国性税种可先由国务院以条例或暂行条例的形式发布施行。经过一段时期后，再修订并通过正式立法程序；国务院有权制定税法实施细则、增减税目和调整税率；国务院有权解释税法等。

③ 财政部和国家税务总局的税收立法权。经国务院授权，国家税务主管部门即财政部和国家税务总局有税法的解释权和地方性税种实施细则的制定权。

④ 省级人民代表大会及其常务委员会的税收立法权。省级人民代表大会及其常务委员会根据本地区经济发展的具体情况和实际需要，在不违背国家统一税法、不影响中央财政收入、不妨碍社会主义统一市场的前提下，有权制定、公布、开征、停征全国性税种以外的地方税种（包括各种基金和费），但所立税法在公布实施前，须报全国人大常委会备案。

⑤ 省级人民政府的税收立法权。经省级人民代表大会及其常务委员会的授权，省级人民政府有本地区地方税法的解释权和制定地方税法实施细则、调整税目与税率的权力；在上述规定的前提下，制定一些税收征管办法；在全国性地方税条例规定的幅度内，确立本地区使用的税率（或税额）。上述权力除税法解释权外，在发布实施前须报国务院备案。

这里需要说明的是，地区性地方税的立法权应只限于省级立法机关及其授权的同级政府，不能层层下放。所立税法可在全省（市、自治区）范围内执行，也可在部分地区执行。

2. 税收执法权

（1）税收执法权的含义

税收执法权是指贯彻执行各种税收法律制度的权力。其内容主要包括税收征收权、管理权、检查权、处罚权、减免税审批权和地方性税种的停征权、税率依法确定权等。

（2）税收执法权的划分

根据现行有关税收法律、行政法规的规定，我国现行税收执法权的划分主要包括以下几个方面。

① 在分税制财政管理体制下，中央税的管理权归属于国务院及财政部和国家税务总局，由各级国家税务局负责征收管理；中央与地方共享税的管理权，按中央和地方政府各自的收入归属划分，由各级国家税务局负责征收管理，并将其地方收入部分直接划入地方金库。

② 根据国务院的有关规定，各地区、各部门及单位和个人在税法规定之外一律不得减免税，也不得采取先征后返的形式变相减免税。

③ 地方自行立法的地区性税种，其税收管理权归属于各级人民政府及其税务主管部门；省级人民政府可根据本地区经济发展的实际情况，自行决定继续征收或停止征收屠宰税和筵席税，其具体征收办法要报国务院备案；属于地方税收的管理权限，在省级及其以下的地区如何划分，由省级人大或省级人民政府决定。

④ 除少数民族自治区和经济特区外，各地不得擅自停征全国性的地方税种。

⑤ 经全国人大及其常务委员会和国务院的批准，少数民族自治区和经济特区拥有一般地方税收管理权外，还拥有某些特殊的税收管理权，例如，民族自治区有全国性地方税种中某些税目、税率的调整权及地方性税种的减免权等；经济特区有对涉外企业地方所得税和某些项目预提所得税的减免税权等。

3.1.3 税务机关及其权限

税务机构是为了实现税收功能专门设立的，代表国家行使税收管理权的专职机构。它在法律上具有多重功能，税务机关是代表国家行使税务行政管理、执行税收法令、组织税收收入等的职能机关。根据国民经济与社会发展以及实行分税制财政管理体制的需要，我国现行税务机构的设置规定为：中央政府设立国家税务总局，省及省级以下税务机构分设税务局。

3.2 税务行政处罚

3.2.1 税务行政处罚的概念与原则

1. 税务行政处罚的概念

税务行政处罚是指公民、法人或其他组织有违反税收法律、行政法规的违法行为，尚未构成犯罪的，依法应当承担行政责任的，由相关部门给予的处罚。

税务行政处罚是行政处罚的重要组成部分。为贯彻实施《中华人民共和国行政处罚法》（1996年3月第八届全国人民代表大会第4次会议通过，2009年8月第十一届全国人民代表大会常务委员会第10次会议予以修正），保护纳税人和其他税务当事人的合法权益，1996年9月国家税务总局发布了《税务案件调查取证与处罚决定分开制度实施办法（试行）》和《税务行政处罚听证程序实施办法（试行）》，并于1996年10月起施行。

2. *税务行政处罚的原则*

相关部门进行税务行政处罚时应遵循以下6项基本原则。

（1）法定处罚。相关部门实施税务处罚时，要有法定依据。法无明确规定不得处罚；处罚由法定的国家机关，即全国人大及其常委会、国务院、财政部、国家税务总局在其职权范围内设定；处罚要由法定的税务机关在其职权范围内按法定程序予以实施。

（2）公正公开。公正就是要防止偏听偏信，给予当事人了解其违法行为的性质及陈述、申辩的机会；公开是指税务行政处罚的依据和程序公开。

（3）事实依据。对违反税收法律制度的所有行为，不论案件大小，税务机关在执行行政处罚时，都要以违法行为人的违法事实为依据。

（4）处罚相当。在税务行政处罚的设定和实施方面，相关部门都要根据税务违法行为的性质、情节及危害程度，依法定的标准给予恰当的处罚，防止畸轻畸重或“一刀切”。

（5）监督制约。对税务机关实施行政处罚进行内部和外部的监督制约。

（6）处罚与教育相结合。相关部门在处罚税务违法行为时，要坚持处罚与教育相结合的原则，以达到既纠正违法行为，又教育公民自觉履行纳税义务的目的。

3.2.2 税务行政处罚的设定与种类

1. *税务行政处罚的设定*

税务行政处罚的设定是指由特定的国家机关通过一定的形式规定公民、法人或其他组织的行为规范，以及违反该行为规范的行政制裁措施。目前，我国税务行政处罚的设定规定如下。

（1）全国人大及其常务委员会可通过法律的形式，设定各种税务行政处罚。

（2）国务院可通过行政法规的形式，设定除限制人身自由以外的税务行政处罚。

（3）国家税务总局可通过规章形式，设定警告和罚款，但税务行政规章对非经营活动中的违法行为设定的罚款不得超过1 000元；对非经营活动中的违法行为有违法乱纪所得的，设定的罚款不得超过违法所得的3倍（最高不得超过3万元）；没有违法所得的，设定罚款不得超过1万元；超过限额的，应当报国务院批准。

（4）地方性法规和地方性规章，均不得设定税务行政处罚。

2. 税务行政处罚的种类

我国现行税务行政处罚种类主要有财产罚和行为罚两种。财产罚包括罚款和没收非法所得两种；行为罚包括停止出口退税权、收缴发票或暂停供应发票和提请工商行政管理机关吊销其营业执照3种。

3.2.3 税务行政处罚的主体与管辖

1. 税务行政处罚的主体

税务行政处罚的实施主体是县以上的税务机关。各级税务机关的内设机构，派出机构不具备处罚主体资格，不能以自己的名义实施税务行政处罚。但税务所可实施罚款额在2 000元以下的税务行政处罚，这是《征管法》的特别授权。

2. 税务行政处罚的管辖

根据《中华人民共和国行政处罚法》（以下简称《行政处罚法》）和《征管法》的规定，税务行政处罚由当事人税收违法行为发生地的县（市、旗）以上税务机关管辖。其具体含义有：一是从税务行政处罚的地域管辖角度来看，税务行政处罚实行行为发生地原则；二是从税务行政处罚的级别管辖角度来看，除法律特别授权的税务所外，处罚主体必须是县（市、旗）以上税务机关；三是从税务行政处罚的管辖主体的要求角度来看，处罚主体必须有税务行政处罚权。

3.2.4 税务行政处罚的程序与执行

1. 税务行政处罚的程序

（1）税务行政处罚的简易程序

税务行政处罚的简易程序是指税务机关及其执法人员对于公民、法人或其他组织违反税收征收管理的行为，当场做出税务行政处罚决定的过程。

简易程序的适用条件有两个：一是案情简单、事实清楚、违法后果比较轻微，且有按照法定依据应当给予处罚的违法行为；二是给予的处罚较轻，仅适用于对公民处以50元以下和对法人或其他组织处以1 000元以下罚款的违法案件。

（2）税务行政处罚的一般程序

除了适用于简易程序的税务违法案件外，对于其他违法案件，税务机关要按照税务行政处罚的一般程序做出处罚决定。

① 税务调查。对税务违法案件的调查由税务机关内设的调查机构负责，进行调查取证后，对依法应当给予行政处罚的，调查机构应及时提出处罚建议，以税务机关的名义制作《税务行政处罚事项通知书》，并送达当事人。调查终结后，应当制作调查报告，并及时将调查报告连同所有案卷材料移交审查机构。

② 税务取证。审查机构收到调查机构移交的案卷材料后，填写《税务案件审查登记簿》，并应自收到调查机构移交的案卷材料之日起 10 日内审查终结，制作审查报告，并连同案卷材料报送税务机关负责人审批。

③ 税务听证。税务听证的范围是对公民做出 2 000 元以上或对法人或其他组织做出 10 000 元以上罚款的案件；听证主持人应由税务机关内设的非本案调查机构的人员担任。要求听证的当事人，应当在收到《税务行政处罚事项通知书》后 3 日内向税务机关书面提出听证要求，逾期不提出的，视为放弃听证权利；税务机关应当在当事人提出听证要求后 15 天内举行听证，并在举行听证的 7 日前将《税务行政处罚听证通知书》送达当事人，听证的全部活动，应由记录员制作笔录连同听证笔录附卷移交审查机构审查。

④ 税务决定。审查机构做出审查意见并报送税务机关负责人审批后，应在收到审批意见之日起 3 日内，分别制作以下处理决定，再报税务机关负责人签发：有应受行政处罚的违法行为的，根据情节轻重及具体情况予以处罚；违法行为轻微，依法可不予行政处罚的，不予行政处罚；违法事实不成立的，不得予以行政处罚；违法行为已构成犯罪的，移送公安机关。

适用上述一般程序的案件通常是情节比较复杂、处罚比较重的案件。

2. *税务行政处罚的执行*

（1）税务行政处罚的履行。税务机关做出税务行政处罚决定后，应当按照《中华人民共和国税收征收管理法实施细则》的规定，送达当事人执行。当事人在法定期限内不申请复议又不起诉，并且在规定期限内又不履行的，税务机关可以申请法院强制执行。

（2）税务人员当场收缴罚款。税务机关对当事人做出罚款行政处罚决定的，当事人应当在收到行政处罚决定书之日起 15 日内缴纳罚款，到期不缴纳的，税务机关可对当事人每日按罚款数额的 3%加处罚款。

（3）税务行政罚款的收缴。税务机关除依法可以当场收缴罚款的情形以外，实行做出罚款决定的税务机关与收缴罚款机构分离的办法。

（4）代收罚款协议的签订。税务机关应当同代收机构签订代收罚款协议。代收机构应当将代收罚款协议报中国人民银行或当地分支机构备案，代收机构代收罚款，应当向当事人出具财政部规定的罚款收据。

3.3 税务行政争讼

3.3.1 税务行政争讼的概念

税务行政争讼是税务行政复议与税务行政诉讼的合称，是指在税务机关与纳税当事人之间发生纳税或处罚不服时所进行的税务行政或司法行为。

3.3.2 税务行政复议

税务行政复议是指当事人不服税务机关及其工作人员做出的税务具体行政行为，依法向上一级税务机关（复议机关）提出申请，由复议机关经审理对原税务机关具体行政行为依法做出维持、变更、撤销等决定的活动。

1. 税务行政复议的意义、特点与原则

（1）税务行政复议的意义

依法开展税务行政复议活动，对于保护公民、法人或其他组织的合法权益，保证和促进税务机关依法办事，整顿税收秩序，加强税收管理以及依法治税等方面都具有积极的现实意义。

（2）税务行政复议的特点

税务行政复议的特点主要有以下 4 个。

第一，因税务管理对象当事人的申请而产生，以申请税务行政复议的具体行政行为为对象。

第二，税务行政复议要以申请人依法自动履行原具体行政行为为前提条件。

第三，由做出税务具体行政行为的上一级税务机关负责裁决。

第四，因征税行为发生的税务行政复议，税务行政复议与税务行政诉讼相衔接并构成税务行政复议的前置程序。

（3）税务行政复议的原则

税务行政复议的原则是税务行政复议机关在解决和处理税务争议案件时必须始终遵循的基本准则。税务行政复议的原则主要包括以下几个。

① 合法性原则。在税务行政复议中，税务行政复议机关审理税务行政复议案件，必须在查清客观情况的基础上，正确适用法律，严格依法办案；税务行政复议机关履行职责，其管辖权限的确定应有合法的法律依据；审查税务行政复议申请的程序应依法进行。

② 公开性原则。税务行政复议机关受理税务行政复议申请、进行税务行政复议审查、做出税务行政复议决定等，都应当公开进行；审理中的有关文书、证据、资料，对税务行政行政复议双方当事人都应当公开。

③ 公正性原则。税务行政复议机关在审理和审查税务行政复议申请时，必须依法、公正地进行，不能偏袒个别部门或下属机关。

④ 及时性原则。税务行政复议机关在受理、审查税务行政复议申请和做出税务行政复议决定时，必须按照法律法规规定的时限，按期执行有关的程序，不得久拖不决或是拖延不办。

⑤ 便民原则。税务行政复议活动应方便税务行政复议申请人，不能因为税务行政复议活动而造成人力、物力、财力的浪费，如原则上可采取书面税务行政复议形式，使申请人免于奔波，减少不必要的负担。

2. 税务行政复议机关的含义及其职责

（1）税务行政复议机关的含义

税务行政复议机关（以下简称“复议机关”），是指依法受理行政复议申请，对具体税务行政行为进行审查并做出税务行政复议决定的税务机关。复议机关必须强化责任意识和服务意识，树立依法行政观念，认真履行税务行政复议职责，忠于法律，确保法律正确实施，坚持有错必纠。根据现行规定，复议机关是做出具体行政行为的税务机关的上一级税务机关或地方人民政府。

（2）税务行政复议机关的职责

复议机关是负责税收法制工作的专门机构，具体办理税务行政复议事项，履行下列职责。

① 受理税务行政复议申请。

② 向有关组织和人员调查取证，查阅文件和资料。

③ 审查申请税务行政复议的具体行政行为是否合法与适当，起草税务行政复议决定。

④ 处理或移送对税务机关的具体行政行为所依据的规定认为不合法而提出复议的审查申请。

⑤ 对被申请人违反《中华人民共和国行政复议法》（以下简称《行政复议法》）及其《中华人民共和国行政复议法实施条例》（以下简称《实施条例》）相关规定的行为，依照规定的权限和程序向相关部门提出处理建议。

⑥ 研究在税务行政复议工作中发现的问题，及时向有关机关或部门提出改进建议，将重大问题及时向行政复议机关报告。

⑦ 指导和监督下级税务机关的税务行政复议工作。

⑧ 办理或组织办理税务行政诉讼案件应诉事项。

⑨ 办理税务行政复议案件的赔偿事项。

⑩ 办理税务行政复议、诉讼、赔偿等案件的统计、报告、归档工作和重大税务行政复议决定备案事项。

⑪ 其他与税务行政复议工作有关的事项。

3. 税务行政复议的范围

（1）税务行政复议的受案范围

复议机关受理申请人对税务机关下列具体行政行为不服提出的税务行政复议申请。

① 应税行为。

② 行政许可、行政审批行为。

③ 发票管理行为。

④ 税收保全措施、强制执行措施。

⑤ 行政处罚行为。

⑥ 不依法履行职责的行为。

⑦ 资格认定行为。

⑧ 不依法确认纳税担保行为。

⑨ 政府信息公开工作中的具体行政行为。

⑩ 纳税信用等级评定行为。

⑪ 通知出入境管理机关阻止出境行为。

⑫ 其他具体行政行为。

（2）税务行政复议的管辖范围

有关税务行政复议的管辖范围的规定主要如下。

① 对各级税务机关的具体行政行为不服的，向其上一级税务机关申请行政复议。

② 对国家税务总局的具体行政行为不服的，向国家税务总局申请税务行政复议。

4. 税务行政复议的申请

（1）税务行政复议参加人

税务行政复议参加人是指在复议机关的组织下，依法参加税务行政复议活动的申请人、第三人、代理人和被申请人。

① 税务行政复议的申请人。税务行政复议的申请人是指依法提起税务行政复议的税务当事人。申请人的确定方式如下。

a. 合伙企业申请税务行政复议的，应以工商行政管理机关核准登记的企业为申请人。

b. 股份制企业的股东大会、董事会认为税务具体行政行为侵犯企业合法权益的，可以以企业的名义申请税务行政复议。

c. 有权申请税务行政复议的公民死亡的，其近亲可申请税务行政复议。

d. 有权申请税务行政复议的法人或其他组织发生合并、分立或终止的，承受其权利义务的法人或其他组织可申请税务行政复议。

e. 非具体行政行为的行政管理相对人，但其权利直接被该具体行政行为所剥夺、限制或被赋予义务的公民、法人或其他组织，在行政管理相对人没有申请税务行政复议时，可单独申请税务行政复议。

f. 同一税务行政复议案件申请人超过 5 人的，应推选 1～5 名代表参加税务行政复议。

② 税务行政复议的第三人。税务行政复议的第三人是指与申请税务行政复议的具体行政行为有利害关系的其他公民、法人或其他组织。复议机关在税务行政复议期间，认为申请人以外的公民、法人或其他组织与被审查的具体行政行为有利害关系的，可通知其作为第三人参加税务行政复议。

③ 税务行政复议的代理人。税务行政复议的代理人是指受申请人或第三人的委托，在法律规定或当事人委托的权限范围内进行税务行政复议活动的人。

④ 税务行政复议的被申请人。税务行政复议的被申请人是纳税人或其他税务当事人不服其做出具体行政行为的税务机关。税务行政复议的被申请人主要如下。

a. 申请人对具体行政行为不服申请税务行政复议的，做出该具体行政行为的税务机关为被申请人。

b. 申请人对扣缴义务人的扣缴税款行为不服的，主管该扣缴义务人的税务机关为被申请人。

c. 税务机关与法律、法规授权的组织以共同的名义做出具体行政行为的，其税务机关和该组织为共同被申请人。

d. 税务机关按法律法规和规章规定，经上级税务机关批准做出具体行政行为的，批准机关为被申请人。

e. 税务机关设立的派出机构、内设机构或其他组织，未经法律法规授权，以自己名义对外做出具体行政行为的，税务机关为被申请人。

（2）税务行政复议申请的要求

税务行政复议申请的要求主要包括以下内容。

① 税务行政复议的申请时限。申请人可在知道税务机关做出具体行政行为之日起提出税务行政复议。

② 税务行政复议的申请条件。申请人对《税务行政复议规则》规定的征税行为不服的，应先向复议机关申请税务行政复议；对税务行政复议不服的，可向人民法院提起行税务政诉讼。申请人申请税务行政复议的，必须依照税务机关根据法律法规确定的税额、期限，先行缴纳或解缴税款和滞纳金，或提供相应的担保，才可在缴清税款和滞纳金，或提供相应的担保得到做出具体行政行为的税务机关确认之日起60日内提出税务行政复议申请。

③ 复议的方式。申请人书面申请税务行政复议的，可采取当面递交、邮寄或传真等方式提出申请。

④ 直接诉讼。申请人对规定征税行为以外的其他具体行政行为不服的，可申请税务行政复议，也可直接向人民法院提起税务行政诉讼。

5. 税务行政复议的受理

（1）税务行政复议受理的条件

税务行政复议申请符合下列规定的，复议机关应当受理。

① 属于《税务行政复议规则》规定的税务行政复议范围。

② 在法定申请期限内提出。

③ 有明确的申请人和符合规定的被申请人。

④ 申请人与具体行政行为有利害关系。

⑤ 满足具体的税务行政复议申请的条件。

⑥ 符合《税务行政复议规则》规定的税务行政复议申请的条件。

⑦ 属于收到税务行政复议申请的复议机关的职责范围。

⑧ 其他复议机关尚未受理同一税务行政复议申请，法院尚未受理同一主体就同一事实提起的税务行政诉讼。

（2）税务行政复议受理的时限

复议机关收到税务行政复议申请后，应在 5 日内进行审查，决定是否受理。复议机关收到税务行政复议申请后，未按规定期限审查并做出不予受理决定的，视为受理。

（3）税务行政复议的不予受理

对于不符合规定的税务行政复议申请，复议机关决定不予受理，并书面告知申请人。

（4）上级税务机关的税务行政复议受理

上级税务机关认为税务机关认为复议机关不予受理税务行政复议申请的理由不成立

的，可督促其受理；经督促仍然不受理的，责令其限期受理。

（5）复议期间行政行为的执行

税务行政复议期间税务具体行为不停止执行，但有下列情形之一的，可停止执行：一是被申请人认为需要停止执行的；二是复议机关认为需要停止执行的；三是申请人申请停止执行的；四是法律规定停止执行的。

（6）税务行政复议之外的税务行政诉讼

申请人应先向复议机关申请税务行政复议，对复议决定不服再向法院提起具体行政行为，复议机关决定不予受理或受理后超过税务行政复议期限不作答复的，申请人可自收到不予受理决定书之日起或税务行政复议期满之日起 15 日内，依法向法院提起行政诉讼。

6. 税务行政复议的审查

其规定主要包括以下内容。

（1）复议机关自受理行政复议申请之日起 7 日内，将税务行政复议申请书副本或复议申请复印件发送给被申请人。被申请人自收到税务行政复议申请书副本或复印件之日起 10 日内提出书面答复，并提交当初做出具体行政行为的证据、依据和其他有关材料。

税务行政复议原则上采用书面审查办法，但申请人提出要求或复议机关认为有必要时，应听取申请人、被申请人和第三人的意见，并向有关组织和人员调查了解情况。

（2）税务行政复议的听证。对重大、复杂的案件，申请人提出要求或复议机关认为必要时，可采取听证的方式审理。

7. 税务行政复议的决定

税务行政复议的决定主要包括以下内容。

（1）税务行政复议的基本结论

其结论包括维持、撤销、变更或确认违法、重新做出和予以驳回。复议机关应对被申请人的具体行政行为提出审查意见，经复议机关负责人批准，按照下列规定做出行政复议决定。

① 具体行政行为认定事实清楚，证据确凿，适用依据正确，程序合法，内容适当的，决定维持。

② 被申请人不履行法定职责的，决定其在一定期限内履行。

③ 具体行政行为有下列情形之一的，决定撤销、变更或确认该具体行政行为违法：主要事实不清、证据不足的；适用依据错误的；违反法定程序的；超越职权或滥用职权的；具体行政行为明显不当的。

（2）决定撤销的具体行政行为

被申请人对已受理的税务行政复议申请，不按照规定提出书面答复，提交当初做出具体行政行为的证据、依据和其他有关材料的，视为该具体行政行为没有证据、依据，决定撤销该具体行政行为。

（3）决定重新做出的具体行政行为

税务行政复议决定撤销或确认该具体行政行为违法的，可责令被申请人在一定期限内重新做出具体行政行为。

（4）决定变更的具体行政行为

有下列情形之一的，复议机关可决定变更：认定事实清楚、证据确凿、程序合法，但是明显不当或者适用依据错误的；认定事实不清、证据不足，但经复议机关审理查明事实清楚、证据确凿的。

（5）决定予以驳回的具体行政行为

有下列情形之一的，复议机关应予以驳回税务行政复议申请：申请人认为税务机关不履行法定职责申请税务行政复议，复议机关受理后发现该税务机关没有相应法定职责或在受理以前已经履行法定职责；受理行政复议后，发现该税务行政复议申请不符合《行政复议法》及其《实施条例》和《税务行政复议规则》规定受理条件的。

8. 税务行政复议的中止

税务行政复议期间，有下列情形之一的，税务行政复议中止。

（1）作为申请人的公民死亡，其近亲属尚未确定是否参加税务行政复议的。

作为申请人的公民丧失参加税务行政复议的能力，尚未确定法定代理人参加税务行政复议的。

（2）作为申请人的法人或其他组织终止，尚未确定权利义务承受人的。

（3）作为申请人的公民下落不明或被宣告失踪的。

（4）申请人、被申请人因不可抗力，不能参加税务行政复议的。

（5）复议机关因不可抗力原因暂时不能履行工作职责的。

（6）案件涉及法律适用问题，需要有权机关做出解释或确认的。

（7）案件审理需要以其他案件的审理结果为依据，而其他案件尚未审结的。

（8）其他需要中止税务行政复议的情形。

9. 税务行政复议的终止

税务行政复议期间，有下列情形之一的，行政复议终止。

（1）申请人要求撤回税务行政复议申请，税务行政复议机构准予撤回的。

（2）作为申请人的公民死亡，没有近亲属，或其近亲属放弃税务行政复议权利的。

（3）作为申请人的法人或其他组织终止，其权利义务的承受人放弃税务行政复议权利的。

（4）申请人与被申请人依照《税务行政复议规则》的规定，经复议机关准许达成和解的。

（5）税务行政复议申请受理以后，发现其他复议机关已经先于本机关受理，或法院已经受理的。

10. 税务行政复议的赔偿

申请人在申请税务行政复议时可一并提出行政赔偿要求，复议机关对符合国家赔偿法的规定应当赔偿的，在决定撤销、变更具体行政行为或确认具体行政行为违法时，应当同时决定被申请人依法赔偿。

11. 税务行政复议的执行

（1）税务行政复议决定的送达

复议机关应自受理申请之日起 60 日内做出税务行政复议决定。情况复杂不能在规定期限内做出税务行政复议决定的，经复议机关负责人批准可适当延期，并告知申请人和被申请人，但延期不得超过 30 日。复议机关做出税务行政复议决定后应制作《税务行政复议决定书》，并加盖复议机关印章。《税务行政复议决定书》一经送达，即发生法律效力。

（2）税务行政复议决定的履行

被申请人应履行税务行政复议决定。被申请人不履行、无正当理由拖延履行税务行政复议决定的，复议机关或有关上级税务机关应责令其限期履行。

12. 税务行政复议的监管

（1）税务行政复议的督导工作

各级复议机关应加强对履行税务行政复议职责的监督。复议机关负责对税务行政复议工作进行系统督促、指导。各级税务机关应建立健全税务行政复议工作责任制，将税务行政复议工作内容纳入本单位目标责任制度中。

（2）税务行政复议的工作建议

复议机关在税务行政复议期间，发现被申请人和其他下级税务机关的相关行政行为违法或需做好善后工作的，可制作《税务行政复议意见书》。有关机关应自收到意见书之日起 60 日内，将其纠正情况报告复议机关。

（3）税务行政复议案件资料的存档

省以下各级税务机关应定期向上一级税务机关提交行政复议、应诉、赔偿统计表和分析报告，及时将重大税务行政复议决定报上一级复议机关备案。复议机关应按照规定将税务行政行政复议案件资料立卷归档。其案卷应按照税务行政税务行政复议申请分别装订立卷，一案一卷，做到目录清晰、资料齐全、分类规范、装订整齐。

3.3.3 税务行政诉讼

税务行政诉讼，是指公民、法人和其他组织认为税务机关及其工作人员的具体税务行政行为违法或者不当，侵犯了其合法权益，依法向人民法院提起行政诉讼，由人民法院对具体税务行政行为的合法性和适当性进行审理并做出裁决的司法活动。其目的是保证正确、及时审理税务行政案件，保护纳税人、扣缴义务人等当事人的合法权益，维护和监督税务机关行使行政职权。

1. 税务行政诉讼的特点与原则

（1）税务行政诉讼的特点

我国税务行政诉讼的特点主要表现在以下 4 个方面：第一，税务行政诉讼一般以税务行政争议为基本前提；第二，税务行政诉讼是依法请求的行政行为，没有纳税当事人的起诉行为，司法机关就无权受理；第三，税务行政诉讼由纳税当事人、税务机关和人民法院三方参与；第四，税务行政诉讼必须按照法定的诉讼程序和方式进行。

（2）税务行政诉讼的原则

税务行政诉讼除遵循行政诉讼的共有原则（如法院独立行使审判权，实行合议、回避、公开、辩论、两审终审的审判制度等）外，还必须遵循其特有的原则，具体如下。

① 人民法院特定主管原则。人民法院对税务行政案件只有部分管辖权，即人民法院只能受理因具体税务行政行为引起的行政争议案件。

② 合法性审查原则。除审查税务机关是否滥用权力、税务行政处罚是否显失公正以外，人民法院只对具体税务行政行为是否合法予以审查，原则上不直接判决变更。

③ 不适用调解原则。人民法院不能对税务行政诉讼法律关系中的双方当事人进行调解。

④ 起诉不停止执行原则。当事人不能以起诉为理由而停止执行税务机关所做出的具体税务行政行为。

⑤ 税务机关负举证责任原则。税务行政行为是税务机关单方依一定事实和法律做出的，只有税务机关最了解做出该行为的证据。如果税务机关不提供或不能提供证据，就可能败诉，以致损害国家或纳税人的合法权益。

⑥ 税务机关负责赔偿原则。依据《中华人民共和国国家赔偿法》和《征管法》的有关规定，税务机关及其工作人员因执行职务不当，给税务当事人造成人身及财产损害的，应负赔偿责任。

2. 税务行政诉讼的管辖

税务行政诉讼的管辖是指人民法院之间受理第一审税务案件的职权分工。具体分为级别管辖、地域管辖和裁定管辖。

（1）级别管辖

级别管辖是指上下级人民法院之间受理第一审行政案件的分工和管理权限。根据《中华人民共和国诉讼法》的规定，基层法院管辖一般的税务行政诉讼案件；中高级人民法院管辖本辖区内重大、复杂的税务行政诉讼案件；最高人民法院管辖全国范围内重大、复杂的税务行政诉讼案件。

（2）地域管辖

地域管辖是指同级人民法院之间受理第一审行政案件的分工和管理权限，分一般地域管辖和特殊地域管辖两种。前者是指按照最初做出具体行政行为的机关所在地来确定管辖法院，即由最初做出具体行政行为的税务机关所在地人民法院管辖；后者是指根据特殊行政法律关系或特殊行政法律关系所指的对象来确定管辖法院，即经过税务行政复议的案件，复议机关改变原具体行政行为的，由原告选择最初做出具体行政行为的税务机关所在地人民法院或复议机关所在地人民法院管辖。

（3）裁定管辖

裁定管辖是指人民法院依法自行裁定的管辖，包括移送管辖、指定管辖和管辖权的转移。其中，移送管辖是指人民法院已经受理的案件，移送给有管辖权的人民法院审理；指定管辖是指上级人民法院以裁定的方式，指定某下一级人民法院管辖某一案件；管辖权的转移是指上、下级人民法院对其所管辖的案件，在认为必要等情况时可以移交或报请审理。

3. 税务行政诉讼的起诉和受理

（1）税务行政诉讼的起诉

税务行政诉讼的起诉是指公民、法人或其他组织认为自己的合法权益受到税务机关具体行政行为的损害而向人民法院提出诉讼要求，请求人民法院依法予以保护的诉讼行为。

纳税当事人在提出税务行政诉讼时必须符合以下 4 个条件：一是原告是认为具体税务行政行为侵犯其合法权益的公民、法人或其他组织；二是有明确的被告；三是有具体的诉讼请求和事实、法律根据；四是在人民法院受案范围和受诉人民法院管辖范围内。根据《征管法》等的规定，对税务机关征税行为提起的诉讼，必须先经税务行政复议，对税务行政复议决定不服的，可在接到税务行政复议决定书之日起 15 日内向人民法院起诉；对其他具体行政行为不服的，当事人可在接到通知或知道之日起 15 日内直接向人民法院起诉，但在特殊情形下，起诉期为 10 年。在税务行政诉讼中，起诉权是单向性的权利，税务机关只有应诉权，且作为被告的税务机关也不能反诉。

（2）税务行政诉讼的受理

对纳税当事人的起诉，人民法院一般从以下几个方面进行审查并做出是否受理的决定：审查是否在法定的诉讼受案范围内；审查是否具备法定的起诉条件；审查是否已经受理或正在受理；审查是否有管辖权；审查是否符合法定的期限；审查是否经过税务行政复议程序。

根据有关法律的规定，人民法院接到诉状，经过审查，应当在 7 日内立案或做出裁定不予受理。原告对不予受理的裁定不服的，可以提起上诉。

4. *税务行政诉讼的审理和判决*

（1）税务行政诉讼的审理

人民法院审理行政案件实行合议、回避、公开审判和两审终审的审判制度。审理的核心是审查被诉具体行政行为是否合法，即做出该行为的税务机关是否依法享有该税务行政管理权；该行为是否依据一定的事实和法律做出；税务机关做出该行为是否遵照必备的程序等。

（2）税务行政诉讼的判决

人民法院对受理的税务行政案件，经过调查、收集证据和开庭审理之后，分别做出以下判决。

① 维持判决。该判决适用于具体行政行为证据确凿，适用法律、法规正确，符合法定程序的案件。

② 撤销判决。若被起诉的具体行政行为主要证据不足，适用法律、法规错误，违反法定程序或超越职权、滥用职权，人民法院应判决撤销或部分撤销，并判决税务机关重新做出具体行政行为。

③ 履行判决。对税务机关不履行或拖延履行法定职责的，人民法院判决其在一定期限内履行。

④ 变更判决。对税务行政处罚显失公正的，人民法院可以判决变更。

对一审人民法院的判决不服，当事人可以上诉；对发生法律效力的判决，当事人必须执行，否则人民法院有权依据对方当事人的申请予以强制执行。

同步测试题

一、名词解释

税收管理体制；税务行政处罚；税务行政争议；税务行政复议；税务行政诉讼

二、单项选择题

1. 下列各项中，（　　）是违反《行政处罚法》规定的。

A. 全国人民代表大会及其常务委员会可以通过法律的形式设定各种税务行政处罚

B. 国务院可以通过行政法规的形式设定限制人身自由以外的税务行政处罚

C. 国家税务总局可以通过规章的形式设定警告和罚款

D. 国家各级财政部门可以规章的形式设定罚款

2. 税务行政规章对经营活动中的违法行为，没有违法所得的，设定罚款不得超过（　　）；超过限额的应当报（　　）批准。

A. 1 000 元，国务院　　B. 1 000 元，财政部

C. 10 000 元，国务院　　D. 10 000 元，财政部

3. 根据有关规定，税务行政复议的受案范围仅限于税务机关做出的（　　）。

A. 税务具体行政行为　　B. 税务抽象行政行为

C. 税务具体法律行为　　D. 税务抽象法律行为

4. 税务行政处罚简易程序只适用于对公民处（　　）以下和对法人或其他组织处以（　　）以下罚款的违法案件。

A. 50 元，1 000 元　　B. 50 元，10 000 元

C. 100 元，1 000 元　　D. 100 元，10 000 元

5. 税务机关对当事人做出罚款行政处罚决定后，当事人应当在收到行政处罚决定书之日起（　　）起缴纳罚款。

A. 5 日　　B. 10 日　　C. 15 日　　D. 30 日

三、多项选择题

1. 税务行政复议与税务行政诉讼的区别有（　　）。

A. 受理机关不同　　B. 适用程度不同

C. 调节广度不同　　D. 争议双方的法律地位不同

2. 全国人民代表大会及其常务委员会的税收立法权主要包括（　　）。

A. 中央税税法制定权　　B. 税种开征停征权

C. 税目税率调整权　　D. 税收法律解释权

3. 经全国人民代表大会及其常务委员会授权，国务院的税收立法权主要有（　　）。

A. 全国性税种可先以实施条例的形式发布实行

B. 全国性税种可先以暂行条例的形式发布实行

C. 制定税法实施细则

D. 税目税率调整权

4. 下列属于税务行政诉讼特有原则的有（　　）。

A. 人民法院特定主管原则　　B. 合法性审查原则

C. 由税务机关赔偿的原则　　D. 起诉不停止执行原则

5. 申请人与被申请人在复议机关做出税务行政复议决定以前可达成和解，复议机关也可调解，下列选项中可和解与调解的有（　　）。

A. 行使自由量裁权做出的具体行政行为　　B. 行政赔偿

C. 行政奖励　　D. 确定应税所得率

四、判断题

1. 税收管理体制的实质，体现了中央与地方在课税及其管理全过程中的一种权利分配关系。（　　）

2. 我国的税收立法权是按照税法构成要素和税收执法级次来划分的。（　　）

3. 我国的税收立法权一律集中在中央，地方不享有任何税收立法权。（　　）

4. 经全国人民代表大会及其常务委员会的授权，国务院可以以条例或暂行条例的形式发布实行全国性税种。（　　）

5. 财政部和国家税务总局有税法解释权及制定税收条例、税收征管法实施细则的权力。（　　）

五、简答题

1. 简述我国税收管理体制。

2. 我国税务机关是如何设置的？其职责有哪些？

3. 税务行政复议与税务行政诉讼的含义和特点是什么？

4. 税务行政处罚、税务行政复议、税务行政诉讼与应诉的基本规定有哪些？

5. 什么是税务行政赔偿？其范围与标准是什么？

案例分析题

个体户刘金海开办了一家体育器材专卖店，在2019年2月3日到银京市滨江区工商管理局办理了个体工商户营业执照，于2月26日开始正式营业。

5月5日，滨江区税务局在检查时发现该专卖店未按规定在领取营业执照30日内办理税务登记，于是向其下达责令限期改正通知书，要求刘金海在 3 日内到税务机关办理税务登记。时至 6 月 10 日，刘金海依然没有办理税务登记，滨江区税务局决定依照《征管法》的规定，提请滨江区工商管理局吊销刘金海的个体工商户营业执照。滨江区工商管理局按照税务局的提请，依法吊销了刘金海的个体工商户营业执照。刘金海认为处罚过于严厉，于是向市税务局申请行政复议，要求撤销吊销其营业执照的决定。

对于是否受理刘金海的税务行政复议申请，税务机关内部有两种不同意见。一种意见认为刘金海的税务行政复议申请符合《行政复议法》的规定，但不属于市税务局受理范围，应当按照《行政复议法》的规定，告知刘金海向有管辖权的复议机关提出申请；另一种意见认为，刘金海之所以被吊销营业执照是因为违反了《征管法》有关税务登记管理的规定，据此，税务机关理应受理其税务行政复议申请。

要求：

请回答本案例中的税务机关是否有权受理刘金海的复议申请，为什么？

第4章 增值税

引导案例

兴华公司应缴纳多少增值税

兴华公司为增值税一般纳税人，适用的增值税税率为13%，2019年5月份有关经济业务如下：(1)销售A产品给太平洋商场，开具增值税专用发票，取得不含税销售额80万元；另外，开具普通发票，取得销售A产品的送货运输费收入5.85万元；(2)销售B产品，开具普通发票，取得含税销售额29.25万元；(3)将试制的一批应税新产品用于本公司基建工程，成本价为20万元，成本利润率为10%，该新产品无同类产品市场销售价格；(4)销售1月份购进的作为固定资产使用过的进口摩托车5辆，每辆取得含税销售额1.13万元，每辆摩托车原值0.9万元；(5)购进货物取得增值税专用发票，发票上注明支付货款60万元、进项税额7.80万元；另外支付购货的运输费用6万元，取得运输公司开具的普通发票。

思考与讨论：

1. 兴华公司应否缴纳增值税？
2. 兴华公司应缴纳多少增值税？
3. 兴华公司应做怎样的会计处理？

4.1 增值税概述

4.1.1 增值税的产生与发展

1921年，法国人西蒙斯正式提出增值税这一税种，并详细阐述了增值税的要素内容。为了消除重复征税的弊端，法国于1954年对原营业税进行了一次全方位的改革，把对全值征税改为对增值额征税，并逐步形成了一套较为完整的增值税征收制度。

增值税在法国实践成功后，陆续被许多国家借鉴采用。至今世界上已有170多个国家和地区实行了增值税，增值税逐步发展成为各国税制中的主体、优良税种。

我国从1979年开始试行增值税。1983年在全国范围内开征，1984年国务院发布《中华人民共和国增值税暂行条例（草案）》。1993 年 12 月 13 日发布的《中华人民共和国增值税暂行条例》，确立了自 1994 年 1 月 1 日起，增值税的征税范围为销售货物、加工、修理修配劳务和进口货物。2008 年 11 月 5 日，国务院修订《中华人民共和国增值税暂行条例》，决定自 2009 年 1 月 1 日起，在全国范围内实施增值税转型改革。自 2012 年 1 月 1 日起，我国率先在上海实行交通运输业及部分现代服务业的营业税改征增值税试点改革。随后，北京市、天津市、江苏省、安徽省、浙江省、福建省、湖北省、广东省等地区自 2012 年 9 月 1 日起先后被纳入营业税改征增值税的试点地区。经国务院批准，自 2013 年 8 月 1 日起，我国在全国范围内开展交通运输业及部分现代服务业的营业税改征增值税试点。自 2014 年 1 月 1 日起，铁路运输和邮政业也被纳入了营业税改征增值税的试点。自 2016 年 5 月 1 日起，我国在全国范围内全面推开“营改增”试点，建筑业、房地产业、金融业、生活服务业等全部营业税纳税人纳入试点范围，由缴纳营业税改为缴纳增值税。

4.1.2 增值税的概念

增值税是以商品和劳务在流转过程中产生的增值额作为征税对象而征收的一种流转税。按照我国增值税相关法律规范的规定，增值税是对在我国境内销售货物，提供加工修理修配劳务（以下简称“提供应税劳务”），销售服务、无形资产及不动产（以下简称“发生应税行为”），以及进口货物的企业、单位和个人，就其销售货物、提供应税劳务、发生应税行为的增值额和货物进口金额为计税依据而课征的一种流转税。

增值税的征税对象是增值额。所谓增值额，从理论上讲，就是商品销售收入额或劳务收入额扣除生产资料消耗或物质消耗后的余额。用价值形式表示即商品价值总额中劳动者新创造的价值部分。对增值额这一概念，可以从两个方面来理解。从某个生产经营单位角度来看，增值额是这个单位的商品销售额或劳务收入额扣除外购商品额（相当于物化劳动的价值）后的余额。它大体相当于该单位全体员工所创造的价值。从一个商品生产销售的全过程角度来看，增值额是商品在生产流通过程的各个环节所创造的增值额之和，相当于该商品的最终销售额。

4.1.3 增值税的特点

增值税是刚性的流转税，是对流转额中的增值额征税，与其他流转税种相比，有其不同的特点。

1. 不重复征税

这是增值税最本质的特点。它只是对增值额征收的一种税，能有效地避免传统流转税重复征税和税负不公平的弊端。

2. 税负逐环向前推移

由于采用税款抵扣，商品流通中各环节的经营者作为纳税人购进货物时随同购进货物的价款向销售方支付增值税进项税额，销售时随同销售产品的价款向购买方收取增值税销项税额，再将销项税额扣除进项税额的差额作为应纳税额上缴税务机关。这样，在流转过程中纳税人并不承担增值税税款，税款抵扣，环环相连，随着各环节交易活动的进行，增值税税负逐环向前推移，作为纳税人的生产经营者并不是增值税的真正负担者，而最终消费者才是全部税款的承担者。

3. 价外计税，价税分离

税金不包含在销售价格内，将税款与价格分开可使企业的成本核算不受增值税的影响。

4. 凭票管理与抵扣

发生交易行为时，销售方应该开具增值税专用发票给购买方，专用发票上注明货物的价款、税款及价税合计数，销售方凭专用发票上价税合计的金额收取货款，而购买方凭专用发票上注明的税款在计算当期应纳税额时进行抵扣。

5. 税基宽广，具有征收的普遍性和连续性

无论是从横向还是从纵向看，增值税的征收都有着宽广的税基。从生产经营的横向关系角度看，无论工业、商业或者劳务服务活动，只要有增值收入就要纳税；从生产经营的纵向关系角度看，每一货物无论经过多少生产经营环节，都要按在各道环节发生的增值额逐次纳税。

4.1.4 增值税的类型

根据抵扣项目的不同，增值税的类型可分为生产型增值税、收入型增值税和消费型增值税。

1. 生产型增值税

生产型增值税是指在计算应纳增值税税额时，既不能减去固定资产额，也不能减去折旧的增值税。其税基相当于国民生产总值，既包括消费资料，也包括生产资料。由于扣除范围小且税基大，所以在同等税率下可以取得较多财政收入，或以较低税率取得同等财政收入。

2. 收入型增值税

收入型增值税是指在计算应纳增值税税额时，只允许在当期销项税额中扣除折旧部

分所含税金。其税基相当于国民收入，且小于生产型增值税税基。

3. 消费型增值税

消费型增值税是指在计算应纳增值税税额时，对纳税人购入固定资产的已纳税款，允许一次性地从当期销项税额中全部扣除，从而使纳税人用于生产应税产品的全部外购生产资料均不负担税款的增值税。其税基仅为国民收入中的消费资料。其由于对固定资产允许抵扣，因而可以彻底避免重复征税，降低资本密集型产业或企业的生产成本。

相比较而言，生产型增值税的税基最大，消费型增值税的税基最小。发达国家大都实行消费型增值税。我国以前实行生产型增值税，自 2009 年 1 月 1 日起转变为实行消费型增值税。

4.1.5 增值税法的概念

增值税法是指国家制定的用以调整增值税征收与缴纳双方之间权利义务关系的法律规范。我国现行增值税的基本法律规范是 2017 年 11 月 19 日国务院令第 691 公布的修改后的《中华人民共和国增值税暂行条例》和 2016 年 3 月财政部和国家税务总局发布的《关于全面推开营业税认证增值税法试点的通知》（以下简称“营改增通知”）以及 2008 年 12 月财政部和国家税务总局令第 50 号《中华人民共和国增值税暂行条例实施细则》（以下简称《增值税暂行条例实施细则》）。

4.2 征税范围与纳税人

4.2.1 征税范围

增值税的征税范围包括在境内发生应税销售行为以及进口货物等。根据《中华人民共和国增值税暂行条例》（以下简称《增值税暂行条例》）和“营改增通知”的规定，有关增值税征税范围的规定分为一般规定和特殊规定。

1. 征税范围的一般规定

增值税征税范围的一般规定具体如下。

（1）销售或者进口的货物。货物是指有形动产，包括电力、热力、气体在内。销售货物，是指有偿转让货物的所有权。

（2）销售劳务。劳务是指纳税人提供的加工、修理修配劳务。加工是指受托加工货物，即委托方提供原料及主要材料，受托方按照委托方的要求制造货物并收取加工费的业务；修理修配是指受托对损伤和丧失功能的货物进行修复，使其恢复原状和功能的业务。

（3）销售服务。服务包括交通运输服务、邮政服务、电信服务、建筑服务、金融服务、现代服务、生活服务。

（4）销售无形资产。无形资产，是指不具有实物形态，但能带来经济利益的资产，包括技术、商标、著作权、商誉、自然资源使用权和其他权益性无形资产。

（5）销售不动产。不动产是指不能移动或者移动后会引起性质、形状改变的财产，包括建筑物、构筑物等。建筑物包括住宅、商业营业用房、办公楼等可供居住、工作或者进行其他活动的建造物。构筑物包括道路、桥梁、隧道、水坝等建造物。销售不动产是指转让不动产所有权的业务活动。

一项经济行为一般同时具备以下 4 个条件时需要缴纳增值税：第一，应税行为发生在中华人民共和国境内；第二，应税行为属于《销售服务、无形资产、不动产注释》范围内的业务活动；第三，应税服务是为他人提供的；第四，应税行为是有偿的。

2. 关于征税范围的特殊规定

除了上述的一般规定外，我国还对经济实务中某些特殊项目或行为是否属于增值税的征税范围做出了具体界定。

（1）特殊项目

① 罚没物品征与不征增值税的处理。

执罚部门和单位查处的属于一般商业部门经营的商品，具备拍卖条件的，由执罚部门和单位商同级财政部门同意后，公开拍卖。其拍卖收入作为罚没收入由执罚部门和单位如数上缴财政，不予征税。对经营单位购入拍卖物品再销售的应照章征收增值税；执罚部门和单位查处的属于一般商业部门经营的商品，不具备拍卖条件的，由执罚部门、财政部门、国家指定销售单位会同有关部门按质论价，交由国家指定销售单位纳入正常销售渠道变价处理。执罚部门按商定价格所取得的变价收入作为罚没收入如数上缴财政，不予征税。国家指定销售单位将罚没的物品纳入正常销售渠道销售的，应照章征收增值税；执罚部门和单位查处的属于专管机关管理或专管企业经营的财物，如金银（不包括金银首饰）、外币、有价证券、非禁止出口文物，应交专管机关或专管企业收兑或收购。执罚部门和单位按收兑或收购价所取得的收入作为罚没收入由执罚部门和单位如数上缴财政，不予征税。专管机关或专管企业经营上述物品中属于应征增值税的货物，应照章征收增值税。

② 航空运输企业已售票但未提供航空运输服务取得的逾期票证收入，按照航空运输服务征收增值税。

③ 纳税人取得的中央财政补贴，不属于增值税应税收入，不征收增值税。

④ 融资性售后回租业务中，承租方出售资产的行为不属于增值税的征税范围，不征收增值税。

⑤ 药品生产企业销售自产创新药的销售额，为向购买方收取的全部价款和价外费用，其提供给患者后续免费使用的相同创新药，不属于增值税视同销售范围。

⑥ 根据国家指令无偿提供的铁路运输服务、航空运输服务，属于用于公益事业的服务，不征收增值税。

⑦ 存款利息不征收增值税。

⑧ 被保险人获得的保险赔付不征收增值税。

⑨ 房地产主管部门或者其指定机构、公积金管理中心、开发企业以及物业管理单位代收的住宅专项维修资金不征收增值税。

⑩ 纳税人在资产重组过程中，通过合并、分立、出售、置换等方式，将全部或者部分实物资产以及与其相关联的债权、负债和劳动力一并转让给其他单位和个人，不属于增值税的征税范围，不征收增值税。

（2）特殊行为

① 视同发生销售行为。单位或个体经营者的下列行为，视同发生销售行为。

a．将货物交付他人代销。

b．销售代销货物。

c．设有两个以上机构并实行统一核算的纳税人，将货物从一个机构移送至其他机构用于销售，但相关机构设在同一县（市）的除外。

d．将自产或委托加工的货物用于非应税项目。

e．将自产或委托加工或购买的货物作为投资，提供给其他单位或个体经营者。

f．将自产或委托加工或购买的货物分配给股东或投资者。

g．将自产或委托加工的货物用于集体福利或个人消费。

h．将自产或委托加工或购买的货物无偿赠送他人。

i．单位和个体工商户向其他单位或者个人无偿提供应税服务，但以公益活动为目的或者以社会公众为对象的除外。

j．财政部和国家税务总局规定的其他情形。

上述10种行为确定为视同销售货物行为，均要征收增值税。

② 混合销售行为。一项销售行为如果既涉及货物又涉及服务，则为混合销售行为。从事货物的生产、批发或者零售的单位和个体工商户的混合销售行为，按照销售货物缴纳增值税；其他单位和个体工商户的混合销售行为，按照销售服务缴纳增值税。

4.2.2 纳税人

1. 纳税人

在中华人民共和国境内销售货物或者加工、修理修配劳务（以下简称“劳务”），销售服务、无形资产、不动产以及进口货物的单位和个人，为增值税的纳税义务人（或称纳税人）。

（1）单位是指企业、行政单位、事业单位、军事单位、社会团体及其他单位。

（2）个人，是指个体工商户和其他个人。

（3）单位以承包、承租、挂靠方式经营的，承包人、承租人、挂靠人（以下统称“承包人”）以发包人、出租人、被挂靠人（以下统称“发包人”）名义对外经营并由发包人承担相关法律责任的，以该发包人为纳税人。否则，以承包人为纳税人。

（4）资管产品运营过程中发生的增值税应税行为，以资管产品管理人为增值税的纳税人。

对采用承包、承租、挂靠经营方式的，区分以下两种情况界定纳税人。

（1）同时满足以下两个条件的，以发包人为纳税人。

① 以发包人名义对外经营。

② 由发包人承担相关法律责任。

（2）不同时满足以上两个条件的，以承包人为纳税人。两个或者两个以上的纳税人，经财政部和国家税务总局批准可以视为一个纳税人合并纳税。具体办法由财政部和国家税务总局另行规定。

纳税人应当按照国家统一的会计制度进行增值税会计核算。

2. 纳税人的分类

按照纳税人的经营规模和会计核算健全程度的不同，增值税的纳税人可分为小规模纳税人与一般纳税人。小规模纳税人不得使用增值税专用发票，也不能进行税款抵扣；而一般纳税人可以使用增值税专用发票，并可以用扣税法抵扣发票上注明的已纳增值税税额。

（1）小规模纳税人是指年应税销售额在规定标准以下，并且会计核算不健全，不能按规定报送有关税收资料的增值税纳税人。

小规模纳税人的具体认定标准为年应征增值税销售额 500 万元及以下。

（2）一般纳税人是指年销售额在规定标准以上，并且能够按照会计制度和税务机关的要求进行会计核算的企业和企业性单位。除上述小规模纳税人以外的其他纳税人属于一般纳税人。

4.3 税率与征收率

4.3.1 税率

在我国，增值税实行比例税率。税率的调整由国务院决定。

（1）纳税人销售货物、劳务、有形动产租赁服务或者进口货物，税率为 13%。

（2）纳税人销售交通运输、邮政、基础电信、建筑、不动产租赁服务，销售不动产，转让土地使用权，销售或者进口下列货物，税率为 9%。

① 粮食等农产品、食用植物油、食用盐。

② 自来水、暖气、冷气、热水、煤气、石油液化气、天然气、二甲醚、沼气、居民用煤炭制品。

③ 图书、报纸、杂志、音像制品、电子出版物。

④ 饲料、化肥、农药、农机、农膜。

⑤ 国务院规定的其他货物。

（3）纳税人销售服务、无形资产，除另有规定外，税率为 6%。

（4）纳税人出口货物，税率为零；但是，国务院另有规定的除外。

（5）境内单位和个人跨境销售国务院规定范围内的服务、无形资产，税率为零。

4.3.2 增值税征收率

增值税征收率是指对特定的纳税人发生应税销售行为在某一生产流通环节应纳税额与销售额的比率。

小规模纳税人简易计税适用增值税征收率；另一般纳税人发生财政部和国家税务总局规定的特定应税行为，可以选择适用简易计税方法计税，但一经选择，36 个月内不得变更，适用增值税征收率。

（1）增值税征收率有 3%和 5%两档。具体的增值税征收率如表 4-1 所示。

表 4-1　　　　增值税征收率表

税目	征收率
陆路运输服务	3%
水路运输服务	3%
航空运输服务	3%
管道运输服务	3%
邮政普遍服务	3%
邮政特殊服务	3%
其他邮政服务	3%
基础电信服务	3%
增值电信服务	3%
工程服务	3%
安装服务	3%
修缮服务	3%
装饰服务	3%
其他建筑服务	3%
贷款服务	3%
直接收费金融服务	3%
保险服务	3%
金融商品转让	3%
研发和技术服务	3%
信息技术服务	3%
文化创意服务	3%
物流辅助服务	3%
有形动产租赁服务	3%
不动产租赁服务	5%
鉴证咨询服务	3%
广播影视服务	3%
商务辅助服务	3%
其他现代服务	3%
文化体育服务	3%
教育医疗服务	3%
旅游娱乐服务	3%
餐饮住宿服务	3%
居民日常服务	3%
其他生活服务	3%

续表

税目	征收率
销售无形资产	3%
转让土地使用权	5%
销售不动产	5%
销售或者进口货物	3%
粮食、食用植物油	3%
自来水、暖气、冷气、热水、煤气、石油液化气、天然气、沼气、居民用煤炭制品	3%
图书、报纸、杂志	3%
饲料、化肥、农药、农机、农膜	3%
农产品	3%
音像制品	3%
电子出版物	3%
二甲醚	3%
国务院规定的其他货物	3%
加工、修理修配劳务	3%
一般纳税人提供建筑服务选择适用简易计税办法的	3%
小规模纳税人转让其取得的不动产	5%
个人转让其购买的住房	5%
房地产开发企业中的一般纳税人，销售自行开发的房地产老项目，选择适用简易计税方法的	5%
房地产开发企业中的小规模纳税人，销售自行开发的房地产项目	5%
一般纳税人出租其 2016 年 4 月 30 日前取得的不动产，选择适用简易计税方法的	5%
单位和个体工商户出租不动产（个体工商户出租住房减按 1.5%计算应纳税额）	5%
其他个人出租不动产（出租住房减按 1.5%计算应纳税额）	5%
一般纳税人转让其 2016 年 4 月 30 日前取得的不动产，选择适用简易计税方法计税的	5%
车辆停放服务、高速公路以外的道路通行服务（包括过路费、过桥费、过闸费等）	5%

（2）两种特殊情况。

① 个人出租住房，按照 5%的征收率减按 1.5%计算应纳税额。

② 销售自己使用过的固定资产、旧货，按照 3%征收率减按 2%征收。

4.3.3 预征率

预征率，顾名思义就是“预征”适用的“税率”，例如按照现行规定应在建筑服务发生地预缴增值税的项目，纳税人收到预收款时在建筑服务发生地预缴增值税。按照现行规定无需在建筑服务发生地预缴增值税的项目，纳税人收到预收款时在机构所在地预缴增值税。具体的预征率如表 4-2 所示。

表 4-2　　　　　　　　　　　　　　预征率表

序号	税目	预征率	
		一般计税	简易计税
1	销售建筑服务	2%	3%
2	销售自行开发房地产	3%	3%
3	不动产经营租赁（其中个体工商户和其他个人出租住房按照 5%征收率减按 1.5%计算）	3%	5%
4	销售不动产	5%	5%

4.3.4　增值税扣除率

（1）纳税人购进农产品，适用 9%扣除率。

（2）纳税人购进用于生产或者委托加工 13%税率货物的农产品，按照 10%的扣除率计算进项税额。

4.3.5　兼营行为的税率选择

纳税人发生应税销售行为适用不同税率或者征收率的，应当分别核算适用不同税率或征收率。

（1）兼有不同税率的应税销售行为，从高适用税率。

（2）兼有不同征收率的应税销售行为，从高适用征收率。

（3）兼有不同税率和征收率的应税销售行为，从高适用税率。

（4）纳税人销售活动板房、机器设备、钢结构件等自产货物的同时提供建筑、安装服务，不属于“营改增通知”第四十条规定的混合销售，应分别核算货物和建筑服务的销售额，分别适用不同的税率或者征收率。

4.4　增值税的计税方法

增值税的计税方法，包括一般计税方法、简易计税方法和扣缴计税方法。

4.4.1　一般计税方法

一般纳税人销售货物或者提供应税劳务或者发生应税行为适用一般计税方法计税。其计算公式为：

当期应纳增值税额＝当期销项税额－当期进项税额

4.4.2 简易计税方法

小规模纳税人销售货物、提供应税劳务或者发生应税行为适用简易计税方法计税。简易计税方法的计算公式为:

当期应纳增值税额＝当期销售额（不含增值税）×征收率

一般纳税人销售或者发生财政部和国家税务总局规定的特定的货物、应税劳务、应税行为，也可以选择适用简易计税方法计税，但是，不得抵扣进项税额。其主要包括以下情况。

（1）县级及县级以下小型水力发电单位生产的自产电力。小型水力发电单位是指各类投资主体建设的装机容量为5万千瓦以下的小型水力发电单位。

（2）自产建筑用和生产建筑材料所用的砂、土、石料。

（3）以自己采掘的砂、土、石料或其他矿物连续生产的砖、瓦、石灰（不含黏土实心砖、瓦）。

（4）自己用微生物、微生物代谢产物、动物毒素、人或动物的血液或组织制成的生物制品。

（5）自产的自来水。

（6）自来水公司销售自来水。

（7）自产的商品混凝土。

（8）单采血浆站销售非临床用人体血液。

（9）寄售商店代售寄售物品。

（10）典当业销售死当物品。

（11）药品经营企业销售生物制品。

（12）公共交通运输服务，包括轮客渡、公交客运、地铁、城市轻轨、出租车、长途客运、班车。

（13）经认定的动漫企业为开发动漫产品提供的动漫脚本编撰、形象设计、背景设计、动画设计、分镜、动画制作、摄制、描线、上色、画面合成、配音、配乐、音效合成、剪辑、字幕制作、压缩转码服务，以及在境内转让动漫版权。

（14）电影放映服务、仓储服务、装卸搬运服务、收派服务和文化体育服务。

（15）以纳入“营改增”试点之日前取得的有形动产为标的物提供的经营租赁服务。

（16）在纳入“营改增”试点之日前签订的尚未执行完毕的有形动产租赁合同。

（17）以清包工方式提供的建筑服务。

（18）为工程提供的建筑服务。

（19）房地产开发企业销售自行开发的房地产老项目。

（20）提供非学历教育服务。

（21）一般纳税人收取试点前开工的一级公路、二级公路、桥、闸通行费。

（22）一般纳税人提供人力资源外包服务可以选择适用简易计税方法，按照5%的征收率计算缴纳增值税。

（23）一般纳税人提供劳务派遣服务，可以选择差额纳税，以取得的全部价款和价外费用，扣除代用工单位支付劳务派遣员工的工资、福利和为其办理社会保险及住房公积金后的余额为销售额，按照简易计税方法，按照5%的征收率计算缴纳增值税。

一般纳税人销售或者提供或者发生财政部和国家税务总局规定的特定的货物、应税劳务、应税行为，一经选择适用简易计税方法计税，36个月内不得变更。

4.4.3 扣缴计税方法

境外单位或者个人在境内发生应税行为，在境内未设有经营机构的，扣缴义务人按照下列公式计算应扣缴税额：

应扣缴税额＝购买方支付的价款÷（1＋税率）×税率

4.5 应纳税额的计算

4.5.1 一般计税方法下应纳税额的计算

我国目前对一般纳税人采用的一般计税方法是间接计算法，即先按当期销售额和适用税率计算出销项税额，然后将当期准予抵扣的进项税额进行抵扣，从而间接计算出当期增值额部分的应纳税额。一般纳税人当期应纳税额的多少，取决于当期销项税额和当期进项税额这两个因素。而前者的关键在于确定当期销售额。

增值税应纳税额的计算

1. 销项税额的计算

销项税额是指纳税人销售货物、提供应税劳务以及发生应税行为时，按照销售额或者应税劳务收入或者应税行为收入与规定税率计算并向购买方收取的增值税税额。销项税额的计算公式为：

销项税额＝销售额×适用税率

在适用税率既定的前提下，销项税额的大小主要取决于销售额。

（1）一般销售方式下的销售额

销售额是指纳税人销售货物、提供应税劳务以及发生应税行为时向购买方收取的全部价款和价外费用。价外费用是指价外收取的各种性质的收费，但下列项目不包括在内。

① 受托加工应征消费税的消费品所代收代缴的消费税。

② 同时符合以下条件代为收取的政府性基金或者行政事业性收费。

第一，由国务院或者财政部批准设立的政府性基金，由国务院或者省级人民政府及其财政、价格主管部门批准设立的行政事业性收费；第二，收取时开具省级以上财政部门印制的财政票据；第三，所收款项全额上缴财政。

③ 以委托方名义开具发票代委托方收取的款项。

④ 销售货物的同时代办保险等而向购货方收取的保险费，以及向购买方收取的代购买方缴纳的车辆购置税、车辆牌照费。

（2）特殊销售方式下的销售额

① 折扣销售方式下的销售额。折扣销售是指销售方在销售货物或提供应税劳务和发生应税行为时，因购货方购货数量较大等原因而给予购货方的价格优惠。纳税人采取折扣方式销售货物，如果销售额和折扣额同在一张发票上分别注明，可以按折扣后的销售额缴纳增值税；如果将折扣额另开发票，无论其在会计上如何处理，均不得从销售额中减除折扣额。

【例 4-1】 某纳税人 2019 年 12 月 27 日销售货物应获得价款 6 000 万元，因数额较大，给予 5%的折扣，实收 5 700 万元，价款与折扣额分别开具发票，计算其销项税额。

解析：

销项税额＝6 000×13%＝780（万元）

② 以旧换新方式下的销售额。以旧换新是指纳税人在销售自己的货物时，有偿收回旧货物的行为。纳税人采取以旧换新方式销售货物的，应按新货物的同期销售价格确定销售额。但对金银首饰以旧换新的销售额，可按销售方实际收取的不含增值税的全部价款进行确定。

③ 还本销售方式下的销售额。还本销售是指纳税人在销售货物后，到一定期限时由销售方一次或分次退还给购货方全部或部分价款的行为。纳税人采取还本销售方式销售货物的，其销售额就是货物的销售价格，不得从销售额中减除还本支出。

④ 以物易物方式下的销售额。以物易物是一种较为特殊的购销活动，是指购销双方不是以货币结算，而是以同等价款的货物相互结算，以实现货物购销的一种方式。以物易物的双方都应做购销处理，以各自发出的货物核算销售额并计算销项税额，以各自收

到的货物核算购货额并计算进项税额。

⑤ 涉及包装物押金的销售额。纳税人为销售货物而出租出借包装物的，对收取的单独记账核算的押金，不并入销售额纳税，但对逾期（以 1 年为期限）的包装物押金，无论是否退还均并入销售额征税。纳税人为销售货物而出租出借包装物而收取的押金，无论包装物周转使用期限长短，超过 1 年（含 1 年）仍不退还的均并入销售额纳税。此外，对销售除啤酒、黄酒外的其他酒类产品收取的包装物押金，无论是否返还以及会计上如何核算，均应并入销售额征税。需要注意的是，在将包装物押金并入销售额征税时，需要先将该押金换算为不含税价。

⑥ 直销的销售额。若直销企业先将货物销售给直销员，直销员再将货物销售给消费者，则直销企业的销售额为其向直销员收取的全部价款和价外费用。直销员将货物销售给消费者时，应按照现行规定缴纳增值税。

若直销企业通过直销员向消费者销售货物，直接向消费者收取货款，则直销企业的销售额为其向消费者收取的全部价款和价外费用。

⑦ 贷款服务的销售额。贷款服务，以提供贷款服务取得的全部利息及利息性质的收入为销售额。

⑧ 直接收费金融服务的销售额。直接收费金融服务，以提供直接收费金融服务收取的手续费、佣金、酬金、管理费、服务费、经手费、开户费、过户费、结算费、转托管费等各类费用为销售额。

（3）视同销售货物和发生应税行为的销售额确定

纳税人发生视同销售货物和发生应税行为，销售价格明显偏低或者偏高且不具有合理商业目的的，主管税务机关有权按照下列顺序确定销售额。

① 按照纳税人最近时期销售同类货物或者应税行为的平均价格确定。

② 按照其他纳税人最近时期销售同类货物或者应税行为的平均价格确定。

③ 按照组成计税价格确定。组成计税价格的计算公式如下：

$$组成计税价格=成本\times(1+成本利润率)$$

成本利润率由国家税务总局确定。

（4）含税销售额的换算

为了符合增值税作为价外税的本质要求，纳税人在填写进销货及纳税凭证，进行账务处理时，应分项记录不含税销售额、销项税额和进项税额，以正确计算应纳增值税税额。然而，在实际工作中，常常会出现一般纳税人对销售货物或者提供应税劳务或者发生应税行为采用销售额和销项税额合并定价收取的方法，这样就会形成含税销售额。

我国增值税是价外税，计税依据中不含增值税本身的数额。在计算应纳税额时，如果不将含税销售额换算为不含税销售额，就不符合我国增值税的设计原则，即仍会导致对增值税销项税额本身的重复征税现象，也会影响企业成本核算过程。因此，一般纳税人以销售货物或者提供应税劳务或者发生应税行为取得的含税销售额计算销项税额时，必须将其换算为不含税的销售额。一般纳税人销售货物或者提供应税劳务或者发生应税行为，采用销售额和销项税额合并定价方法的，按下列公式计算销售额：

销售额＝含税销售额÷（1＋税率）

2. 进项税额的确认和计算

进项税额，是指纳税人购进货物、加工修理修配劳务、服务、无形资产或者不动产，所支付或者负担的增值税税额。进项税额是与销项税额相对应的另一个概念。在开具增值税专用发票的情况下，它们之间的对应关系是，销售方收取的销项税额，就是购货方支付的进项税额。对于任何一个一般纳税人而言，由于其在经营活动中，既会发生销售货物或者提供应税劳务或者发生应税行为，又会发生购进货物或接受应税劳务或应税行为，每一个一般纳税人都会有收取的销项税额和支付的进项税额。增值税的核心就是用纳税人收取的销项税额抵扣其支付的进项税额，其余额为纳税人实际应缴纳的增值税税额。这样，进项税额作为可抵扣的部分，对于纳税人实际纳税多少就产生了举足轻重的作用。

然而，需要注意的是，并不是纳税人支付的所有进项税额都可以从销项税额中抵扣。

（1）准予从销项税额中抵扣的进项税额

根据《增值税暂行条例》和“营改增通知”，准予从销项税额中抵扣的进项税额，限于下列增值税扣税凭证上注明的增值税税额和按规定的扣除率计算的进项税额。

① 从销售方取得的增值税专用发票上注明计算的进项税额。增值税专用发票具体包括以下两种。

第一，增值税专用发票。增值税专用发票是增值税一般纳税人销售货物或者提供应税劳务或者发生应税行为开具的发票。

第二，税控《机动车销售统一发票》。税控《机动车销售统一发票》是增值税一般纳税人从事机动车零售业务开具的发票。

② 从海关取得的海关进口增值税专用缴款书上注明的增值税税额。

③ 从境外单位或者个人购进服务、无形资产的，为税务机关或者扣缴义务人取得的解缴税款的完税凭证上注明的增值税税额。

④ 购进农产品，除取得增值税专用发票或者海关进口增值税专用缴款书外，按照农产品收购发票或者销售发票上注明的农产品买价和13%的扣除率计算的进项税额。计算公式为：

进项税额＝买价×扣除率

（2）不得从销项税额中抵扣的进项税额

纳税人购进货物或者接受应税劳务或应税行为，取得的增值税扣税凭证不符合法律、行政法规或者国务院税务主管部门有关规定的，其进项税额不得从销项税额中抵扣。

按《增值税暂行条例》和“营改增通知”及《营业税改征增值税试点实施办法》的相关规定，下列项目的进项税额不得从销项税额中抵扣。

① 用于简易计税方法计税项目、免征增值税项目、集体福利或者个人消费的购进货物、加工修理修配劳务、服务、无形资产和不动产。

② 非正常损失的购进货物，以及相关的加工修理修配劳务和交通运输服务。

③ 非正常损失的在产品、产成品所耗用的购进货物（不包括固定资产）、加工修理修配劳务和交通运输服务。

④ 非正常损失的不动产，以及该不动产所耗用的购进货物、设计服务和建筑服务。

⑤ 非正常损失的不动产在建工程所耗用的购进货物、设计服务和建筑服务。

上述②至⑤项所说的“非正常损失”，是指因管理不善造成货物被盗、丢失、霉烂变质，以及因违反法律法规造成货物或者不动产被依法没收、销毁、拆除的情形。这些非正常损失是由纳税人自身原因造成的，为保证税负公平，其损失不应由国家承担，因而纳税人无权要求抵扣进项税额。

⑥ 购进的旅客运输服务、贷款服务、餐饮服务、居民日常服务和娱乐服务。

⑦ 纳税人接受贷款服务向贷款方支付的与该笔贷款直接相关的投融资顾问费、手续费、咨询费等费用，其进项税额不得从销售税额中抵扣。

⑧ 财政部和国家税务总局规定的其他情形。

⑨ 适用一般计税方法的纳税人，兼营简易计税方法计税项目、免征增值税项目而无法划分不得抵扣的进项税额的，按照下列公式计算不得抵扣的进项税额：

不得抵扣的进项税额＝当期无法划分的全部进项税额×（当期简易计税方法计税项目销售额＋免征增值税项目销售额）÷当期全部销售额

⑩ 一般纳税人已抵扣进项税额的固定资产、无形资产或者不动产，发生按《增值税暂行条例》和“营改增通知”规定，不得从销项税额中抵扣进项税额情形的，按照下列公式计算不得抵扣的进项税额：

不得抵扣的进项税额＝固定资产、无形资产或者不动产净值×适用税率

固定资产、无形资产或者不动产净值，是指纳税人根据财务会计制度计提折旧或摊销后的余额。

⑪ 有下列情形之一者，应当按照销售额和增值税税率计算应纳税额，不得抵扣进项税额，也不得使用增值税专用发票。

a. 一般纳税人会计核算不健全，或者不能够提供准确税务资料的。

b. 应当办理一般纳税人资格登记而未办理的。

3. 应纳税额的计算

一般纳税人在计算出销项税额和进项税额后就可以得出实际应纳税额。为了正确计算增值税的应纳税额，在实际工作中，还需要掌握以下几个重要规定。

（1）计算应纳税额的时间限定

① 计算销项税额的时间限定。纳税人在什么时间计算销项税额，《增值税暂行条例》《增值税暂行条例实施细则》和“营改增通知”都做了严格的规定。例如，采取直接收款方式销售货物，不论货物是否发出，均为收到销售款或者索取销售款凭据的当天；采取托收承付和委托银行收款方式销售货物，为发出货物并办妥托收手续的当天等。

② 增值税专用发票进项税额抵扣的时间限定。增值税一般纳税人对取得的增值税专用发票，应在开具之日起 180 日内到税务机关办理认证，并在认证通过的次月申报期内，向主管税务机关申报抵扣进项税额。

③ 海关进口增值税专用缴款书进项税额抵扣的时间限定。自 2013 年 7 月 1 日起，增值税一般纳税人进口货物取得的属于增值税扣税范围的海关进口增值税专用缴款书，经税务机关稽核比对相符后，其增值税税额方能作为进项税额在销项税额中抵扣。

纳税人对进口货物取得的属于增值税扣税范围的海关进口增值税专用缴款书，应按照《国家税务总局关于调整增值税扣税凭证抵扣期限有关问题的通知》的规定，自开具之日起 180 天内向主管税务机关报送《海关完税凭证抵扣清单》，申请稽核比对，逾期未申请的，其进项税额不予抵扣。

④ 未按期申报增值税扣税凭证抵扣的处理办法。增值税一般纳税人取得的增值税专用发票以及海关进口增值税专用缴款书，未在规定期限内到税务机关办理认证（按规定不用认证的除外）或者申报抵扣的，不得作为合法的增值税扣税凭证，不得计算进项税额抵扣。

增值税一般纳税人取得的增值税扣税凭证稽核比对结果相符但未按规定期限申报抵扣，属于发生真实交易且符合规定的客观原因的，经主管税务机关审核，允许纳税人继续申报抵扣其进项税额。增值税一般纳税人因客观原因以外的其他原因造成增值税扣税凭证未按期申报抵扣的，仍按照现行增值税扣税凭证申报抵扣有关规定执行。

（2）计算应纳税额时进项税额不足抵扣的处理

由于增值税实行购进扣税法，有时企业当期购进的货物很多，在计算应纳税额时会出现当期销项税额小于当期进项税额而不足抵扣的情况。按现行规定，当期进项税额不足抵扣的部分可以结转下期继续抵扣。原增值税一般纳税人兼有应税服务的，截至本地区试点实施之日前的增值税期末留抵税额，不得从应税行为的销项税额中抵扣。

① 扣减发生期进项税额的规定。由于增值税实行以当期销项税额抵扣当期进项税额的“购进扣税法”，当期购进的货物或接受应税劳务或应税行为如果事先并未确定将用于不得抵扣进项税额项目，其进项税额会在当期销项税额中予以抵扣。但已抵扣进项税额的购进货物或接受应税劳务或应税行为如果事后改变用途，用于不得抵扣进项税额项目将如何处理？按现行规定，应当将该项购进货物或接受应税劳务或应税行为的进项税额从当期的进项税额中扣减；无法确定进项税额的，按当期实际成本计算应扣减的进项税额。

② 销售折让、中止或者退回涉及销项税额和进项税额的税务处理。纳税人适用一般计税方法计税的，因销售折让、中止或者退回而退还给购买方的增值税税额，应当从当期的销项税额中扣减；因销售折让、中止或者退回而收回的增值税税额，应当从当期的进项税额中扣减。

（3）向供货方取得返还收入的税务处理

自2004年7月1日起，对商业企业向供货方收取的与商品销售量、销售额挂钩的各种返还收入，均应按照平销返利行为的有关规定冲减当期增值税进项税额。计算公式为：

当期应冲减增值税进项税额＝当期取得的返还资金÷(1＋所购货物适用的增值税税率）×所购货物适用的增值税税率

商业企业向供货方收取的各种返还收入，一律不得开具增值税专用发票。

（4）一般纳税人注销时进项税额的处理

一般纳税人注销或取消辅导期一般纳税人资格，转为小规模纳税人时，其存货不做进项税额转出处理，其留抵税额也不予以退税。

4.5.2 简易计税方法下应纳税额的计算

1. 应纳税额的计算

纳税人销售货物或者提供应税劳务或者发生应税行为适用简易计税方法的，应该按照销售额和征收率计算应纳增值税税额，并且不得抵扣进项税额。其应纳税额的计算公式如下：

应纳税额＝销售额×征收率

其中，销售额＝含税销售额÷（1＋征收率）

小规模纳税人一律采用简易计税方法计税，但是一般纳税人销售特定货物或者提供特定应税行为可以选择适用简易计税方法。例如，试点纳税人中的一般纳税人提供的公共交通运输服务，以清包工方式提供的建筑服务，可以选择按照简易计税方法计算缴纳增值税。

2. 含税销售额的换算

按简易计税方法计税的销售额不包括其应纳的增值税税额，纳税人采用销售额和应纳增值税税额合并定价方法的，按照下列公式计算销售额：

销售额＝含税销售额÷（1＋征收率）

【例 4-2】 知味餐馆系增值税小规模纳税人，2019 年 3 月取得含增值税的餐饮收入为 12.36 万元，要求计算该餐馆 3 月应缴纳的增值税。

解析：

（1）3 月取得的不含税销售额＝12.36÷（1＋3%）＝12（万元）

（2）3 月应缴纳的增值税税额＝12×3%＝0.36（万元）

纳税人适用简易计税方法计税的，因销售折让、中止或者退回而退还给购买方的销售额，应当从当期销售额中扣减。扣减当期销售额后仍有余额造成多缴的税款可以从以后的应纳税额中扣减。

对小规模纳税人发生上述情况而退还销售额给购买方，依照规定将所退的款项扣减当期销售额的，如果小规模纳税人已就该项业务委托税务机关为其代开了增值税专用发票，应按规定申请开具红字专用发票。

【例 4-3】 某小规模纳税人仅经营某项应税服务，适用 3%的征收率。2019 年 3 月发生一笔销售额为 1 000 元（为不含税销售额）的业务并就其缴纳了增值税，4 月该业务由于合理原因发生退款。请计算其 5 月应缴纳的增值税。

解析：

（1）假设 4 月该企业应税服务销售额为 5 000 元，则：

4 月最终的计税销售额＝5 000－1 000＝4 000（元）

4 月缴纳的增值税＝4 000×3%＝120（元）

（2）假设 4 月该企业应税服务销售额为 600 元，5 月该企业应税服务销售额为 5 000 元，则：

4 月最终的计税销售额＝600－600＝0（元）

4 月缴纳的增值税＝0×3%＝0（元）

4 月销售额不足扣减的部分为－400 元（600－1 000），而多缴的税款为 12 元（400×3%），可以从以后纳税期的应纳税额中扣减。

5 月企业实际缴纳的税额＝5 000×3%－12＝138（元）

4.5.3 进口环节增值税税额的计算与征收

1. 进口环节增值税的征收范围与纳税人

（1）进口环节增值税的征收范围

① 根据《增值税暂行条例》的规定，申报进入中华人民共和国海关境内的货物，均应缴纳增值税。

② 从其他国家或地区进口《跨境电子商务零售进口商品清单》范围内的以下商品适用于跨境电子商务零售进口增值税税收政策。

a. 所有通过与海关联网的电子商务交易平台交易，能够实现交易、支付、物流电子信息“三单”比对的跨境电子商务零售进口商品。

b. 未通过与海关联网的电子商务交易平台交易，但快递、邮政企业能够统一提供交易、支付、物流等电子信息，并承诺承担相应法律责任进境的跨境电子商务零售进口商品。

（2）进口环节增值税的纳税人

进口货物的收货人（或承受人）或办理报关手续的单位和个人，为进口货物增值税的纳税义务人。

2. 进口环节增值税的适用税率

有关进口环节增值税税率的内容与本章 4.3 节的内容相同。

但是对进口抗癌药品，自 2018 年 5 月 1 日起，减按 3%征收进口环节增值税。对进口罕见病药品，自 2019 年 3 月 1 日起，减按 3%征收进口环节增值税。

3. 进口环节增值税应纳税额的计算

纳税人进口货物，按照组成计税价格和《增值税暂行条例》规定的税率计算应纳税额，组成计税价格是指在没有实际销售价格时，按照税法规定计算的作为计税依据的价格。进口货物增值税的组成计税价格和应纳税额的计算公式如下：

组成计税价格＝关税完税价格＋关税＋消费税

应纳税额＝组成计税价格×税率

【例 4-4】 某商贸公司（有进出口经营权）2019 年 10 月进口货物一批，该批货物在国外的买价为 40 万元，另外该批货物运抵我国海关前发生的包装费、运输费、保险费等共计 20 万元，货物报关后，该公司按规定缴纳了进口环节的增值税并取得了海关开具的海关进口增值税专用缴款书。假定该批进口货物在国内全部销售，取得不含税销售额 80 万元。已知货物进口关税税率为 15%，增值税税率为 13%。

请按下列顺序回答问题。

（1）计算关税的组成计税价格。

（2）计算进口环节应纳的进口关税。

（3）计算进口环节应纳增值税的组成计税价格。

（4）计算进口环节应纳增值税的税额。

（5）计算国内销售环节的销项税额。

（6）计算国内销售环节应缴纳的增值税税额。

解析：

（1）关税的组成计税价格＝40＋20＝60（万元）

（2）进口环节应纳的进口关税＝60×15%＝9（万元）

（3）进口环节应纳增值税的组成计税价格＝60＋9＝69（万元）

（4）进口环节应纳增值税的税额＝69×13%＝8.97（万元）

（5）国内销售环节的销项税额＝80×13%＝10.4（万元）

（6）国内销售环节应缴纳的增值税税额＝10.4－8.97＝1.43（万元）

4. 进口环节增值税的管理

进口货物的增值税由海关代征。个人携带或者邮寄进境自用物品的增值税，连同关税一并计征，具体办法由国务院关税税则委员会会同有关部门制定。

进口货物增值税纳税义务发生时间为报关进口的当天，其纳税地点为报关地海关，其纳税期限应当自海关填发海关进口增值税专用缴款书之日起15日内。

跨境电子商务零售进口商品自海关放行之日起30日内退货的，可申请退税，并相应调整个人年度交易总额。

跨境电子商务零售进口商品购买人（订购人）的身份信息应进行认证；未进行认证的，购买人（订购人）的身份信息应与付款人的一致。

进口货物增值税的征收管理，依据《征管法》《中华人民共和国海关法》《中华人民共和国进出口关税条例》和《中华人民共和国进出口税则》的有关规定执行。

4.6 税收优惠与征收管理

4.6.1 税收优惠

1.《增值税暂行条例》规定的免税项目

（1）农业生产者销售的自产农产品。

（2）避孕药品和用具。

（3）古旧图书。

（4）直接用于科学研究、科学试验和教学的进口物资和设备。

（5）外国政府、国际组织无偿援助的进口物资和设备。

（6）由残疾人的组织直接进口供残疾人专用的物品。

（7）销售的自己使用过的物品。

2. “营改增通知”及有关部门规定的税收优惠政策

（1）对下列项目免征增值税

① 托儿所、幼儿园提供的保育和教育服务。

② 养老机构提供的养老服务。

③ 残疾人福利机构提供的育养服务。

④ 婚姻介绍服务。

⑤ 殡葬服务。

⑥ 残疾人员本人为社会提供的服务。

⑦ 医疗机构提供的医疗服务。

⑧ 从事学历教育的学校提供的教育服务。

⑨ 学生勤工俭学提供的服务。

⑩ 农业机耕、排灌、病虫害防治、植物保护、农牧保险以及相关技术培训业务，家禽、牲畜、水生动物的配种和疾病防治。

⑪ 纪念馆、博物馆、文化馆、文物保护单位管理机构、美术馆、展览馆、书画院、图书馆在自己的场所提供文化体育服务取得的第一道门票收入。

⑫ 寺院、宫观、清真寺和教堂举办文化、宗教活动的门票收入等。

（2）增值税即征即退

① 对增值税一般纳税人销售其自行开发的软件产品，按13%的税率征收增值税后，对其增值税实际税负超过3%的部分实行即征即退政策。

② 若增值税一般纳税人提供管道运输服务，则对其增值税实际税负超过3%的部分实行即征即退政策。

③ 若经中国人民银行、银保监会或者商务部批准从事融资租赁业务的试点纳税人中的一般纳税人提供有形动产融资租赁服务和有形动产融资性售后回租服务，则对其增值税实际税负超过3%的部分实行即征即退政策。

④ 自2018年5月1日至2020年12月31日，对动漫企业增值税一般纳税人销售其自主开发生产的动漫软件，按13%的税率征收增值税后，对其增值税实际税负超过3%的部分实行即征即退政策。

⑤ 纳税人安置残疾人应享受增值税即征即退优惠政策。

⑥ 增值税的退还。

纳税人本期已缴增值税税额小于本期应退税额不足退还的，可在本年度内以前纳税期已缴增值税税额扣除已退增值税税额的余额中退还，仍不足退还的可结转本年度内以后纳税期退还。

年度已缴增值税税额小于或等于年度应退税额的，退税额为年度已缴增值税税额；年度已缴增值税税额大于年度应退税额的，退税额为年度应退税额。年度已缴增值税税额不足退还的，不得结转以后年度退还。

（3）扣减增值税的规定

有下列情形的，可扣减增值税。

① 退役士兵创业就业。

② 重点群体创业就业。

（4）增值税先征后退政策

自2018年1月1日起至2020年12月31日，对宣传文化执行下列增值税先征后退政策。

① 对某些特定的出版物在出版环节执行增值税100%先征后退政策。

② 对某些特定的出版物在出版环节执行增值税先征后退50%的政策。

（5）金融企业发放贷款后，自结息日起90天内发生的应收未收利息按现行规定缴纳增值税，自结息日起90天后发生的应收未收利息暂不缴纳增值税，待实际收到利息时按规定缴纳增值税。

（6）个人将购买不足2年的住房对外销售的，按照5%的征收率全额缴纳增值税；个人将购买2年以上（含2年）的住房对外销售的，免征增值税。

3. 财政部、国家税务总局规定的其他部分征免税项目

（1）资源综合利用产品和劳务增值税优惠政策

根据财税〔2015〕78号《关于印发〈资源综合利用产品和劳务增值税优惠目录〉的通知》的规定，纳税人销售自产的综合利用产品和提供资源综合利用劳务，可享受即征即退政策。

（2）免征蔬菜流通环节增值税

经国务院批准，自2012年1月1日起，免征蔬菜流通环节增值税。

（3）对粕类产品征免增值税

豆粕属于征收增值税的饲料产品，对除豆粕以外的其他粕类饲料产品，均免征增值税。

（4）对制种行业免征增值税

制种企业在下列生产经营模式下生产销售种子，属于农业生产者销售自产农业产品，对其应根据《增值税暂行条例》的有关规定免征增值税。

① 制种企业利用自有土地或承租土地，雇用农户或雇工进行种子繁育，再经烘干、脱粒、风筛等深加工后销售种子。

② 制种企业提供本种子委托农户繁育并从农户手中收回，再经烘干、脱粒、风筛等深加工后销售种子。

（5）对有机肥产品免征增值税

自 2008 年 6 月 1 日起，对纳税人生产销售和批发、零售有机肥产品的，免征增值税。

4. 增值税起征点的规定

纳税人销售额未达到国务院财政、税务主管部门规定的增值税起征点的，免征增值税，达到起征点的，依照法律规定全额缴纳增值税。增值税的起征点的适用范围限于个人。

增值税起征点的幅度规定如下。

（1）销售货物：起征点为月销售额 5 000～20 000 元。

（2）销售应税劳务：起征点为月销售额 5 000～20 000 元。

（3）按次纳税：起征点为每次（日）销售额 300～500 元。

此处的销售额是指小规模纳税人的销售额，不包括其应纳税额。省、自治区、直辖市财政厅（局）和税务机关应在规定的幅度内，根据实际情况确定本地区适用的起征点，并报财政部、国家税务总局备案。

5. 其他有关减免税规定

（1）纳税人兼营免税、减税项目的，应当分别核算免税、减税项目的销售额；未分别核算销售额的，不得免税、减税。

（2）纳税人发生应税销售行为适用免税规定的，可以放弃免税，依照《增值税暂行条例》的规定缴纳增值税。放弃免税后，36 个月内不得再申请免税。

（3）安置残疾人单位既符合促进残疾人就业增值税优惠政策条件，又符合其他增值税优惠政策条件的，可以同时享受多项增值税优惠政策，但年度申请退还增值税总额不得超过本年度内应纳增值税总额。

（4）纳税人既享受增值税即征即退、先征后退政策，又享受免抵退税政策。

① 纳税人既有增值税即征即退、先征后退项目，也有出口等其他增值税应税项目的，增值税即征即退、先征后退项目不参与出口项目免抵退税的计算。纳税人应分别核算增

值税即征即退、先征后退项目和出口等其他增值税应税项目，分别申请享受增值税即征即退、先征后退和免抵退税政策。

② 用于增值税即征即退或者先征后退项目的进项税额无法划分的，按照下列公式计算：

无法划分的进项税额中用于增值税即征即退或者先征后退项目的部分
＝当月无法划分的全部进项税额÷当月全部销售额、营业额合计
×当月增值税即征即退或者先征后退项目销售额

4.6.2 征收管理

1. 纳税义务发生时间

增值税的纳税义务发生时间是纳税人销售货物、提供应税劳务和发生应税行为应当承担纳税义务的起始时间。现实经济业务中，企业间的结算方式多种多样，不同业务、不同结算方式对应的增值税纳税义务发生时间也各不同，具体规定如下。

（1）销售货物或者提供应税劳务的纳税义务发生时间

纳税人销售货物或者提供应税劳务，其纳税义务发生时间为收讫销售价款或者取得索取销售款项凭据的当天；先开具发票的，为开具发票的当天。其中收讫销售价款或者取得索取销售款项凭据的当天按销售结算方式的不同而有所不同，具体如下。

① 采取直接收款方式销售货物，不论货物是否发出，均为收到销售款或者取得索取销售款凭据的当天。

② 采取托收承付和委托银行收款方式销售货物，为发出货物并办妥托收手续的当天。

③ 采取赊销和分期收款方式销售货物，为书面合同约定的收款日期的当天，无书面合同约定的或者没有约定收款日期的，为货物发出的当天。

④ 采取预收货款方式销售货物，为货物发出的当天，但生产销售生产工期超过 12 个月的大型机械设备、船舶、飞机等货物，为收到预收款或者书面合同约定的收款日期的当天。

⑤ 委托其他纳税人代销货物，为收到代销单位的代销清单或者收到全部或者部分货款的当天。

⑥ 销售应税劳务，为提供劳务同时收讫销售款或者取得索取销售款凭据的当天。

⑦ 纳税人发生除将货物交付其他单位或者个人代销和销售代销货物以外的视同销售货物行为，为货物移送的当天。

⑧ 纳税人进口货物，为报关进口的当天。

（2）发生应税行为的纳税义务发生时间

纳税人发生应税行为并收讫销售款项或者取得索取销售款项凭据的当天为纳税义务发生时间；先开具发票的，为开具发票的当天。收讫销售款项是指纳税人在销售服务、无形资产、不动产过程中或者完成后收到款项。取得索取销售款项凭据的当天是指书面合同确定的付款日期；未签订书面合同或者书面合同未确定付款日期的，为服务、无形资产或者不动产权属变更的当天。除了上述一般规定外，以下行业的纳税义务发生时间如下。

① 纳税人提供建筑服务、租赁服务采取预收款方式的，其纳税义务发生时间为收到预收款的当天。

② 纳税人从事金融商品转让的，为金融商品所有权转移的当天。

③ 纳税人发生视同销售服务、无形资产或者不动产情形的，其纳税义务发生时间为服务、无形资产或者不动产权属变更的当天。

（3）增值税扣缴义务发生时间

增值税扣缴义务发生时间为纳税人增值税纳税义务发生的当天。

2. 纳税地点

（1）固定业户的纳税地点。固定业户应当向其机构所在地的主管税务机关申报纳税。总机构和分支机构不在同一县（市）的，应当分别向各自所在地的主管税务机关申报纳税；经国务院财政、税务主管部门或者其授权的财政、税务机关批准，可以由总机构汇总向总机构所在地的主管税务机关申报纳税。

（2）非固定业户的纳税地点。非固定业户销售货物或者应税劳务，应当向销售地或者劳务发生地的主管税务机关申报纳税；未向销售地或者劳务发生地的主管税务机关申报纳税的，由其机构所在地或者居住地的主管税务机关补征税款。

（3）其他个人提供建筑服务，销售或者租赁不动产，转让自然资源使用权，应向建筑服务发生地、不动产所在地、自然资源所在地主管税务机关申报纳税。

3. 纳税期限

增值税的纳税期限分别为 1 日、3 日、5 日、10 日、15 日、1 个月或 1 个季度（以 1 个季度为纳税期限的规定仅适用于小规模纳税人。小规模纳税人的具体纳税期限，由主管税务机关根据其应纳税额的大小分别确定）。纳税人的具体纳税期限，由主管税务机关根据纳税人应纳税额的大小分别核定；不能按照固定期限纳税的，可以按次纳税。纳税人以 1 个月或 1 个季度为 1 个纳税期的，自期满之日起 15 日内申报纳税；以 1 日、3 日、5 日、10 日、15 日为 1 个纳税期的，自期满之日起 5 日内预缴税款，于次月 1 日起 15

日内申报纳税并结清上月应纳税款。扣缴义务人解缴税款的期限，依照纳税人期限规定执行。

纳税人进口货物，应当自海关填发海关进口增值税专用缴款书之日起15日内缴纳税款。

同步测试题

一、名词解释

增值额；增值税；增值税法；视同销售；消费型增值税

二、单项选择题

1. 在下列支付的运费中，不允许计算抵扣增值税进项税额的是（　　）。

A. 购进农民专业合作社销售农产品支付的运输费用

B. 外购自用的机器设备支付的运输费用

C. 外购自用的小汽车支付的运输费用

D. 收购免税农产品支付的运输费用

2. 下列属于兼营不同税率货物或应税劳务的是（　　）。

A. 农机制造厂既生产销售农机同时又承担农机修理

B. 销售软件产品并随同销售一并收取的软件安装费

C. 零售商店销售家具并实行有偿送货上门

D. 饭店提供餐饮服务并销售香烟、酒水

3. 增值税一般纳税人兼营不同税率的货物或增值税应税劳务，未分别核算或不能准确核算其销售额的，其增值税税率的确定方法是（　　）。

A. 从低适用税率　　　　B. 适用平均税率

C. 从高适用税率　　　　D. 适用6%的征收率

4. 甲企业销售给乙企业一批货物，乙企业因资金紧张，无法支付货币资金，经双方友好协商，乙企业用自产的产品抵偿货款，则下列表述中正确的是（　　）。

A. 甲企业收到抵债货物不得抵扣进项税额

B. 乙企业发出抵债货物不做销售处理，不计算销项税额

C. 甲、乙企业应分别做购销处理，但因双方均不涉及增值税问题，所以不得开具增值税专用发票

D. 甲、乙企业应分别做购销处理，乙企业可向甲企业开具增值税专用发票，甲企业可正常抵扣进项税额

5. 某金店（中国人民银行批准的金银首饰经销单位）为增值税一般纳税人，2019年12月采取“以旧换新”方式销售24K金项链10条，每条新项链的对外零售价格为3 000元，旧项链作价1 000元，金店从消费者手中收取新旧项链差价款2 000元。该“以旧换新”业务12月应纳增值税销项税额为（　　）元。

A. 2 905.98　　B. 3 400　　C. 4 358.97　　D. 5 100

三、多项选择题

1. 下列各项符合税法规定的有（　　）。

A. 纳税人随同销售软件一并收取的软件培训费收入不征收增值税

B. 纳税人受托开发属于委托方的软件取得的收入征收增值税

C. 各燃油电厂从财政专户取得的发电补贴不征收增值税

D. 对增值税纳税人收取的会员费用收入不征收增值税

2. 依据出口退（免）税政策，一般情况下应按“免抵退”的方法计算退税的有（　　）。

A. 生产企业自营出口货物　　B. 生产企业委托出口货物

C. 生产性外商企业自营出口货物　　D. 外贸企业出口收购货物

3. 按照现行规定，下列表述中不正确的有（　　）。

A. 在融资性售后回租业务中，承租方出售资产不征收增值税

B. 转让工业企业全部产权而涉及的应税货物的转让不征收增值税

C. 纳税人提供矿产资源的开采、分拣、选洗等劳务不征收增值税

D. 企业销售货物而代办保险并向购买方收取的保险费征收增值税

4. 关于增值税的计税销售额的规定，下列说法中正确的有（　　）。

A. 采取以物易物方式销售货物由多交付货物的一方以价差计算缴纳增值税

B. 采取以旧换新方式销售货物按新货物不含增值税计征增值税（金银首饰除外）

C. 采取还本销售方式销售货物按照实际销售额计算缴纳增值税

D. 采取销售折扣方式销售货物不得从计税销售额中扣减折扣额

5. 下列选项中需要缴纳增值税的有（　　）。

A. 燃油电厂从财政专户取得的发电补贴

B. 纳税人在转让土地使用权或销售不动产的同时一并销售的附着于土地上的增值税应税货物

C. 纳税人提供矿产资源的开采、分拣、选洗等劳务

D. 供电企业进行电力调压并按电量向电厂收取的并网服务费

四、判断题

1. 自2009年1月1日起，凡应税销售额在80万元以下的小规模商业企业，无论其会计核算是否健全，均应按照小规模纳税人的有关规定征收增值税。(　　)

2. 原增值税一般纳税人兼有销售服务、无形资产或不动产的，截至"营改增"试点之日前的增值税期末留抵税额，不得从销售服务、无形资产或不动产的销项税额中抵扣。(　　)

3. 印刷企业接受出版单位委托自行购买纸张并印刷图书、报纸和杂志，按提供加工劳务征收增值税。(　　)

4. 对销售除啤酒、黄酒外的其他酒类产品收取的包装物押金，无论是否返还以及会计上如何核算，均不应并入当期销售额计征增值税。(　　)

5. 在通常情况下，小规模纳税人与一般纳税人的身份可以相互转换。(　　)

五、简答题

1. 增值额和增值税的特点是什么？

2. 增值税的类型有哪些？

3. 增值税税率分为哪几类？

4. 增值税的计税原理是什么？

5. 简述小规模纳税人应纳税额的计算方法。

案例分析题

太平家电商场为增值税一般纳税人，2019年3月购销业务如下。

1. 购入彩电一批，取得的防伪税控系统开具的增值税专用发票上注明价款、税款分别为640 000元、83 200元。

2. 销售上月购入的空调40台（进价3 500元/台），每台零售价4 680元，并实行买一赠一方式，赠送的小家电零售价为117元/件。

3. 采取以旧换新方式销售手机300部，旧手机收购价为100元/部，新手机零售价为2 340元/部。

4. 采用分期收款方式销售本月购进的冰柜10台，每台零售价9 360元，合同规定当月收款50%，余款再分5个月收回。

要求：计算太平家电商场应缴纳的增值税税额。

第5章 消费税

引导案例

代理商提供包装物：白酒装瓶有奥妙

河南省漯河市某公司是某品牌白酒在当地的独家代理商，系商贸企业增值税一般纳税人。前一段时间，当地税务机关对该公司6月纳税情况进行评估时发现，该公司6月购进大量与所经营白酒相关的酒瓶、酒盖、酒盒等包装物。作为商贸企业，该公司购进这些酒类包装物并没有用来销售，而是像工业企业那样，将这些包装物与所购白酒共同作为原材料计入每瓶、每件白酒的单位成本。

对所购进的酒瓶、酒盖、酒盒等包装物，公司张经理解释说："为便于管理，统一调配，掌控市场，多数白酒生产企业都是只提供白酒外包装设计大样，让各地市代理商根据设计大样再添上自己设计的地区专卖标志。代理商自己负责联系包装物制造商，自行购买后交给酒厂。酒厂负责将代理商在本厂购买的白酒免费灌装进这些包装物内。"

对于公司将包装物移送给酒厂时为何不做销售处理的问题，公司王会计解释是为了省事：由于酒厂免费为代理商灌装，单就包装物而言，酒厂没有任何利润。代理商一旦将包装物在移送时做销售处理，为酒厂开具增值税专用发票，酒厂在销售白酒时也必须将包装物考虑在内，又需要对代理商做一次平价销售处理。这样既增加了代理商的财务负担，又增加了酒厂的财务负担，非常麻烦。

张经理和王会计的解释乍听起来合情合理：税一分钱也没少缴，只是账务处理流程不太符合规定，但也应该可以理解。殊不知，他们却在不经意间给我们透露出这样一个信息，即白酒生产企业可能存在利用转移包装物价值的形式偷逃税款。

我们知道，酒类产品在生产销售环节，除了要缴纳增值税外，还必须依法缴纳消费税。《中华人民共和国消费税暂行条例》第六条规定，应税消费品的销售额，为纳税人销售应税消费品向购买方收取的全部价款和价外费用。由此可见，只要酒厂将代理商移送的包装物价款按照规定核算进白酒成本，那么这些包装物就必定要承载相应的消费税。事实上，对于瓶装白酒而言，酒瓶、酒盖、酒盒等包装物，是其生产环节必需的辅助材料；将散装白酒灌装进酒瓶，也并不是一件容易的事，它必须依靠酒厂的大型自动灌装设备才能完成，这个过程其实是瓶装白酒一个极其重要的生产环节。酒厂人为地将包装物剥离出去，让代理商提供，目的只有一个：减少应税销售收入的计税依据，偷逃消费税。

然而，酒厂偷逃的并不仅仅是消费税，就连增值税也少缴了。由于消费税是价内税，增值税实行价外税，这种情况决定了实行从价定率的酒类产品，其消费税税基和增值税税基是一致的，都是将含消费税而不含增值税的销售额作为计税基数。酒厂所耗用的包装物，在随同白酒销售时，即使不增加任何利润，它们所承载增值税的计税依据也绝不仅仅是它们的购买成本，还应包括相应的消费税税额。酒类包装物应缴纳的增值税用组成计税价格的计算公式表示即为：组成计税价格＝（成本＋利润）÷（1－消费税税率）。由此可见，酒厂在这方面少缴增值税也是显而易见的。

“多数白酒生产企业都让代理商提供包装物！”如果漯河某公司负责人张经理所说属实，我们不得不考虑以下问题：漯河某公司是增值税一般纳税人，会计核算还较规范，类似问题税务机关还比较容易发现。对那些会计核算不规范，甚至根本不设账簿的小规模企业和个体户代理商，我们又如何能够发现其问题？漯河某公司只是这个品牌白酒的一个地市代理商，在全国范围内，这家酒厂又有多少像漯河某公司这样的代理商？在全国范围内又会有多少这样的白酒生产企业？国家税收因此又将流失多少？

思考与讨论：

1．消费税中的包装物的价款应该如何计算？

2．消费税的计税依据是什么？

5.1 消费税概述

5.1.1 消费税的概念与特征

1．消费税的概念

消费税是指对特定的消费行为按流转额征收的一种商品税。广义上，消费税应对所有消费品包括生活必需品和日用品普遍课税；但从征收实践上看，消费税主要指对特定消费品或特定消费行为等课的税。消费税主要以消费品为课税对象，属于间接税。税收随价格转嫁给消费者负担，消费者是税款的实际负担者。目前，世界上已有100多个国家开征该税种，我国现行消费税是1994年税制改革时新设置的一个税种。我国在对货物普遍征收增值税的基础上，选择少数消费品再征收一道消费税，其目的是调节产品结构，引导消费方向，保证国家财政收入。

现行消费税的基本规范是2008年11月5日经国务院第34次常务会议修订通过并颁布，自2009年1月1日起施行的《中华人民共和国消费税暂行条例》（以下简称《消费税暂行条例》）以及2008年12月15日财政部、国家税务总局第51号令颁布的《中华人民共和国消费税暂行条例实施细则》（以下简称《消费税暂行条例实施细则》）。

2. 消费税的特征

消费税的特征主要表现在以下几个方面。

（1）征收范围具有选择性。我国消费税的征收范围虽然是消费品，但并不是对所有的消费品都征收，而只是选择了一部分特殊消费品、奢侈品、高能耗消费品和不可再生的稀缺资源消费品等作为征收对象，并非人们的生活必需品。与国外消费税相比，我国的征收范围小，没有对特殊消费行为征税。

（2）征税环节具有单一性。消费税主要在生产和进口环节征收。

（3）征收方法具有灵活性。为适应不同应税消费品的情况和便于核算、计征的要求，消费税采取从价计征、从量计征以及复合计征3种方法进行征税。对一部分价格变化较大且便于按价格核算的应税消费品实行从价计征；对一部分价格变动较小，品种、规格比较单一的大宗应税消费品实行从量计征；对卷烟、白酒实行从价、从量相结合的复合计征办法。

（4）税收负担具有转嫁性。增值税实行价外计税，而消费税则是一种价内税。消费税税款是含在消费品价格之中的，因此，消费税无论是在哪个环节征收，消费品价格中所含的消费税税款，最终都由购买应税消费品者所负担。生产销售应税消费品的企业和个人虽是纳税人，但其所缴纳的税款最终转嫁到了消费者身上。

5.1.2 消费税的类型

消费税按照不同依据划分，可分为不同类型。

1. 直接消费税与间接消费税

按消费税计税依据不同，消费税分为直接消费税与间接消费税。

（1）直接消费税

直接消费税是以消费支出额为计税依据的消费税。

（2）间接消费税

间接消费税是以消费品或者消费价格或数量为计税依据的消费税。

2. 有限型消费税、中间型消费税、延伸型消费税

按消费税征收范围不同，消费税分为有限型消费税、中间型消费税、延伸型消费税。

（1）有限型消费税

有限型消费税征税范围比较小，主要限于一些传统消费品目，如烟草制品、酒精饮

料、石油制品、机动车辆、游艇、糖、盐、软饮料、钟表、首饰、化妆品、香水等。

（2）中间型消费税

中间型消费税的征税范围相对要大一些，除了有限型消费税所涉及的品目外，将一些消费广泛的消费品，如纺织品、皮革、皮毛制品、鞋、药品、牛奶和谷类制品、咖啡、可可、家用电器、电子产品、摄影器材、打火机等也纳入了征税范围。

（3）延伸型消费税

延伸型消费税的征税范围比前两种的都大，除了上述两种消费税所涉及的品目外，将一些生产资料，如水泥、建筑材料、钢材、铝制品、橡胶制品、木材制品、颜料、油漆等也纳入了征税范围。

5.1.3 消费税的作用

消费税的作用主要体现在以下几个方面。

1. 体现消费政策，调整产业结构

消费税的立法要集中体现国家的产业政策和消费政策。例如，我国为了抑制对人体健康不利或者是过度消费会对人体有害的消费品的生产，将烟、酒、鞭炮、焰火列入征税范围；为了调节特殊消费，将游艇、摩托车、小汽车、高档手表、高尔夫球及球具、贵重首饰及珠宝玉石列入征税范围；为了节约一次性能源，限制过量消费，将木制一次性筷子、实木地板、成品油列入征税范围。

2. 正确引导消费，抑制超前消费

目前，我国正处于社会主义初级阶段，总体财力还比较有限，个人的生活水平还不够高，需要在政策上正确引导人们的消费方向。我国在消费税立法过程中，对人们日常消费的基本生活用品和企业正常的生产消费物品不征收消费税，而只对目前属于奢侈品或超前消费的物品及其他非基本生产用品征收消费税，特别是对其中的某些消费品，如烟、酒、高档汽车等适用较高的税率，加重调节力度，增加购买者（消费者）的负担，适当抑制高水平或超前消费。

3. 稳定财政收入，保持原有负担

消费税是于2008年在原流转税制进行较大改革的背景下出台的，实行新的、规范化的增值税后，不可能设置多档次、相差悬殊的税率。所以，许多原高税率产品改征增值税后，基本税率为17%，税负下降过多，对财政收入的影响较大，为了确保税制改革后尽量不减少财政收入，同时不削弱税收对某些产品生产和消费的调控作用，我国需要通过征收消费税，把实行增值税后由于降低税负而可能减少的税收收入征收上来，基本保持原产品的税收负担，并随着应税消费品生产和消费的增长，使财政收入也保持稳定增长。

4. 调节支付能力，缓解分配不公

个人生活水平或贫富状况很大程度体现在其支付能力上。显然，受多种因素制约，仅依靠个人所得税不可能完全实现税负的公平分配目标，也不可能有效缓解社会分配不公的问题。我国通过对某些奢侈品或特殊消费品征收消费税，立足于从调节个人支付能力的角度间接增加某些消费者的税收负担或增加消费支出的超额负担，使高收入者的高消费受到一定抑制，低收入者或消费基本生活用品的消费者则不负担消费税，支付能力不受影响。所以，开征消费税有利于配合个人所得税及其他税种进行调节，缓解目前存在的社会分配不公的矛盾。

5.2 征税范围与纳税人

5.2.1 征税范围

我国实行有限型消费税，消费税应税产品共分为以下5类。

1. 会对人类健康、社会秩序、生态环境等方面有害的消费品

此类产品包括烟、酒类、鞭炮、焰火、木制一次性筷子及实木地板、电池、涂料等消费品。其中，“烟”包括卷烟（甲类卷烟、乙类卷烟）、雪茄烟及烟丝。“酒类”包括白酒、黄酒、啤酒（甲类啤酒、乙类啤酒）、其他酒。

2. 奢侈品和非生活必需品

奢侈品和非生活必需品包括化妆品、贵重首饰及珠宝玉石、高尔夫球及球具、高档手表、游艇。其中，“贵重首饰及珠宝玉石”包括金银首饰、铂金首饰和钻石及钻石饰品，以及其他贵重首饰和珠宝玉石。

3. 高能耗的高档消费品

高能耗的高档消费品包括小汽车及摩托车。其中，小汽车分为乘用车及中轻型商用客车。摩托车以汽缸容量250毫升（含250毫升）为标准分为汽缸容量250毫升以上及以下两种。

4. 不可再生和不可替代的石油类消费品

不可再生和不可替代的石油类消费品将成品油分为无铅汽油、柴油、航空煤油、石脑油、溶剂油、润滑油及燃料油。

5. 具有财政意义的消费品

具有财政意义的消费品主要为护肤护发品。

5.2.2 纳税人

在中华人民共和国境内生产、委托加工和进口《消费税暂行条例》规定的消费品的单位和个人，以及国务院确定的销售《消费税暂行条例》规定的消费品的其他单位和个人，为消费税的纳税人。单位，是指企业、事业单位、军事单位、社会团体及其他单位。个人，是指个体工商户及其他个人。

5.3 税目与税率

5.3.1 税目

消费税的征收范围比较窄，同时也会根据经济发展、环境保护等国家大政方针进行修订。依据《消费税暂行条例》及相关法规规定，目前消费税税目包括烟、酒类、化妆品等 15 种商品；部分税目还进一步划分了若干子目。

5.3.2 税率

消费税税率主要有两种基本形式：比例税率和定额税率。消费税税率形式的选择主要是根据征税对象的具体情况来确定的。

1. 比例税率

比例税率主要适用于价格差异较大、计量单位难以规范的应税消费品，包括烟（除卷烟）、酒（除白酒、黄酒、啤酒）、化妆品、贵重首饰及珠宝玉石，鞭炮、焰火、成品油、摩托车、小汽车、高尔夫球及球具、高档手表、游艇、木制一次性筷子、实木地板、电池、涂料。

2. 定额税率

定额税率适用于供求基本平衡并且价格差异较小、计量单位规范的应税消费品，包括黄酒、啤酒和成品油等液体产品。

3. 定额税率和比例税率复合计税

一般情况下，对一种消费品只选择一种税率形式，但为了更好地保全消费税税基、对卷烟、白酒等一些消费品采用复合计税的形式。

消费税的具体税目和税率如表 5-1 所示。

表 5-1　消费税的税目和税率

税目	税率
一、烟	
1. 卷烟	
（1）甲类卷烟	56%加 0.003 元/支
（2）乙类卷烟	36%加 0.003 元/支
2. 雪茄烟	36%
3. 烟丝	30%
二、酒及酒精	
1. 白酒	20%加 0.5 元/500 克（或者 500 毫升）
2. 黄酒	240 元/吨
3. 啤酒	
（1）甲类啤酒	250 元/吨
（2）乙类啤酒	220 元/吨
4. 其他酒	10%
5. 酒精	5%
三、化妆品	30%
四、贵重首饰及珠宝玉石	
1. 金银首饰、铂金首饰和钻石及钻石饰品	5%
2. 其他贵重首饰和珠宝玉石	10%
五、鞭炮、焰火	15%
六、成品油	
1. 汽油	
（1）含铅汽油	0.28 元/升
（2）无铅汽油	0.20 元/升
2. 柴油	0.10 元/升
3. 航空煤油	0.10 元/升
4. 石脑油	0.20 元/升
5. 溶剂油	0.20 元/升
6. 润滑油	0.20 元/升
7. 燃料油	0.20 元/升
七、汽车轮胎	3%
八、摩托车	
1. 汽缸容量（排气量，下同）在 250 毫升（含 250 毫升）以下的	3%
2. 汽缸容量在 250 毫升以上的	10%
九、小汽车	
1. 乘用车	3%

续表

税目	税率
（1）汽缸容量（排气量，下同）在1.0升（含1.0升）以下的	1%
（2）汽缸容量在1.0升以上至1.5升（含1.5升）的	3%
（3）汽缸容量在1.5升以上至2.0升（含2.0升）的	5%
（4）汽缸容量在2.0升以上至2.5升（含2.5升）的	9%
（5）汽缸容量在2.5升以上至3.0升（含3.0升）的	12%
（6）汽缸容量在3.0升以上至4.0升（含4.0升）的	25%
（7）汽缸容量在4.0升以上的	40%
2. 中轻型商用客车	5%
十、高尔夫球及球具	10%
十一、高档手表	20%
十二、游艇	10%
十三、木制一次性筷子	5%
十四、实木地板	5%

5.4 计税依据与应纳税额的计算

5.4.1 计税依据

1. 从价计征

从价计证方法下，应纳税额等于应税消费品的销售额乘以适用税率。应纳税额的多少取决于应税消费品的销售额和适用税率两个因素。

（1）销售额的确定

销售额为纳税人销售应税消费品向购买方收取的全部价款和价外费用。销售是指有偿转让应税消费品的所有权。价外费用是指价外向购买方收取的手续费、补贴、基金、集资费、返还利润、奖励费、违约金、滞纳金、延期付款利息、赔偿金、代收款项、代垫款项、包装费、包装物租金、储备费、优质费、运输装卸费以及其他各种性质的价外收费，但下列项目不包括在内。

① 同时符合以下条件的代垫运输费用。

a. 承运部门的运输费用发票开具给购买方的。

b. 纳税人将该项发票转交给购买方的。

② 同时符合以下条件代为收取的政府性基金或者行政事业性收费。

a．由国务院或者财政部批准设立的政府性基金，由国务院或者省级人民政府及其财政、价格主管部门批准设立的行政事业性收费。

b．收取时开具省级以上财政部门印制的财政票据。

c．所收款项全额上缴财政。

（2）含增值税销售额的换算

应税消费品在缴纳消费税的同时，与一般货物一样，还应缴纳增值税。按照《消费税暂行条例实施细则》的规定，应税消费品的销售额，不包括应向购货方收取的增值税税款。如果纳税人应税消费品的销售额中未扣除增值税税款或者因不得开具增值税专用发票而发生价款和增值税税款合并收取的，在计算消费税时，应将含增值税的销售额换算为不含增值税税款的销售额。其换算公式为：

应税消费品的销售额＝含增值税的销售额÷（1＋增值税税率或征收率）

在使用上述换算公式时，应根据纳税人的具体情况分别使用增值税税率或征收率。如果消费税的纳税人同时又是增值税一般纳税人，应适用 13%的增值税税率；如果消费税的纳税人是增值税小规模纳税人，应适用 3%的征收率。

2. 从量计征

从量计征方法下，应纳税额等于应税消费品的销售数量乘以单位税额。应纳税额的多少取决于应税消费品的销售数量和单位税额两个因素。

（1）销售数量的确定

销售数量是指纳税人生产、加工和进口应税消费品的数量，具体规定如下：

① 销售应税消费品的，为应税消费品的销售数量；

② 自产自用应税消费品的，为应税消费品的移送使用数量；

③ 委托加工应税消费品的，为纳税人收回的应税消费品数量；

④ 进口的应税消费品，为海关核定的应税消费品进口征税数量。

（2）计量单位的换算标准

《消费税暂行条例》规定，黄酒、啤酒以“吨”为税额单位；汽油、柴油以“升”为税额单位。但是，考虑到在实际销售过程中，一些纳税人会把“吨”与“升”这两个计量单位混用，所以规范了不同产品的计量单位，以准确计算应纳税额，“吨”与“升”两个计量单位的换算标准如表 5-2 所示。

表 5-2　吨、升换算表

序号	名称	计量单位的换算标准
1	黄酒	1 吨＝962 升

续表

序号	名称	计量单位的换算标准
2	啤酒	1吨=988升
3	汽油	1吨=1 388升
4	柴油	1吨=1 176升
5	航空煤油	1吨=1 246升
6	石脑油	1吨=1 385升
7	溶剂油	1吨=1 282升
8	润滑油	1吨=1 126升
9	燃料油	1吨=1 015升

3. 从价从量复合计征

现行消费税的征税范围中，只有卷烟、白酒采用复合计征方法。其应纳税额等于应税销售数量乘以定额税率再加上应税销售额乘以比例税率。

生产销售卷烟、白酒的从量定额计税依据为实际销售数量。进口、委托加工、自产自用卷烟、白酒的从量定额计税依据分别为海关核定的进口征税数量、委托方收回数量、移送使用数量。

4. 计税依据的特殊规定

计税依据的特殊规定

（1）纳税人通过自设非独立核算门市部销售的自产应税消费品，应当按照门市部对外销售额或者销售数量征收消费税。

（2）纳税人用于换取生产资料和消费资料，投资入股和抵偿债务等方面的应税消费品，应当以纳税人同类应税消费品的最高销售价格作为计税依据计算消费税。

（3）卷烟计税价格的核定。卷烟消费税最低计税价格核定范围为卷烟生产企业在生产环节销售的所有牌号、规格的卷烟。计税价格由国家税务总局按照卷烟批发环节销售价格扣除卷烟批发环节批发毛利核定并发布。

（4）白酒最低计税价格的核定。①核定范围。白酒生产企业销售给销售单位的白酒，生产企业消费税最低计税价格低于销售单位对外销售价格70%以下的，税务机关应核定消费税最低计税价格；白酒生产企业销售给销售单位的白酒，生产企业消费税最低计税价格高于销售单位对外销售价格70%以上的，税务机关暂不核定消费税最低计税价格。②重新核定。已核定最低计税价格的白酒，销售单位对外销售价格持续上涨或下降时间达到3个月以上、累计上涨或下降幅度在20%（含）以上的白酒，税务机关重新核定最低计税价格。③计税价格的确定。已核定最低计税价格的白酒，生产企业实际销售价格高于消费税最低计税价格的，按实际销售价格申报纳税；实际销售价格低于消费税最低计税价格的，按最低计税价格申报纳税。

（5）金银首饰销售额的确定。对既销售金银首饰，又销售非金银首饰的生产、经营单位，应将两类商品划分清楚，分别核算销售额。凡划分不清楚或不能分别核算的，在生产环节销售的，一律从高适用税率征收消费税；在零售环节销售的，一律按金银首饰征收消费税。

纳税人兼营适用不同税率的应当缴纳消费税的消费品，应当分别核算不同税率应税消费品的销售额、销售数量；未分别核算销售额、销售数量或者将不同税率的消费品组成成套消费品销售的，从高适用税率，纳税人兼营适用不同税率的应当缴纳消费税的消费品，是指纳税人生产销售两种税率以上的应税消费品。

5.4.2 应纳税额的计算

1. 生产销售环节应纳消费税的计算

纳税人在生产销售环节应缴纳的消费税，包括直接对外销售应税消费品应缴纳的消费税和自产自用应税消费品应缴纳的消费税。

（1）直接对外销售应税消费品应纳消费税的计算

直接对外销售应税消费品涉及 3 种消费税计算方法。

① 从价定率计算。在从价定率计算方法下，基本计算公式为：

应纳税额＝应税消费品的销售额×比例税率

【例 5-1】 某化妆品生产企业为增值税一般纳税人。2019 年 6 月 5 日向某大型商场销售化妆品一批，开具增值税专用发票，取得不含增值税销售额 100 万元，增值税税额为 13 万元；6 月 10 日向某单位销售化妆品一批，开具普通发票，取得含增值税销售额 9.28 万元。要求计算该化妆品生产企业上述业务应缴纳的消费税税额。

解析：

（1）化妆品适用的消费税税率为 30%。

（2）化妆品的应税销售额＝100＋9.28÷（1＋13%）＝108.21（万元）

（3）应缴纳的消费税税额＝108.21×30%＝32.46（万元）

② 从量定额计算。在从量定额计算方法下，基本计算公式为：

应纳税额＝应税消费品的销售数量×定额税率

【例 5-2】 南方啤酒厂 2019 年 3 月销售甲类啤酒 2 000 吨，取得不含增值税销售额 590 万元，增值税税额为 76.7 万元，另收取包装物押金 46.8 万元。要求计算 3 月该啤酒厂应纳消费税税额。

解析：

（1）销售甲类啤酒适用的定额税率为每吨250元。

（2）应纳消费税税额＝2 000×250＝500 000（元）

③ 从价定率与从量定额复合计算。在现行消费税的征税范围中，只有卷烟、白酒采用复合计算方法。其基本计算公式为：

应纳税额＝应税消费品的销售数量×定额税率＋应税销售额×比例税率

【例5-3】 洋河白酒厂为增值税一般纳税人，2019年3月销售白酒50吨，取得不含增值税的销售额200万元，要求计算洋河白酒厂3月应缴纳的消费税税额。

解析：

白酒适用的比例税率为20%，定额税率为每500克0.5元。

应纳税额＝50×2 000×0.000 05＋200×20%＝45（万元）

（2）自产自用应纳消费税的计算

自产自用是指纳税人生产应税消费品后，不是直接对外销售，而是用于自己连续生产应税消费品或用于其他方面。

① 用于连续生产应税消费品。纳税人自产自用的应税消费品，用于连续生产应税消费品的，不纳税。

② 用于其他方面的应税消费品。纳税人自产自用的应纳消费品，除用于连续生产应税消费品外，凡用于其他方面的，于移送使用时纳税。用于其他方面是指纳税人用于生产非应税消费品、在建工程、管理部门、非生产机构、提供劳务，以及用于馈赠、赞助、集资、广告、样品、职工福利、奖励等方面。

③ 组成计税价格及税额的计算。纳税人自产自用的应纳消费品用于其他方面，应当纳税的，按照纳税人生产的同类消费品的销售价格计算纳税；同类消费品的销售价格是指纳税人当月销售的同类消费品的销售价格，如果当月同类消费品的销售价格高低不同，应按销售数量加权平均计算。但销售的应税消费品有下列情况之一的，不得列入加权平均计算。

a．销售价格明显偏低又无正当理由的。

b．无销售价格的。

当月无销售或者当月未完结的，应按照同类消费品上月或者最近月份的销售价格计算纳税。

没有同类消费品销售价格的，按照组成计税价格计算纳税。组成计税价格和应纳税额的计算公式如下。

a．实行从价定率办法计算纳税的组成计税价格的计算公式为：

组成计税价格=（成本+利润）÷（1−比例税率）

b．实行复合计税办法计算纳税的组成计税价格的计算公式为：

组成计税价格=（成本+利润+自产自用数量×定额税率）÷（1−比例税率）

上述公式中所说的“成本”，是指应税消费品的产品生产成本。上述公式中所说的“利润”，是指根据应税消费品的全国平均成本利润率计算的利润。应税消费品全国平均成本利润率由国家税务总局确定。

④ 应税消费品全国平均成本利润率。2006 年 3 月，国家税务总局颁发《消费税若干具体问题的规定》，确定了应税消费品全国平均成本利润率表（见表 5-3）。

表 5-3　平均成本利润率表

货物名称	利润率	货物名称	利润率
1. 甲类卷烟	10%	10. 贵重首饰及珠宝玉石	6%
2. 乙类卷烟	5%	11. 摩托车	6%
3. 雪茄烟	5%	12. 高尔夫球及球具	10%
4. 烟丝	5%	13. 高档手表	20%
5. 粮食白酒	10%	14. 游艇	10%
6. 薯类白酒	5%	15. 木制一次性筷子	5%
7. 其他酒	5%	16. 实木地板	5%
8. 化妆品	5%	17. 乘用车	8%
9. 鞭炮、焰火	5%	18. 中轻型商用客车	5%

2. 委托加工环节应税消费品应纳消费税的计算

（1）委托加工应税消费品的确定

委托加工应税消费品是指委托方提供原材料和主要材料，受托方只收取加工费和代垫部分辅助材料加工的应税消费品。对于由受托方提供原材料生产的应税消费品，或者受托方先将原材料卖给委托方，然后再接受加工的应税消费品，以及由受托方以委托方名义购进原材料生产的应税消费品，不论纳税人在财务上是否做销售处理，都不得作为委托加工应税消费品，而应当按照销售自制应税消费品缴纳消费税。

（2）代收代缴税款的规定

对于确实属于委托方提供原材料和主要材料，受托方只收取加工费和代垫部分辅助材料加工的应税消费品。现行消费税法规定，由受托方在向委托方交货时代收代缴消费税。这样，受托方就是法定的代收代缴义务人。

（3）组成计税价格及应纳税额的计算

委托加工的应税消费品，按照受托方的同类消费品的销售价格计算纳税；同类消费品的销售价格是指受托方（即代收代缴义务人）当月销售的同类消费品的销售价格，如果当月同类消费品各期销售价格高低不同，应按销售数量加权平均计算。但销售的应税消费品有下列情况之一的，不得列入加权平均计算：

① 销售价格明显偏低又无正当理由的；

② 无销售价格的。

当月无销售或者当月未完结的，应按照同类消费品上月或最近月份的销售价格计算纳税。

没有同类消费品销售价格的，按照组成计税价格计算纳税。组成计税价格的计算公式如下。

① 实行从价定率办法计算纳税的组成计税价格的计算公式如下：

组成计税价格＝（材料成本＋加工费）÷（1−比例税率）

② 实行复合计税办法计算纳税的组成计税价格的计算公式如下：

组成计税价格＝（材料成本＋加工费＋委托加工数量×定额税率）÷（1−比例税率）

3. 进口环节应纳消费税的计算

进口的应税消费品，于报关进口时缴纳消费税；进口的应税消费品的消费税由海关代征；进口的应税消费品，由进口人或者其代理人向报关地海关申报纳税；纳税人进口应税消费品，按照关税征收管理的相关规定，应当自海关填发海关进口消费税专用缴款书之日起15日内缴纳税款。

纳税人进口应税消费品，按照组成计税价格和规定的税率计算应纳税额。计算方法如下。

（1）实行从价定率办法计算纳税的组成计税价格和应纳税额的计算公式如下：

组成计税价格＝（关税完税价格＋关税）÷（1−消费税比例税率）

应纳税额＝组成计税价格×消费税比例税率

公式中的“关税完税价格”是指海关核定的关税计税价格。

（2）实行从量定额计征应纳税额的计算公式如下：

应纳税额＝应税消费品数量×消费税定额税率

（3）实行复合计税办法计算的组成计税价格和应纳税额的计算公式如下：

组成计税价格＝（关税完税价格＋关税＋进口数量×消费税定额税率）÷（1−消费税比例税率）

应纳税额＝组成计税价格×消费税税率＋应税消费品进口数量×消费税定额税率

4. 已纳消费税扣除的计算

为了避免重复征税，现行消费税法规定，将外购应税消费品和委托加工收回的应税消费品继续生产应税消费品销售的，可以将外购应税消费品和委托加工收回的应税消费品已缴纳的消费税给予扣除。

（1）外购应税消费品已纳税额的扣除

① 外购应税消费品连续生产应税消费品，由于某些应税消费品是用外购已缴纳消费税的应税消费品连续生产出来的，在对这些连续生产出来的应税消费品计算征税时，税法规定应按当期生产领用数量计算准予扣除外购的应税消费品已纳的消费税税款。计算公式如下：

当期准予扣除的外购应税消费品已纳税款＝当期准予扣除的外购应税消费品买价
×外购应税消费品适用税率

当期准予扣除的外购应税消费品买价＝期初库存的外购应税消费品的买价
＋当期购进的应税消费品的买价
－期末库存的外购应税消费品的买价

② 外购应税消费品后销售。应当征收消费税，同时允许扣除外购应税消费品的已纳税款。

（2）委托加工收回的应税消费品已纳消费税款的扣除

委托加工的应税消费品已由受托方代收代缴消费税，因此，委托方收回货物后用于连续生产应税消费品的，其已纳税款准予按照规定从连续生产的应税应纳消费税税额中抵扣。

当期准予扣除委托加工收回的应税消费品已纳消费税税款的计算公式如下：

当期准予扣除委托加工收回的应税消费品已纳消费税税款
＝期初库存的委托加工应税消费品已纳税款
＋当期收回的委托加工应税消费品已纳税款
－期末库存的委托加工应税消费品已纳税款

5. 消费税出口退税

对纳税人出口应税消费品，免征消费税；国务院另有规定的除外。

（1）出口免税并退税

有出口经营权的外贸企业购进应税消费品直接出口，以及外贸企业受其他企业委托代理出口应税消费品时，外贸企业只有受其他外贸企业委托，代理出口应税消费品才可办理退税，外贸企业受其他企业（主要是非生产性的商贸企业）委托，代理出口应税消费品是不予以退（免）税的。

（2）出口免税但不退税

对有出口经营权的生产性企业自营出口或委托外贸企业代理出口自产的应税消费

品，依据其实际出口数量免征消费税，不予办理退还消费税。免征消费税是指对生产性企业按其实际出口数量免征生产环节的消费税。不予办理退还消费税，是因为我国对其已免征生产环节的消费税，从而该应税消费品在出口时，已不含有消费税，所以无须再办理退还消费税。

（3）出口不免税也不退税

除生产企业、外贸企业外的其他企业，具体是指一般商贸企业，这类企业委托外贸企业代理出口应税消费品一律不予退（免）税。出口货物的消费税应退税额的计税依据，按购进出口货物的消费税专用缴款书和海关进口消费税专用缴款书确定。

5.5 征收管理

5.5.1 纳税义务发生时间

（1）纳税人销售应税消费品，其纳税义务发生时间按不同的销售结算方式分为以下几类。

① 采取赊销和分期收款结算方式的，为书面合同约定的收款日期的当天，书面合同没有约定收款日期或者无书面合同的，为发出应税消费品的当天。

② 采取预收货款结算方式的，为发出应税消费品的当天。

③ 采取托收承付和委托银行收款方式的，为发出应税消费品并办妥托收手续的当天。

④ 采取其他结算方式的，为收讫销售款或者取得索取销售款凭据的当天。

（2）纳税人自产自用应税消费品的，其纳税义务发生时间为移送使用的当天。

（3）纳税人委托加工应税消费品的，其纳税义务发生时间为纳税人提货的当天。

（4）纳税人进口应税消费品的，其纳税义务发生时间为报关进口的当天。

5.5.2 纳税期限

按照《消费税暂行条例》的规定，消费税的纳税期限分别为 1 日、3 日、5 日、10 日、15 日、1 个月或 1 个季度。纳税人的具体纳税期限，由主管税务机关根据纳税人应纳税额的大小分别核定；不能按照固定期限纳税的，可以按次纳税。

纳税人以 1 个月或 1 个季度为 1 个纳税期的，自期满之日起 15 日内申报纳税；以 1 日、3 日、5 日、10 日或 15 日为 1 个纳税期的，自期满之日起 5 日内预缴税款，于次月 1 日起 15 日内申报纳税并结清上月应纳税款。

纳税人进口应税消费品，应当自海关填发海关进口消费税专用缴款书之日起 15 日内缴纳税款。

5.5.3 纳税地点

消费税具体纳税地点如下。

（1）纳税人销售的应税消费品，以及自产自用的应税消费品，除国务院财政、税务主管部门另有规定外，应当向纳税人机构所在地或者居住地的主管税务机关申报纳税。

（2）委托加工的应税消费品，除受托方为个人外，由受托方向机构所在地或者居住地的主管税务机关解缴消费税税额。

（3）进口的应税消费品，由进口人或者其代理人向报关地海关申报纳税。

（4）纳税人到外县（市）销售或者委托外县（市）代销自产应税消费品的，于应税消费品销售后，向机构所在地或者居住地的主管税务机关申报纳税。

（5）纳税人销售的应税消费品，因质量等原因发生退货的，其已缴纳的消费税税额可予以退还。

同步测试题

一、名词解释

消费税；委托加工；自产自用；出口退税；复合计税

二、单项选择题

1. 下列环节中既征消费税又征增值税的是（　　）。

A. 粮食白酒的生产和批发环节　　B. 金银首饰的生产和零售环节

C. 金银首饰的进口环节　　D. 化妆品的生产环节

2. 根据消费税的有关规定，下列纳税人自产自用消费品不缴纳消费税的是（　　）。

A. 炼油厂用于基建部门的自产汽油　　B. 汽车厂用于管理部门的自产汽车

C. 日化厂用于交易会的自产化妆品　　D. 卷烟厂用于生产卷烟的自制烟丝

3. 纳税人在销售应税消费品时，因按规定不得开具专用发票而发生价款和增值税合并收取的，在计算消费税时，其应税消费品的销售额等于（　　）。

A. 含增值税的销售额÷（1＋增值税税率或征收率）

B. 含增值税的销售额÷（1−增值税税率或征收率）

C. 含增值税的销售额÷（1−消费税税率）

D. 含增值税的销售额÷（1+消费税税率）

4. 下列各种行为中，应缴纳消费税的是（　　）。

A. 商场销售高档家具　　B. 房地产公司销售豪宅

C. 林场销售实木复合地板　　D. 烟花厂销售体育比赛专用的发令纸

5. 某酒厂2019年5月研发一批新型粮食白酒1 000千克，作为礼品赠送。该白酒没有同类售价，成本为17万元，已知粮食白酒的成本利润率为10%。则该批白酒应纳的消费税税额为（　　）万元。

A. 4.775　　B. 4.8　　C. 7.91　　D. 8.2

三、多项选择题

1. 根据现行消费税法的规定，下列说法中正确的有（　　）。

A. 纳税人销售金银首饰的计税依据为含增值税的销售额

B. 金银首饰连同包装物销售的计税依据为含包装物金额的销售额

C. 带料加工金银首饰的计税依据为受托方收取的加工费

D. 以以旧换新方式销售金银首饰的计税依据为实际收取的不含增值税销售额

2. 下列单位中，属于消费税纳税人的有（　　）。

A. 生产销售应税消费品（金银首饰除外）的单位

B. 委托加工应税消费品的单位

C. 进口应税消费品的单位

D. 受托加工应税消费品的单位

3. 按照现行税法，下列消费品的生产经营环节既征收增值税又征收消费税的有（　　）。

A. 批发环节销售的卷烟　　B. 零售环节销售的黄金及合金首饰

C. 批发环节销售的白酒　　D. 零售环节销售的白酒

4. 下列各项中，属于消费税征收范围的有（　　）。

A. 汽油　　B. 柴油　　C. 植物油　　D. 航空煤油

5. 下列委托加工行为应纳消费税的有（　　）。

A. 卷烟厂将委托加工的烟丝全部用于卷烟生产

B. 某企业将外购汽车底盘及配件委托加工成小货车自用

C. 某企业委托加工一批护肤品发给职工作为福利

D. 某商场委托加工一批卷烟直接用于销售

四、判断题

1. 卷烟批发企业的纳税地点为卷烟批发企业的机构所在地，总机构与分支机构不在同一地区的，由总机构汇总向其所在地税务机关申报缴纳消费税。(　　)

2. 用于换取生产资料的卷烟，应以同类商品的平均售价作为计税依据，计算征收增值税和消费税。(　　)

3. 工业企业从化妆品厂购进罐装化妆品的半成品，添加香料后售给另一加工企业加工成成品出售。工业企业向另一企业出售时应缴纳消费税，允许扣除购入价格中所含的消费税税金。(　　)

4. 在零售环节征消费税的金银首饰、钻石、钻石饰品允许抵扣在外购珠宝玉石时已纳消费税税额。(　　)

5. 委托加工应税消费品后，委托方将收回的应税消费品以高于受托方的计税价格出售的，需按规定申报缴纳消费税，在计税时准予扣除受托方已代收代缴的消费税。(　　)

五、简答题

1. 简述消费税的概念及其特点。

2. 消费税的作用是什么？

3. 消费税的纳税环节有哪些？

4. 简述消费税的计税原理。

5. 简述消费税与增值税的异同之处。

案例分析题

南京市一卷烟厂为增值税一般纳税人，2019 年 12 月有关经营情况如下。

1. 进口烟丝一批，支付货款 100 万元，支付运费保险费 20 万元。

2. 外购已税烟丝一批，取得防伪税控系统开具的增值税专用发票，发票上注明价款 1 000 万元，增值税 130 万元。

3. 用外购已税烟丝的 70%生产卷烟 1 000 箱，该厂销售这批卷烟 1 000 箱给各专卖商场，取得含税销售收入 2 340 万元，同时收取包装物押金 2 万元，该厂单独记账核算，约定在 3 个月内归还。

4. 采取委托银行收款方式向某专卖店销售卷烟 100 箱，取得含税销售收入 234 万元，当月尚未办好委托收款手续；该专卖店因包装物押金超期被该卷烟厂没收押金3 000元。

5. 以卷烟40箱换回小轿车一辆，每箱含税价格2.34万元。

6. 月末盘存发现库存卷烟有短缺，短缺价值为20万元，经认定短缺的卷烟属于非正常损失。卷烟的消费税比例税率为45%，每箱定额消费税为150元；烟丝的消费税比例税率30%，关税税率为20%。

要求：

（1）计算进口环节应缴纳的消费税。

（2）计算与销售卷烟有关的押金收入的销项税额。

（3）计算非正常损失卷烟应转出的进项税额。

（4）计算当月应抵扣的进项税额。

（5）计算当月应缴纳的增值税。

（6）计算当月可以抵扣的消费税。

（7）计算当月应缴纳的消费税。

第6章 城市维护建设税与教育费附加

引导案例

某羊毛衫厂缴纳城市维护建设税

某羊毛衫厂系乡办企业，厂址设在市区，注册资金 50 万元，在职职工 35 人，经营范围主要是羊毛衫、服装，经营方式为制衣、加工。1996 年销售收入 350 万元，销售税金 20 万元，利润总额 25 万元，固定资产净值 100 万元，所有者权益 150 万元。1997 年 10 月，税务稽查人员对该企业“应交税费——应交城市维护建设税”账户进行检查，发现该账户有贷方余额 1.2 万元，企业账面显示 1997 年 1 月到 9 月已缴销售税金 15 万元，已缴城市维护建设税 1 500 元，当年计提的城市维护建设税已申报缴纳，上述余额系 1996 年结转的余额。稽查人员进一步核对企事业 1996 年有关收入账户与凭证，核实企业 1996 年应缴销售税金 20 万元，按 7%税率计提的城市维护建设税应为 1.4 万元，但该企业只按 1%的税率申报，实际缴纳城市维护建设税 2 000 元。据企业有关人员反映，企业 1996 年按规定提取 7%的城市维护建设税后，感到按 7%缴纳城市维护建设税吃亏，故先按 1%税率申报，其余部分挂在账上。

思考与讨论：

1．城市维护建设税的计缴基数是什么？

2．城市维护建设税的税率为多少？

3．该羊毛衫厂的处理方式是否正确？

6.1 城市维护建设税概述

城市维护建设税是对从事工商经营，缴纳增值税、消费税的单位和个人征收的一种税。现行城市维护建设税的基本规范是 2020 年 8 月 11 日中华人民共和国第十三届全国人民代表大会常务委员会第二十一次会议通过的，并于 2021 年 9 月 1 日起施行的《中华人民共和国城市维护建设税法》。

城市维护建设税的特点主要有以下 3 个：（1）税款专款专用，税款要求用于城市公用事业和公共设施的维护和建设；（2）是一种附加税，它以纳税人实际缴纳的增值税、消费税（以下简称“两税”）的税额为计税依据，随“两税”同时征收，其本身没有特定的课税对象，其征管方法也完全比照“两税”的有关规定办理；（3）根据城镇规模设计不同的比例税率。

城市维护建设税的作用：（1）可以有效地补充城市维护建设资金的不足。以增值税、消费税为代表的流转税是我国的主体税种，城市维护建设税以此作为计税依据，保证了税源的充足，对补充城市维护建设资金的不足产生了积极的作用；（2）人人调动了地方政府进行城市维护和建设的积极性。城市维护建设税专项保证用于城市公用事业和公共设施的维护和建设，具体由地方政府确定。将城市维护建设税收入与当地城市建设直接挂钩，就充分调动了地方政府协税、护税、征税的积极性。

6.1.1 纳税人

按照现行税法规定，城市维护建设税的纳税人是在征税范围内从事工商经营，缴纳“两税”的单位和个人。除外商投资企业和外国企业以外，任何单位和个人，只要缴纳“两税”中的一种税，就必须同时缴纳城市维护建设税。

6.1.2 征税范围

城市维护建设税的征税范围包括城市、县城、建制镇以及税法规定征税的其他地区。城市、县城、建制镇的范围应以行政区划分为标准。不得随意扩大或缩小各行政区域的管辖范围。

6.1.3 税率

城市维护建设税税率如下：

（1）纳税人所在地在市区的，税率为7%；

（2）纳税人所在地在县城、镇的，税率为5%；

（3）纳税人所在地不在市区、县城或镇的，税率为1%。

6.1.4 计税依据

城市维护建设税以纳税人实际缴纳的“两税”税额为计税依据。城市维护建设税的计税依据应当按照规定扣除期末留抵退税退还的增值税税额。

6.1.5 应纳税额的计算

城市维护建设税纳税人的应纳税额大小是由纳税人实际缴纳的增值税、消费税税额决定的。城市维护建设税应纳税额的计算公式为：

应纳税额＝纳税人实际缴纳的增值税、消费税税额之和×税率

【例 6-1】 顺风房地产开发公司 2019 年 5 月 31 日计算出当月应缴的增值税为 1 060 000 元。该公司地处某镇，城市维护建设税税率为 5%。计算当月应纳的城市维护建设税。

解析：

应纳税额＝纳税人实际缴纳的增值税、消费税税额之和×税率

＝1 060 000×5%＝53 000（元）

【例 6-2】 某公司 2019 年 6 月实际缴纳增值税 32 000 元。该公司地处市区，城市维护建设税税率为 7%。月末，该公司根据当月实际缴纳的增值税税额，计算出当月实际应纳的城市维护建设税。

解析：

应纳税额＝纳税人实际缴纳的增值税、消费税税额之和×税率

＝32 000×7%＝2 240（元）

6.1.6 税收优惠

城市维护建设税原则上不单独减免，但因城市维护建设税又具有附加税性质，当主税发生减免时，其也会相应减免。城市维护建设税的税收减免具体有以下几种情况。

（1）城市维护建设税按减免后实际缴纳的增值税、消费税税额计征，即随增值税、消费税的减免而减免。

（2）对于因减免税而需进行增值税、消费税退库的，城市维护建设税也可同时退库。

（3）对海关对进口产品代征的增值税、消费税，不征收城市维护建设税。

（4）对增值税、消费税实行先征后返、先征后退、即征即退办法的，除另有规定外，对随增值税、消费税附征的城市维护建设税，一律不退（返）还。

（5）为支持国家重大水利工程建设，对国家重大水利工程建设基金免征城市维护建设税。

（6）对实行增值税期末留抵退税的纳税人，允许其从城市维护建设税、教育费附加和地方教育附加的计税（征）依据中扣除退还的增值税税额。

6.1.7 征收管理

1. 纳税地点

城市维护建设税以纳税人实际缴纳的增值税、消费税税额为计税依据，因此纳税人缴纳“两税”的地点，就是该纳税人缴纳城市维护建设税的地点。但属于下列情况的除外。

（1）对代扣、代缴“两税”的单位和个人，其纳税地点为代扣、代缴地。

（2）对跨省开采的油田，下属生产单位与核算单位不在同一省内的，其生产的原油在油井所在地缴纳城市维护建设税。

（3）对管道输油部门的收入，由取得收入的各管理局于所在地缴纳增值税。

（4）对流动经营等无固定纳税地点的单位和个人，应随同“两税”在经营地缴纳城市维护建设税。

2. 城市维护建设税的纳税期限

城市维护建设税的纳税期限分别与“两税”的纳税期限一致。城市维护建设税的具体纳税期限，由主管税务机关根据纳税人应纳税额的大小分别核定。不能按照固定期限纳税的，可以按次纳税。

3. 纳税申报表及填表说明

城市维护建设税和教育费附加、资源税、房产税和城市房地产税、土地增值税和城镇土地使用税（预征部分）、车船使用税、车船使用牌照税、印花税（仅限汇总缴纳和核定征收两种方式）、文化事业建设费、水利建设专项资金一起，统一通过填制《地方税（费）纳税综合申报表》进行申报。

6.2 教育费附加和地方教育附加

教育费附加不是税，它是和税收同时收取的一种费用。由于它是由税务机关随同“两税”一并收取的，通常将其视同税收。

和城市维护建设税一样，凡是缴纳“两税”的单位和个人，都应当缴纳教育费附加。教育费附加是以纳税人实际缴纳的“两税”税额为计征依据征收的一种附加费。教育费附加是为加快地方教育事业，增加地方教育经费的资金而征收的一项专用基金。

6.2.1 征收范围与计征依据

教育费附加和地方教育附加对缴纳增值税、消费税的单位和个人征收，以其实际缴纳的增值税、消费税为计征依据，分别与增值税、消费税同时征收。

6.2.2 计征比率

教育费附加的计征比率曾几经变化。在1986年开征时，规定为1%；1990年5月《国务院关于修改〈征收教育费附加的暂行规定〉的决定》规定为2%；按照1994年2月7日《国务院关于教育费附加征收问题的紧急通知》的规定，现行教育费附加计征比率为3%，地方教育附加的计征比率自2010年起统一为2%。

6.2.3 教育费附加和地方教育附加的计算

应纳教育费附加和地方教育附加的计算公式如下：

应纳教育费附加或地方教育费附加＝实际缴纳的增值税、消费税之和×征收比率（3%或2%）

【例 6-3】 南京市某房地产公司在2019年4月实际缴纳增值税300 000元，缴纳消费税300 000元，计算该公司应缴纳的教育费附加和地方教育附加。

教育费附加和地方教育附加的计算

解析：

应纳教育费附加＝实际缴纳的增值税、消费税之和×征收比率
＝（300 000＋300 000）×3%＝18 000（元）

应纳地方教育附加＝实际缴纳的增值税、消费税之和×征收比率
＝（300 000＋300 000）×2%＝12 000（元）

6.2.4 纳税申报

教育费附加可以与资源税、房产税和城市房地产税、土地增值税和城镇土地使用税（预征部分）、车船使用税、车船使用牌照税、印花税（仅限汇总缴纳和核定征收两种方式）、文化事业建设费、水利建设专项资金等一起，通过填制《地方税（费）纳税综合申报表》进行申报。

6.2.5 减免规定

（1）对海关进口的产品征收的增值税、消费税，不征收教育费附加。

（2）对由于减免增值税、消费税而发生退税的，可同时退还已征收的教育费附加。但对出口产品退还增值税、消费税的，不退还已征的教育费附加。

（3）对国家重大水利工程建设基金免征教育费附加。

（4）自2016年2月1日起，按月纳税的月销售额或营业额不超过10万元（按季度纳税的季度销售额或营业额不超过30万元）的缴纳义务人，免征教育费附加、地方教育附加。

同步测试题

一、名词解释

城市维护建设税；教育费附加；地方教育附加

二、单项选择题

1. 企业缴纳的下列税款中，应作为城市维护建设税计税依据的是（　　）。

A. 消费税税额　　B. 房产税税额

C. 关税税额　　D. 城镇土地使用税税额

2. 位于市区的甲企业2019年7月销售产品缴纳的增值税和消费税共计50万元，被税务机关查补增值税15万元并处罚款5万元，甲企业7月应缴纳的城市维护建设税为（　　）万元。

A. 3.25　　B. 4.9　　C. 3.5　　D. 4.55

3. 位于市区的某企业属于增值税期末留抵退税的纳税人。2019年3月留抵退还增值税18万元，当月共缴纳消费税和关税462万元，其中关税102万元、进口环节缴纳的增值税和消费税260万元，该企业3月应缴纳的城市维护建设税为（　　）万元。

A. 5.74　　B. 7　　C. 14　　D. 18.27

4. 位于某市的甲地板厂在2019年5月购进一批木材，取得的增值税专用发票上注明不含税价格为800 000元，当月委托位于县城的乙工厂加工成实木地板，支付不含税加工费150 000元，乙工厂6月交付50%的实木地板，7月完工交付剩余部分。已知实木地板消费税税率为5%，乙工厂3月应代收代缴的城市维护建设税为（　　）元。

A. 1 250　　B. 1 750　　C. 2 500　　D. 3 500

5. 位于县城的甲企业2019年5月实际缴纳增值税350万元（其中包括进口环节增值税45.5万元）、消费税530万元（ 其中包括由位于市区的乙企业代收代缴的消费税30万元），则甲企业本月应向所在县城税务机关缴纳的城市维护建设税为（　　）万元。

A. 40　　B. 41.5　　C. 42.5　　D. 44

三、多项选择题

1. 下列各项中，应计入城市维护建设税计税依据的有（　　）。

A. 偷逃增值税而被查补的税款　　B. 偷逃消费税而被加收的滞纳金

C. 出口货物免抵的增值税税额　　D. 出口产品征收的消费税税额

2. 下列关于城市维护建设税计税依据的表述中，正确的有（　　）。

A. 对出口产品退还增值税的，同时退还已缴纳的城市维护建设税

B. 经税务局正式审批的当期免抵增值税税额应计入城市维护建设税的计税依据

C. 纳税人违反增值税法规定被加收的滞纳金应计入城市维护建设税的计税依据

D. 纳税人被查补消费税时应同时对被查补的消费税补缴城市维护建设税

3. 位于市区的某自营出口生产企业，2019 年 11 月增值税应纳税额为−280 万元，出口货物的“免抵退”税额为 400 万元，下列各项中，符合税法相关规定的有（　　）。

A. 该企业出口自产应税消费品适用消费税免税政策

B. 应退该企业增值税 280 万元

C. 该企业应缴纳的教育费附加为 8.52 万元

D. 该企业应缴纳的城市维护建设税为 8.4 万元

4. 下列关于城市维护建设税纳税地点的表述中，正确的有（　　）。

A. 无固定纳税地点的个人，为户籍所在地

B. 代收代缴增值税、消费税的单位，为税款代收地

C. 代收代缴增值税、消费税的个人，为税款代扣地

D. 跨地区提供建筑服务随预缴增值税而缴纳城市维护建设税的单位，为建筑服务发生地

5. 机构所在地在 B 市的甲建筑企业是增值税一般纳税人，2019 年 5 月在 A 县取得含税建筑收入 50 万元，则甲建筑企业在建筑服务发生地 A 县（　　）。

A. 预缴增值税 1.35 万元　　B. 缴纳城市维护建设税 0.05 万元

C. 缴纳教育费附加 0.03 万元　　D. 缴纳地方教育附加 0.03 万元

四、判断题

1. 城市维护建设税是对从事工商经营，缴纳增值税、消费税的单位和个人征收的一种税。（　　）

2. 城市维护建设税税款，专款专用，保证用于城市公用事业和公共设施的维护和建设。（　　）

3. 城市维护建设税属于一种附加税。（　　）

4. 城市维护建设税根据城镇规模设计不同的比例税率，按照纳税人所在地的不同，城市维护建设税分设7%、5%、1%三档税率。(　　)

5. 负有缴纳增值税、消费税义务，并不是说同时缴纳两种税才涉及缴纳城市维护建设税，而是指除特殊环节（进口）外，只要缴纳增值税和消费税中任何一种税，都会涉及城市维护建设税。(　　)

五、简答题

1. 城市维护建设税的特点是什么？

2. 简述我国教育费附加的概况。

3. 简述城市维护建设税和教育费附加、地方教育附加与增值税、消费税的关系。

4. 简述地方教育附加的基本内容。

案例分析题

坐落在市区的某日化厂为增值税一般纳税人，2019 年 12 月进口一批高档香水，支付成交价格为 85 万元，运抵我国境内输入地点起卸前的运费及保险费共计 5 万元，日化厂缴纳进口环节税金后海关放行并开具了海关进口增值税专用缴款书；日化厂当月领用进口高档香水精的 80%用于生产高档化妆品，本月从国内购进材料取得增值税专用发票，发票上注明价款 120 万元，增值税 15.6 万元，销售高档化妆品取得不含税销售额 500 万元（已知：本月取得的增值税抵扣凭证在本月认证并抵扣，关税税率为 50%，消费税税率为 15%）。

要求：

请计算该日化厂本月应向税务机关缴纳的增值税、消费税、城市维护建设税、教育费附加和地方教育附加合计为多少万元？

第7章 资源税与环境保护税

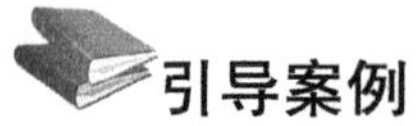

引导案例

资源税扣缴义务人的具体规定

2017年求大公司扩建，在基建过程中所采用的砂石料是附近农村的小四轮拖拉机运送的，当时小四轮拖拉机运送的砂石料没有发票，于是该公司在税务局领取了发票，按税务局要求代扣代缴了税款，后来，税务局在对该公司进行纳税稽查时，指出该公司在代扣代缴税款时未代扣代缴资源税，要求该公司补缴资源税。

思考与讨论：

1. 资源税的扣缴义务人有哪些？

2. 当其未履行代扣代缴义务时应承担什么样的责任？

3. 税务机关的处理方法是否正确？

7.1 资源税

7.1.1 资源税的概述

1. 资源税的概念

资源税是对在我国境内从事应税矿产品开采和生产盐的单位和个人课征的一种税，属于对自然资源占用课税的范畴。1984年我国开征资源税时，普遍认为征收资源税主要依据的是受益原则、公平原则和效率原则。从受益方面考虑，资源属国家所有，开采者因开采国有资源而得益，有责任向所有者支付地租；从公平角度来看，条件公平是有效竞争的前提，资源级差收入的存在影响资源开采者利润的真实性，所以级差收入以归政府支配为好；从效率角度分析，稀缺资源应由社会净效率高的企业来开采，对资源开采中出现的浪费等不当行为，国家有权采取经济手段促其转变。

2. 资源税的作用

资源税的作用主要表现在以下3个方面。

（1）促进企业之间开展平等竞争

我国的资源税属于比较典型的级差资源税，它根据应税产品的品种、质量、存在形式、开采方式以及企业所处的地理位置和交通运输条件等客观因素的差异确定差别税率，从而使条件优越者税负较高，反之则税负较低。这种税率设计使资源税能够比较有效地调节由于自然资源条件差异等客观因素给企业带来的级差收入，减少或排除资源条件差异对企业盈利水平的影响，为企业之间开展平等竞争创造有利的外部条件。

（2）促进对自然资源的合理开发利用

我国通过对开发、利用应税资源的行为课征资源税，体现国有自然资源有偿占用的原则，从而可以促使纳税人节约、合理地开发和利用自然资源，有利于我国经济的可持续发展。

（3）为国家筹集财政资金

随着资源税课征范围的逐渐扩展，资源税的收入规模及其在税收收入总额中所占的比重都相应增加，其财政意义也日渐明显，在为国家筹集财政资金方面发挥着不可忽视的作用。

7.1.2 纳税人与扣缴义务人和税目与税率

1. 纳税人与扣缴义务人

（1）纳税人

资源税的纳税人是指在中华人民共和国领域及管辖海域开采应税矿产品或者生产盐的单位和个人。单位是指国有企业、集体企业、私营企业、股份制企业、其他企业和行政单位、事业单位、军事单位、社会团体及其他单位；个人是指个体经营者和其他个人；其他单位和其他个人包括外商投资企业、外国企业及外籍人员。

（2）扣缴义务人

收购未税矿产品的单位为资源税的扣缴义务人。我国规定资源税的扣缴义务人，主要是针对零星、分散、不定期开采的情况，为了加强管理、避免漏税，在收购矿产品时代扣代缴资源税。

收购未税矿产品的单位是指独立矿山、联合企业和其他单位。独立矿山是指只有采矿或只有采矿和选矿，独立核算、自负盈亏的单位，其生产的原矿和精矿主要用于对外销售。联合企业是指采矿、选矿、冶炼（或加工）连续生产的企业或采矿、冶炼（或加工）连续生产的企业，其采矿单位一般是该企业的二级或二级以下核算单位。其他单位包括收购未税矿产品的个体户。

扣缴义务具体如下。

（1）独立矿山、联合企业收购未税矿产品，按照本单位应税产品税额、税率标准，依据收购的数量代扣代缴资源税。

（2）其他收购单位收购的未税矿产品，按税务机关核定的应税产品税额、税率标准，依据收购的数量代扣代缴资源税。

2. 资源税税目与税率

（1）税目

资源税税目包括五大类，在五大税目下面又设有以下若干子目。

① 原油，是指开采的天然原油，不包括人造石油。

② 天然气，是指专门开采或者与原油同时开采的天然气。

③ 煤炭，是指原煤，不包括洗煤、选煤及其他煤炭制品。

④ 金属矿，包括铁矿、金矿、铜矿、铝土矿、铅锌矿、镍矿、锡矿、未列举名称的其他金属矿产品等。

⑤ 其他非金属矿，包含石墨、硅藻土、高岭土、萤石、石灰石、硫铁矿、磷矿、氯化钾、硫酸钾、井矿盐、湖盐、提取地下卤水晒制的盐、煤层气、黏土、砂石、未列举名称的其他非金属矿产品、海盐。

纳税人在开采主矿产品的过程中伴采的其他应税矿产品，凡未单独规定适用税额的，一律按主矿产品税目缴纳资源税。

（2）税率

资源税税目税率如表 7-1 所示。

表 7-1　资源税税目税率表

税目		征税对象	税率
能源矿产	原油	原矿	6%
	天然气、页岩气、天然气水合物	原矿	6%
	煤	原矿或者选矿	2%～10%
	煤成（层）气	原矿	1%～2%
	铀、钍	原矿	4%
	油页岩、油砂、天然沥青、石煤	原矿或者选矿	1%～4%
	地热	原矿	1%～20%或者每立方米 1～30 元

续表

税目			征税对象	税率
金属矿产	黑色金属	铁、锰、铬、钒、钛	原矿或者选矿	1%～9%
	有色金属	铜、铅、锌、锡、镍、锑、镁、钴、铋、汞	原矿或者选矿	2%～10%
		铝土矿	原矿或者选矿	2%～9%
		钨	选矿	6.5%
		钼	选矿	8%
		金、银	原矿或者选矿	2%～6%
		铂、钯、钌、锇、铱、铑	原矿或者选矿	5%～10%
		轻稀土	选矿	7%～12%
		中重稀土	选矿	20%
		铍、锂、锆、锶、铷、铯、铌、钽、锗、镓、铟、铊、铪、铼、镉、硒、碲	原矿或者选矿	2%～10%

7.1.3 计税依据与应纳税额的计算

1. 计税依据

资源税的计税依据为应税产品的销售额或销售数量，各税目的征税对象包括原矿、精矿、金锭、氯化钾初级产品，具体按照资源税税目税率幅度表相关规定执行。

（1）从价定率征收的计税依据

从价定率征收的计税依据为销售额。它是指纳税人销售应税产品向购买方收取的全部价款和价外费用，不包括增值税销项税额和运杂费用。

运杂费用是指应税产品从坑口或洗选（加工）地到车站、码头或购买方指定地点的运输费用、建设基金以及随运销产生的装卸、仓储、港杂费用。运杂费用应与销售额分别核算。凡未取得相应凭据或不能与销售额分别核算的，应当一并计征资源税。

（2）从量定额征收的计税依据

从量定额征收的计税依据为销售数量，销售数量的具体规定为：①销售数量包括纳税人开采或者生产应税产品的实际销售数量和视同销售的自用数量；②纳税人不能准确地提供应税产品销售数量的，以应税产品的产量或者主管税务机关确定的折算比换算成的数量为计征资源税的销售数量。

2. 应纳税额的计算

资源税应纳税额，按照从价定率或者从量定额的办法，分别以应税产品的销售额乘以纳税人具体适用的比例税率或者以应税产品的销售数量乘以纳税人具体适用的定额税率计算。

（1）从价定率应纳税额的计算

实行从价定率征收的，根据应税产品的销售额乘以纳税人具体适用的比例税率计算应纳税额，具体计算公式如下：

应纳税额＝销售额×比例税率

【例 7-1】 某油田 2019 年 7 月销售原油 40 000 吨，开具增值税专用发票，取得销售额 20 000 万元，增值税税额 2 600 万元，按《资源税税目税率幅度表》的规定，其适用的税率为 8%。要求计算该油田 7 月应缴纳的资源税。

解析：

应纳税额＝销售额×适用税率＝20 000×8%＝1 600（万元）

（2）从量定额应纳税额的计算

实行从量定额征税的，按照应税产品的课税数量和规定的单位税额计算应纳税额，具体计算公式如下：

应纳税额＝课税数量×单位税额

【例 7-2】 西北某油田 2019 年 5 月共开采原油 10 万吨，其中已销售 7.5 万吨，自用 0.5 万吨，尚待销售 2 万吨。按规定该原油单位税额为 12 元/吨，计算该油田 5 月的应纳资源税税额。

解析：

应纳资源税税额＝销售原油应纳税额＋自用原油应纳税额

＝7.5×12＋0.5×12

＝96（万元）

【例 7-3】 某企业用外购液体盐加工固体盐，平均每 3.5 吨液体盐加工 1 吨固体盐，该企业 2019 年 1 月份共销售固体盐 20 000 吨，按规定液体盐和固体盐单位税额分别为 6 元/吨和 25 元/吨，计算该企业 2019 年 1 月应纳的资源税税额。

解析：

应纳资源税税额＝已销售固体盐数量×单位税额－固体盐所耗液体数量×单位税额

＝20 000×25－20 000×3.5×6

＝80 000（元）

7.1.4 税收优惠与征收管理

1. 税收优惠

资源税遵循普遍征收、级差调节的原则，因此规定的减免税项目比较少，具体如下。

（1）开采原油过程中用于加热、修井的原油，免税。

（2）纳税人在开采或者生产应税产品的过程中，因意外事故或者自然灾害等原因遭受重大损失的，由省、自治区、直辖市人民政府酌情决定减税或者免税。

（3）对铁矿石减按40%征收资源税。

（4）对鼓励利用的低品位矿、废石、尾矿、废渣、废水、废气等提取的矿产品，由省级人民政府根据实际情况确定是否减税或免税。

（5）自2007年1月1日起，对地面抽采煤层气暂不征收资源税。

（6）自2010年6月1日起，纳税人在新疆开采的原油、天然气，自用于连续生产原油、天然气的，不缴纳资源税；自用于其他方面的，视同销售，需按规定计算缴纳资源税。

（7）油田范围内运输稠油过程中用于加热的原油、天然气，免征资源税。

（8）稠油、高凝油和高含硫天然气资源税减征40%。

（9）三次采油资源税减征30%。

（10）对低丰度油气田资源税暂减征20%。

（11）对深水油气田资源税暂减征30%。

（12）对实际开采年限在15年以上的衰竭期矿山开采的矿产资源，资源税减征30%。

（13）对依法在建筑物下、铁路下、水体下通过充填开采方式采出的矿产资源，资源税减征50%。

资源税仅对在中国境内开采或生产应税产品的单位和个人征收，对进口的矿产品和盐不征收资源税。由于对进口应税产品不征收资源税，相应地，对出口应税产品也不免征或退还已纳资源税。

2. 征收管理

（1）纳税义务发生时间

① 纳税人销售应税产品的纳税义务发生时间如下。

纳税人采取分期付款方式结算的，其纳税义务发生时间为销售合同规定的收款日期当天。

纳税人采取预收款方式结算的，其纳税义务发生时间为发出应税产品的当天。

纳税人以其他方式结算的，其纳税义务发生时间为收讫销售款或者取得索取销售款凭据的当天。

② 扣缴义务人代扣、代缴税款的义务发生时间为支付货款的当天。

③ 纳税人自产自用应税产品的纳税义务发生时间为移送使用应税产品的当天。

（2）纳税期限

纳税期限是纳税人发生纳税义务缴纳税款的期限。资源税的纳税期限为1日、3日、5日、10日、15日或1个月，由主管税务机关根据实际情况具体核定。不能按固定期限计算纳税的，可以按次计算纳税。

纳税人以1个月为一期纳税的，自期满之日起10日内申报纳税，以1日、3日、5日、10日或15日为一期纳税的，自期满之日起5日内预缴税款，于次月1日起的10日内申报纳税并结清上月税款。

（3）纳税地点

具体纳税地点如下。

① 纳税人应当向应税产品的开采或者生产所在地主管税务机关缴纳资源税。

② 扣缴义务人代扣、代缴资源税，应当向收购地主管税务机关缴纳。

③ 纳税人在本省、自治区、直辖市范围内开采或者生产应税产品，纳税地点的调整由省、自治区、直辖市税务机关确立。

7.2 环境保护税

7.2.1 概念及其特点

环境保护税是英国经济学家庇古最先提出的，他的观点已经为西方发达国家普遍接受。欧美各国逐渐减少对直接干预手段的运用，越来越多地采用生态税、绿色环保税等多种特指税种来维护生态环境，针对污水、废气、噪声和废弃物等突出的“显性污染”进行强制征税。环境保护税是对于那些从事对于环境有污染的企业征收的税种。环境保护税既可以增加国家的税收收入，还可以促使企业提高环保意识，增加对于环境保护的投入，从而达到保护环境的目的。

《中华人民共和国环境保护税法》（以下简称《环保税法》）于2016年12月25日经十二届全国人大常委会第二十五次会议表决通过，并于2018年1月1日施行。

作为我国第一部专门体现“绿色税制”、推进生态文明建设的单行税法，《环保税法》有以下特点。

1. “费”改“税”，实现税负平移

我国1979年确立排污收费制度，选择对大气、水、固体、噪声等4类污染物征收排污费，这对防治环境污染起到了重要作用。但在实际执行中却存在着执法刚性不足、地方政府和部门干预等问题，影响了该制度功能的有效发挥。针对这种情况，《环保税法》将“保护和改善环境，减少污染物排放，推进生态文明建设”写入立法宗旨，遵循排污费制度向环保税制度平稳转移原则，将排污费的缴纳人作为环保税的纳税人，根据现行排污收费项目、计费办法和收费标准，设置环保税的税目、计税依据和税额标准。

2. 减税、免税，降低企业负担

为降低企业生产经营的难度，我国在《环保税法》中制定了两种政策：一是减税。纳税人排污浓度值低于规定标准 30%的，减按 75%征税；排污浓度低于标准 50%的，减按 50%征税。二是免税。规定对农业生产排放、流动污染源排放等 5 种情形暂予免税。这些政策降低了企业的负担。

3. 收入归地方，提高地方环保积极性

为提高地方做好污染防治的积极性，《环保税法》明确规定，中央不再参加收入分成。现行排污费实行中央和地方 1∶9 分成，以后环境保护税收入将全部归地方，具体税额也由省级政府制定。对现行大气和水污染物的排污费标准，国家只规定下限而未规定上限，各省份可上调收费标准。环境保护税税额既有上限，又有下限。“费改税”后，征收部门将由环保部门改为税务机关。但考虑到对企业的排污监测离不开环保部门的配合，《环保税法》规定了“企业申报、税务征收、环保协同、信息共享”的征管方式。环保部门依法监测管理企业排污，和税务机关定期交换纳税资料。

4. 加大投入，助力生态文明建设

党的十八届三中全会提出“落实税收法定原则”要求后，全国人大常委会审议通过的第一部单行税法——《环保税法》不仅在依法治国层面意义重大，也将进一步推进生态文明建设。此前，排污费实行专款专用，作为财政预算的一部分，用于污染防治等工作。《环保税法》不采取专款专用的方式，而是从两方面入手：一是利用税收杠杆，倒逼企业减排。企业多排污就多缴税，少排污则能享受税收减免。《环保税法》通过构建促进经济结构调整、发展方式转变的绿色税制体系，形成有效的约束激励机制。二是加大在污染防治和生态环境保护方面的投入力度。《环保税法》将原来由排污费安排的支出纳入同级财政预算，按照力度不减的原则予以充分保障，同时，还会不断加大环保投入力度，推进生态文明建设和绿色发展。

7.2.2 纳税人

在中华人民共和国领域和中华人民共和国管辖的其他海域，直接向环境排放应税污染物的企事业单位和其他生产经营者为环境保护税的纳税人，应当依照规定缴纳环境保护税。

所称应税污染物，是指《环保税法》所附《环境保护税税目税额表》（见表 7-2）中规定的大气污染物、水污染物、固体废物和噪声。《环境保护税税目税额表》中的大气污染物和水污染物的污染当量值如表 7-3～表 7-4 所示。

表 7-2　环境保护税税目税额表

<table>
<tr><th colspan="2">税目</th><th>计税单位</th><th>税额</th><th>备注</th></tr>
<tr><td colspan="2">大气污染物</td><td>每污染当量</td><td>1.2 元至 12 元</td><td></td></tr>
<tr><td colspan="2">水污染物</td><td>每污染当量</td><td>1.4 元至 14 元</td><td></td></tr>
<tr><td rowspan="4">固体废物</td><td>煤矸石</td><td>每吨</td><td>5 元</td><td rowspan="4"></td></tr>
<tr><td>尾矿</td><td>每吨</td><td>15 元</td></tr>
<tr><td>危险废物</td><td>每吨</td><td>1 000 元</td></tr>
<tr><td>冶炼渣、粉煤灰、炉渣、其他固体废物（含半固态、液态废物）</td><td>每吨</td><td>25 元</td></tr>
<tr><td rowspan="6">噪声</td><td rowspan="6">工业噪声</td><td>超标 1～3 分贝</td><td>每月 350 元</td><td rowspan="6">1. 一个单位边界上有多处噪声超标，根据最高一处超标声级计算应纳税额；当沿边界长度超过 100 米有两处以上噪声超标，按照两个单位计算应纳税额。
2. 一个单位有不同地点作业场所的，应当分别计算应纳税额，合并计征。
3. 昼、夜均超标的环境噪声，昼、夜分别计算应纳税额，累计计征。
4. 声源一个月内超标不足 15 天的，减半计算应纳税额。
5. 夜间频繁突发和夜间偶然突发厂界超标噪声，按等效声级和峰值噪声两种指标中超标分贝值高的一项计算应纳税额。</td></tr>
<tr><td>超标 4～6 分贝</td><td>每月 700 元</td></tr>
<tr><td>超标 7～9 分贝</td><td>每月 1 400 元</td></tr>
<tr><td>超标 10～12 分贝</td><td>每月 2 800 元</td></tr>
<tr><td>超标 13～15 分贝</td><td></td></tr>
<tr><td>超标 16 分贝以上</td><td></td></tr>
</table>

表 7-3　大气污染物污染当量值表

污染物	污染当量值（千克）	污染物	污染当量值（千克）
1. 二氧化硫	0.95	10. 汞及其化合物	0.0001
2. 氮氧化物	0.95	11. 一般性粉尘	4
3. 一氧化碳	16.7	12. 石棉尘	0.53
4. 氯气	0.34	13. 玻璃棉尘	2.13
5. 氯化氢	10.75	14. 碳黑尘	0.59
6. 氟化物	0.87	15. 铅及其化合物	0.02
7. 氰化氢	0.005	16. 镉及其化合物	0.03
8. 硫酸雾	0.6	17. 铍及其化合物	0.0004
9. 铬酸雾	0.0007	18. 镍及其化合物	0.13

续表

污染物	污染当量值（千克）	污染物	污染当量值（千克）
19. 锡及其化合物	0.27	32. 氯苯类	0.72
20. 烟尘	2.18	33. 硝基苯	0.17
21. 苯	0.05	34. 丙烯腈	0.22
22. 甲苯	0.18	35. 氯乙烯	0.55
23. 二甲苯	0.27	36. 光气	0.04
24. 苯并（a）芘	0.000002	37. 硫化氢	0.29
25. 甲醛	0.09	38. 氨	9.09
26. 乙醛	0.45	39. 三甲胺	0.32
27. 丙烯醛	0.06	40. 甲硫醇	0.04
28. 甲醇	0.67	41. 甲硫醚	0.28
29. 酚类	0.35	42. 二甲二硫	0.28
30. 沥青烟	0.19	43. 苯乙烯	25
31. 苯胺类	0.21	44. 二硫化碳	20

表 7-4　水污染物污染当量值表

一、第一类水污染物污染当量值

污染物	污染当量值（千克）	备注
1. 总汞	0.0005	
2. 总镉	0.005	
3. 总铬	0.04	
4. 六价铬	0.02	
5. 总砷	0.02	
6. 总铅	0.025	
7. 总镍	0.025	
8. 苯并（a）花	0.0000003	
9. 总铍	0.01	
10. 总银	0.02	

二、第二类水污染物污染当量值

污染物	污染当量值（千克）	备注
11. 悬浮物（SS）	4	
12. 生化需氧量（BOD_5）	0.5	同一排放口中的化学需氧量、生化需氧量和总有机碳，只征收一项。
13. 化学需氧量（COD_{cr}）	1	
14. 总有机碳（TOC）	0.49	
15. 石油类	0.1	

7.2.3 税目、税率

环境保护税采用定额税率，其税目、税额依照《环保税法》所附《环境保护税税目税额表》（见表 7-2）确定。

7.2.4 计税依据

环境保护税的计税依据

应税污染物的计税依据，按照下列方法确定。

（1）应税大气污染物按照污染物排放量折合的污染当量数确定计税依据

应税大气污染物的污染当量数以该污染物的排放量除以该污染物的污染当量值计算。计算公式为：

应税大气污染物的污染当量数＝该污染物的排放量÷该污染物的污染当量值

污染当量，是指污染物或者污染排放活动对环境的有害程度以及处理的技术经济性，是衡量不同污染物对环境污染的综合性指标或者计量单位。同一介质相同污染当量的不同污染物，其污染程度基本相当。每种应税大气污染物的具体污染当量值，依照《环保税法》所附《应税污染物和当量值表》确定。

（2）应税水污染物按照污染物排放量折合的污染当量数确定计税依据

应税水污染物的污染当量数，以该污染物的排放量除以该污染物的污染当量值计算。每种应税水污染物的具体污染当量值，依照《环保税法》所附《应税污染物和当量值表》确定。

（3）应税大气污染物、水污染物、固体废物以排放量为计税依据，噪声以分贝数为计税依据

应税大气污染物、水污染物、固体废物的排放量和噪声的分贝数，按照下列方法和顺序计算。

① 纳税人安装使用符合国家规定和监测规范的污染物自动监测设备的，按照污染物自动监测数据计算。

② 纳税人未安装使用污染物自动监测设备的，按照监测机构出具的符合国家有关规定和监测规范的监测数据计算。

③ 因排放污染物种类多等原因不具备监测条件的，按照国务院环境保护主管部门规定的排污系数、物料衡算方法计算。

④ 不能按照上述①至③项规定的方法计算的，按照省、自治区、直辖市人民政府环境保护主管部门规定的抽样测算的方法核定计算。

需要核定计算污染物排放量的，由税务机关会同环境保护主管部门核定污染物排放种类、数量和应纳税额。

7.2.5 应纳税额的计算

（1）应税大气污染物的应纳税额＝污染当量数×适用税额

其中：污染当量数＝该污染物的排放量÷该污染物的污染当量值

（2）应税水污染物的应纳税额＝污染当量数×适用税额

其中：污染当量数＝该污染物的排放量÷该污染物的污染当量值

（3）应税固体废物的应纳税额＝固体废物的排放量×适用税额

（4）应税噪声的应纳税额＝超过国家规定标准的分贝数×适用税额

7.2.6 税收减免

1. 暂免征税项目

（1）农业生产（不包括规模化养殖）排放应税污染物的。

（2）机动车、铁路机车、非道路移动机械、船舶和航空器等流动污染源排放应税污染物的。

（3）依法设立的城乡污水集中处理、生活垃圾集中处理场所排放相应应税污染物，不超过国家和地方规定的排放标准的。

（4）纳税人综合利用的固体废物，符合国家和地方环境保护标准的。

（5）国务院批准免税的其他情形。此项免税规定，由国务院报全国人民代表大会常务委员会备案。

2. 减征税额项目

（1）对纳税人排放应税大气污染物或者水污染物的浓度值低于国家和地方规定的污染物排放标准30%的，减按75%征收环境保护税。

（2）对纳税人排放应税大气污染物或者水污染物的浓度值低于国家和地方规定的污染物排放标准50%的，减按50%征收环境保护税。

7.2.7 征收管理

1. 征管方式

环境保护税采用“企业申报、税务征收、环保协同、信息共享”的征管方式。纳税人应当依法如实办理纳税申报，对申报的真实性和完整性承担责任；税务机关依照《征管法》和环境保护税法律法规的规定征收管理；环境保护主管部门依照《环保税法》和有关环境保护税法律法规的规定对污染物监测管理；县级以上地方人民政府应当建立税务机关、环境保护主管部门和其他相关单位分工协作的工作机制；环境保护主管部门和税务机关应当建立涉税信息共享平台和工作配合机制，定期交换有关纳税信息资料。

2. 数据传递和比对

环境保护主管部门应当将排污单位的排污许可、污染物排放数据、环境违法和受行政处罚情况等环境保护相关信息定期交送税务机关。

税务机关应当将纳税人的纳税申报、税款入库、减免税额、欠缴税款以及风险疑点等环境保护税涉税信息，定期交送环境保护主管部门。

税务机关应当将纳税人的纳税申报数据资料与环境保护主管部门交送的相关数据资料进行比对。纳税人申报的污染物排放数据与环境保护主管部门交送的相关数据不一致的，按照环境保护主管部门交送的数据确定应税污染物的计税依据。

3. 复核

税务机关发现纳税人的纳税申报数据资料异常或者纳税人未按照规定期限办理纳税申报的，可以提请环境保护主管部门进行复核，环境保护主管部门应当自收到税务机关的数据资料之日起 15 日内向税务机关出具复核意见。税务机关应当按照环境保护主管部门复核的数据资料调整纳税人的应纳税额。

4. 纳税时间

环境保护税纳税义务发生时间为纳税人排放应税污染物的当日。环境保护税按月计算，按季申报缴纳。不能按固定期限计算缴纳的，也可以按次申报缴纳。

纳税人按季申报缴纳的，应当自季度终了之日起 15 日内，向税务机关办理纳税申报并缴纳税款。纳税人按次申报缴纳的，应当自纳税义务发生之日起 15 日内，向税务机关办理纳税申报并缴纳税款。

5. 纳税地点

纳税人应当向应税污染物排放地的税务机关申报缴纳环境保护税。应税污染物排放地是指应税大气污染物、水污染物排放口所在地；应税固体废物产生地；应税噪声产生地。

纳税人跨区域排放应税污染物，税务机关对税收征收管辖有争议的，由争议各方按照有利于征收管理的原则协商解决。

同步测试题

一、名词解释

资源税；应税污染物；环境保护税

二、单项选择题

1. 对下列油类产品，应征资源税的是（　　）。

A. 人造石油　　B. 天然原油　　C. 汽油　　D. 柴油

2. 下列属于资源税扣缴义务人的是（　　）。

A. 收购未税矿产品的单位　　B. 收购未税矿产品的单位和个人

C. 收购已税矿产的单位　　D. 收购已税矿产品的单位和个人

3. 根据有关规定，对独立矿山应纳的铁矿石资源税减征（　　），按规定税额标准的（　　）征收。

A. 30%，70%　　B. 40%，60%　　C. 60%，40%　　D. 50%，50%

4. 跨省、自治区、直辖市开采应税资源产品的单位，其下属生产单位与核算单位不在同一省、自治区、直辖市，其应税产品的纳税地点为（　　）。

A. 开采地　　B. 收购地

C. 销售地　　D. 核算单位所在地

5. 下列企业既是增值税纳税人又是资源税纳税人的是（　　）。

A. 在境内销售金属矿产品的贸易公司

B. 进口金属矿产品的企业

C. 在境内开采金属矿原矿销售的企业

D. 在境外开采金属矿原矿销售的企业

三、多项选择题

1. 对下列各项，应征收资源税的有（　　）。

A. 进口原油　　B. 生产销售井矿盐

C. 销售以未税原煤加工的洗选煤　　D. 开采销售金属矿原矿

2. 下列各项中，属于资源税扣缴义务人的有（　　）。

A. 收购未税矿产品的联合企业

B. 收购未税矿产品的集体炼铁厂

C. 收购未税矿产品的自然人

D. 收购未税矿产品的独立矿山

3. 根据资源税相关法律法规的规定，下列说法不正确的有（　　）。

A. 原油是资源税的应税资源，包括天然原油和人造石油

B. 出口应税资源免纳资源税

C. 地面抽采的煤层气暂不缴纳资源税

D. 扣缴义务人代扣代缴税款，其纳税义务发生时间为收到应税资源的当天

4. 下列关于资源税纳税地点的说法，正确的有（　　）。

A. 纳税人跨省开采应税资源，其下属生产单位与核算单位不在同一省、自治市、直辖市的，对其开采或生产的应税产品，一律在开采地或生产地纳税

B. 纳税人跨省开采应税资源，其下属生产单位与核算单位不在同一省、自治市、直辖市的，在核算地纳税

C. 收购未税矿产品的扣缴义务人代扣代缴资源税，应向收购地主管税务机关缴纳

D. 收购未税矿产品的扣缴义务人代扣代缴资源税，应向开采地主管税务机关缴纳

5. 某煤矿开采、销售原煤应缴纳的税金有（　　）。

A. 资源税　　B. 增值税

C. 消费税　　D. 城市维护建设税

四、判断题

1. 资源税属于对自然资源占用课税的范畴。（　　）

2. 由于资源产品属于有形动产，资源税的纳税人与增值税的纳税人具有一定程度的重叠性。（　　）

3. 缴纳资源税的资源开采地点是境内，这会带来资源税进口不征、出口不退的局面。（　　）

4. 资源税扣缴义务人可以是独立矿山、联合企业和其他收购未税矿产品的单位。（　　）

5. 煤矿生产的天然气暂不缴纳资源税。（　　）

五、简答题

1. 什么是资源税?

2. 简述资源税的征税范围。

3. 如何理解资源税代扣代缴的适用范围。

4. 简述资源税税率的相关规定。

5. 如何确定资源税的计税依据?

案例分析题

某内资原煤生产企业为增值税一般纳税人，2019年7月发生以下业务。

1. 开采原煤12 000吨，采取分期收款方式销售原煤9 000吨，每吨不含税单价500元，购销合同规定，本月应收取1/3的价款，但实际只收取不含税价款120万元，另支付销售活动中不含税运费，并取得运输企业（增值税一般纳税人）开具给本企业的增值税专用发票，发票金额为4万元。

2. 为职工宿舍供暖，使用本月开采的原煤200吨，另将本月开采的原煤500吨无偿赠送给某有长期业务往来的客户。

3. 将以往外购原煤和自采原煤混合生产洗选煤并销售，取得不含税销售额40万元，另向购买方收取运杂费用3万元（能提供相关发票）。经增值税发票确认，耗用外购原煤350吨，外购原煤490元/吨。

4. 出口自产原煤1 000吨，出厂价为每吨不含税500元，FOB价格（不含增值税）为每吨510元。

假设该企业所在地原煤的资源税税率为6%，洗选煤的折算率为80%。

要求：根据上述资料回答下列问题（单位：万元）。

（1）业务1销售原煤应缴纳多少资源税？

（2）业务2应缴纳多少资源税？

（3）业务3销售洗选煤应缴纳多少资源税？

（4）该企业当月应缴纳的资源税合计金额为多少？

第8章 城镇土地使用税、耕地占用税与契税

引导案例

未实际使用土地，是否需要缴纳城镇土地使用税

张勇是一家私营企业的老板。前不久税务部门来到该企业检查时指出，该企业只缴纳了已使用土地的土地使用税，而没有缴纳未使用土地的土地税。对此，张勇感到很难理解，“使用的土地应该缴纳土地税，未使用的土地为什么也要缴纳土地税？”

思考与讨论：

1. 简述城镇土地使用税的纳税义务人。
2. 如何理解《中华人民共和国城镇土地使用税暂行条例》所称的“使用”？
3. 未使用的土地为什么也要缴纳土地税？

8.1 城镇土地使用税

8.1.1 城镇土地使用税概述

1. 城镇土地使用税的概念

城镇土地使用税是以国有土地为征税对象，对拥有土地使用权的单位和个人征收的一种税。征收城镇土地使用税有利于促进土地的合理使用，调节土地级差收入，也有利于筹集地方财政资金。

2. 征收城镇土地使用税的意义

土地是国家的宝贵资源，是人类赖以生存和从事生产必不可少的物质条件。为了进一步合理利用城镇土地，调节土地的级差收入，提高土地使用效率，加强城镇土地管理，2006 年 12 月 31 日，国务院颁布了第 483 号令，修订了《中华人民共和国城镇土地使用税暂行条例》，提高了城镇土地使用税税额标准，将征税范围扩大到外商投资企业和外国企业。城镇土地使用税对统一税制、公平税负、拓展税基和增加地方财政收入起到了积极作用。

8.1.2 征税范围与纳税人

城镇土地使用税
征税范围和纳税人

1. 征税范围

城镇土地使用税的纳税范围，包括在城市、县城、建制镇、工矿区内的国家所有和集体所有的土地。上述城市、县城、建制镇、工矿区分别按以下标准确认。

（1）城市是指国务院批准设立的市。

（2）县城是指县人民政府所在地的地区。

（3）建制镇是指经省、自治区、直辖市人民政府批准设立的建制镇。

（4）工矿区是指工商业比较发达、人口比较集中、符合国务院规定的建制镇标准但尚未设立建制镇的大中型工矿企业所在地。

2. 纳税人

在城市、县城、建制镇、工矿区范围内使用土地的单位和个人，为城镇土地使用税的纳税人。所称单位，包括国有企业、集体企业、私营企业、股份制企业、外商投资企业、外国企业以及其他企业和事业单位、社会团体、国家机关、军队以及其他单位；所称个人，包括个体工商户以及其他个人。

城镇土地使用税的纳税人通常包括以下几类。

（1）拥有土地使用权的单位和个人。

（2）拥有土地使用权的单位和个人不在土地所在地的，其土地的实际使用人和代管人为纳税人。

（3）土地使用权未确定或权属纠纷未解决的，其实际使用人为纳税人。

（4）土地使用权共有的，共有各方都是纳税人，由共有各方分别纳税。

8.1.3 税率与计税依据

1. 税率

城镇土地使用税采用定额税率，即采用有幅度的差别税额，按大、中、小城市，县城，建制镇，工矿区分别规定每平方米土地使用税年应纳税额。具体标准如下。

（1）大城市为1.5～30元；

（2）中等城市为1.2～24元；

（3）小城市为0.9～18元；

（4）县城、建制镇、工矿区为0.6～12元。

大、中、小城市以公安部门登记在册的非农业正式户口人数为依据，按照国务院颁布的《城市规划条例》中规定的标准划分。人口在 50 万人以上者为大城市；人口在 20 万～50 万人者为中等城市；人口在 20 万人以下者为小城市。

2. 计税依据

城镇土地使用税以纳税人实际占用的土地面积为计税依据，土地面积计量标准为“每平方米”。即税务机关根据纳税人实际占用的土地面积，按照规定的税额计算应纳税额，向纳税人征收城镇土地使用税。

纳税人实际占用的土地面积按下列办法确定。

（1）由省、自治区、直辖市人民政府确定的单位组织测定土地面积的，以测定的面积为准。

（2）尚未组织测量，但纳税人持有政府部门核发的土地使用证书的，以证书确认的土地面积为准。

（3）尚未核发土地使用证书的，应由纳税人申报土地面积，据以纳税，待土地使用证书下发以后再做调整。

（4）对在城镇土地使用税征税范围内单独建造的地下建筑用地，按规定征收城镇土地使用税。其中，已取得地下土地使用权证的，按土地使用权证确认的土地面积计算应征税款；未取得地下土地使用权证或地下土地使用权证上未标明土地面积的，按地下建筑垂直投影面积计算应征税款。

对上述地下建筑用地暂按应征税款的 50%征收城镇土地使用税。

8.1.4 应纳税额的计算

城镇土地使用税的应纳税额可以通过纳税人实际占用的应税土地面积乘以该土地所在地段的适用税额求得。其计算公式如下：

全年应纳税额＝实际占用的应税土地面积（平方米）×适用税额

【例 8-1】 设在某城市的一家企业 2019 年使用土地面积为 20 000 平方米，经税务机关核定，该土地为应税土地，每平方米税额为 4 元。计算其应缴纳的城镇土地使用税。

解析：

城镇土地使用税＝20 000×4＝80 000（元）

8.1.5 税收优惠与征税管理

1. 税收优惠

（1）法定免缴城镇土地使用税的项目

① 国家机关、人民团体、军队自用的土地。

② 由国家财政部门拨付事业经费的单位自用的土地。

③ 宗教寺庙、公园、名胜古迹自用的土地。

④ 市政街道、广场、绿化地带等公共用地。

⑤ 直接用于农、林、牧、渔业的生产用地。

⑥ 经批准开山填海整治的土地和改造的废弃土地，从使用的月份起免缴城镇土地使用税5年至10年。

⑦ 对非营利性医疗机构、疾病控制机构和妇幼保健机构等卫生机构自用的土地，免征土地使用税。

⑧ 企业办的学校、医院、托儿所、幼儿园，其用地与企业其他用地明确区分的，免缴土地使用税。

⑨ 免税单位无偿使用纳税单位的土地（如公安、海关等单位使用铁路、民航等单位的土地）免缴土地使用税。

⑩ 对行使国家行政管理职能的中国人民银行总行（含国家外汇管理局）所属分支机构自用的土地，免征土地使用税。

⑪ 为了体现国家的产业政策，支持重点产业的发展，我国对石油、电力、煤炭等能源用地，民用港口、铁路等交通用地和水利设施用地，三线调整企业、盐业、采石场、邮电等一些特殊用地划分了征免税界限和给予政策性减免税照顾。

（2）省、自治区、直辖市税务机关确定的城镇土地使用税的减免优惠

① 个人所有的居住房屋及院落用地。

② 房产管理部门在房租调整改革前经租的居民住房用地。

③ 免税单位职工家属的宿舍用地。

④ 集体和个人办的各类学校、医院、托儿所、幼儿园用地。

2. 征税管理

（1）纳税期限

城镇土地使用税按年计算、分期缴纳。缴纳期限由省、自治区、直辖市人民政府确定。

（2）纳税义务发生时间

① 纳税人购置新建商品房，自房屋交付使用之次月起缴纳城镇土地使用税。

② 纳税人购置存量房，自办理房屋权属转移、变更登记手续，房地产权属登记机关签发房屋权属证书之次月起缴纳城镇土地使用税。

③ 纳税人出租、出借房产，自交付出租、出借房产之次月起缴纳城镇土地使用税。

④ 以出让或转让方式有偿取得土地使用权的，应由受让方从合同约定交付土地时间

的次月起缴纳城镇土地使用税；合同未约定交付时间的，由受让方从合同签订的次月起缴纳城镇土地使用税。

⑤ 纳税人新征用的耕地，自批准征用之日起满 1 年时开始缴纳城镇土地使用税。

⑥ 纳税人新征用的非耕地，自批准征用次月起缴纳城镇土地使用税。

⑦ 自 2009 年 1 月 1 日起，纳税人因土地的权利发生变化而依法终止城镇土地使用税纳税义务的，其应纳税款的计算应截止到土地的权利发生变化的当月月末。

（3）纳税地点与征收机构

城镇土地使用税在土地所在地缴纳。城镇土地使用税由土地所在地的税务机关征收，其收入纳入地方财政预算管理。

8.2 耕地占用税

8.2.1 耕地占用税概述

耕地占用税是以国有土地为征税对象，对拥有土地使用权的单位和个人征收的一种税。征收耕地占用税有利于促进土地的合理使用，调节土地级差收入，也有利于筹集地方财政资金。

现行耕地占用税的基本规范是 2018 年 12 月 29 日第十三届全国人民代表大会常务委员会第七次会议通过的《中华人民共和国耕地占用税法》。

8.2.2 征税范围与纳税人

1. 征税范围

耕地占用税是对占用耕地建 1 房或者从事非农业建设的单位或者个人征收的税。所称耕地，是指用于种植农作物的土地，包括菜地、园地。其中，园地包括花圃、苗圃、茶园、果园、桑园和其他种植经济林木的土地。

占用鱼塘及其他农用土地建房或从事其他非农业建设，也视同占用耕地。

2. 纳税人

耕地占用税的纳税人是占用耕地建房或从事非农业建设的单位和个人。所称单位，包括国有企业、集体企业、私营企业、股份制企业、外商投资企业、外国企业以及其他企业和事业单位、社会团体、国家机关、部队以及其他单位；所称个人，包括个体工商户以及其他个人。

8.2.3 税率、计税依据和应纳税额的计算

1. 税率

耕地占用税在税率设计上采用了地区差别定额税率。有关税率的规定如下。

（1）人均耕地不超过 1 亩的地区（以县级行政区域为单位，下同），每平方米为 10 元至 50 元。

（2）人均耕地超过 1 亩但不超过 2 亩的地区，每平方米为 8 元至 40 元。

（3）人均耕地超过 2 亩但不超过 3 亩的地区，每平方米为 6 元至 30 元。

（4）人均耕地超过 3 亩的地区，每平方米为 5 元至 25 元。

经济特区、经济技术开发区和经济发达且人均耕地特别少的地区，适用税额可以适当提高，但是提高的部分最高不得超过当地适用税额的 50%（见表 8-1）。

表 8-1　各省、自治区、直辖市耕地占用税平均税额　单位：元

地区	每平方米平均税额
上海	45
北京	40
天津	35
江苏、浙江、福建、广东	30
辽宁、湖北、湖南	25
河北、安徽、江西、山东、河南、重庆、四川	22.5
广西、海南、贵州、云南、陕西	20
山西、吉林、黑龙江	17.5
内蒙古、西藏、甘肃、青海、宁夏、新疆	12.5

2. 计税依据

耕地占用税以纳税人占用耕地的面积为计税依据，以每平方米为计量单位。

3. 应纳税额的计算

耕地占用税应纳税额的计算公式如下：

应纳税额＝实际占用的耕地面积×适用的定额税率

【例 8-2】 假设某市一家企业 2019 年新占用 40 000 平方米耕地用于工业建设，所占耕地适用的定额税率为 20 元/平方米。要求计算该企业应缴纳的耕地占用税。

解析：

应缴纳的耕地占用税＝实际占用的耕地面积×适用的定额税率

＝40 000×20＝800 000（元）

8.2.4 税收优惠与征收管理

1. 税收优惠

耕地占用税对占用耕地实行一次性征收，对生产经营单位和个人不减免税，仅对公益性单位和需照顾群体减免税。

（1）免征耕地占用税的项目

① 军事设施占用耕地。

② 学校、幼儿园、养老院、医院占用耕地。

（2）减征耕地占用税的项目

① 铁路线路、公路线路、飞机场跑道、停机坪、港口、航道占用耕地，减按每平方米2元的税额征收耕地占用税。

根据实际需要，国务院财政、税务主管部门商国务院有关部门并报国务院批准后，可以对上述规定的情形免征或者减征耕地占用税。

② 农村居民占用耕地新建住宅，按照当地适用税额减半征收耕地占用税。

农村烈士家属、残疾军人、鳏寡孤独以及革命老根据地、少数民族聚居区和边远贫困山区生活困难的农村居民，在规定用地标准以内新建住宅缴纳耕地占用税确有困难的，经所在地乡（镇）人民政府审核，报经县级人民政府批准后，可以免征或者减征耕地占用税。

2. 征收管理

耕地占用税由地方税务机关负责征收。

土地管理部门在通知单位或者个人办理占用耕地手续时，应当同时通知耕地所在地同级地方税务机关。获准占用耕地的单位或者个人应当在收到土地管理部门的通知之日起30日内缴纳耕地占用税。土地管理部门凭耕地占用税完税凭证或者免税凭证和其他有关文件发放建设用地批准书。

8.3 契税

8.3.1 契税概述

1. 契税的概念

契税是以在中国境内转移土地、房屋权属为征税对象，向产权承受人征收的一种财产税。

现行的契税法的基本规范是 2020 年 8 月 11 日中华人民共和国第十三届全国人民代表大会常务委员会第二十一次会议通过的，并于 2021 年 9 月 1 日起施行的《中华人民共和国契税法》。

2. 契税的特点

契税的特点主要有以下 3 个。

（1）我国在土地、房屋等不动产的转让环节征收契税，且每转让一次就征收一次契税。对土地、房屋产权未发生转移的，不征契税。

（2）契税由取得土地、房屋等不动产权属的承受人缴纳。

（3）契税采用有幅度的比例税率，税负相对较轻。

3. 契税的作用

契税的作用主要表现在以下几个方面。

（1）筹集地方财政收入。契税是地方税种，由于按照财产转移价值征税，所以税源充足，从而增加了地方政府财政收入。

（2）以法律形式保护合法产权。契税对承受人征税，有利于通过法律形式确定产权关系，保护合法产权交易，避免产权纠纷。

（3）调节社会收入分配，公平税负，土地、房屋交易本身是财富流动或分配的形式，对土地、房屋等产权交易环节征收契税，可以调节社会收入分配，缓解社会收入分配不公的矛盾。

（4）调控房地产市场交易价格，促进房地产市场健康有序发展。

8.3.2 征税范围与纳税人

1. 征税范围

契税的征税范围具体如下。

（1）土地使用权出让。

（2）土地使用权转让，包括出售、赠与、互换。

（3）房屋买卖、赠与、互换。

其中，土地使用权转让，不包括土地承包经营权和土地经营权的转移。

以作价投资（入股）、偿还债务、划转、奖励等方式转移土地、房屋权属的，应当依法规定征收契税。

2. 纳税人

契税的纳税人是指在中华人民共和国境内承受（获得）土地、房屋权属转移的单位和个人。土地、房屋权属是指土地使用权和房屋所有权。

8.3.3 税率与计税依据

1. 税率

契税实行 3%～5%的幅度税率。我国经济发展不平衡，各地经济差别较大，因此，各省、自治区、直辖市人民政府可以在 3%～5%的幅度税率范围内，按照本地区的实际情况决定具体税率。

2. 计税依据

契税的计税依据为不动产的价格。由于土地、房屋权属转移方式不同，定价方法不同，具体计税依据视不同情况而决定。

（1）土地使用权出让、出售，房屋买卖，为土地、房屋权属转移合同确定的成交价格，包括应交付的货币以及实物、其他经济利益对应的价款。

（2）土地使用权互换、房屋互换，为所互换的土地使用权、房屋价格的差额。

（3）土地使用权赠与、房屋赠与以及其他没有价格的转移土地、房屋权属行为，为税务机关参照土地使用权出售、房屋买卖的市场价格依法核定的价格。

纳税人申报的成交价格、互换价格差额明显偏低且无正当理由的，由税务机关依照《中华人民共和国税收征收管理法》的规定核定。

8.3.4 应纳税额的计算

契税应纳税额的计算公式如下：

应纳税额＝计税依据×税率

【例 8-3】 2019 年居民 A 将其拥有的两套住房中的一套出售给居民 B，成交价格为 2 400 000 元；将另一套住房与居民 C 交换成两套一居室住房，并支付给居民 C 换房差价款 600 000 元。要求计算居民 A、居民 B、居民 C 相关行为应缴纳的契税（假定税率为 4%）。

解析：

（1）居民 A 应缴纳的契税＝600 000×4%＝24 000（元）

（2）居民 B 应缴纳的契税＝2 400 000×4%＝96 000（元）

（3）居民 C 无须缴纳契税。

8.3.5 税收优惠与征收管理

1. 税收优惠

（1）国家机关、事业单位、社会团体、军事单位承受土地、房屋权属用于办公、教学、医疗、科研、军事设施。

（2）非营利性的学校、医疗机构、社会福利机构承受土地、房屋权属用于办公、教学、医疗、科研、养老、救助。

（3）承受荒山、荒地、荒滩土地使用权用于农、林、牧、渔业生产。

（4）婚姻关系存续期间夫妻之间变更土地、房屋权属。

（5）法定继承人通过继承承受土地、房屋权属。

（6）依照法律规定应当予以免税的外国驻华使馆、领事馆和国际组织驻华代表机构承受土地、房屋权属。

2. 征收管理

（1）契税的纳税义务发生时间为纳税人签订土地、房屋权属转移合同的当天，或者纳税人取得其他具有土地、房屋权属转移合同性质凭证的当天。

（2）纳税人应当自纳税义务发生之日起10日内，向土地、房屋所在地的契税征收机关办理纳税申报，并在契税征收机关核定的期限内缴纳税款。

（3）契税在土地、房屋所在地的征收机关缴纳。

同步测试题

一、名词解释

城镇土地使用税；耕地占用税；建制镇；工矿区；契税

二、单项选择题

1. 下列关于城镇土地使用税的表述中，以土地的实际使用人或代管人为纳税人的是（　　）。

A. 出租土地使用权的

B. 在城镇土地使用税征税范围内承租集体所有建设用地的

C. 拥有土地使用权的单位和个人不在土地所在地的

D. 土地使用权共有的

2. 在城镇土地使用税征税范围内承租集体所有建设用地的，缴纳城镇土地使用税的规定是（　　）。

A. 免税

B. 减半征税

C. 由出租土地的单位缴纳城镇土地使用税

D. 由直接从集体经济组织承租土地的单位和个人缴纳城镇土地使用税

3. 甲企业与乙企业按 3∶1 的占用比例共用一块土地，该土地占地面积 3 000 平方米，所属地区城镇土地使用税每平方米年税额为 3 元，该地区规定城镇土地使用税每半年缴纳一次，甲企业上半年应缴纳的城镇土地使用税为（　　）元。

A. 1 125　　B. 2 250　　C. 6 750　　D. 3 375

4. 纳税人实际占用的土地面积尚未组织测量且未核发土地使用证书的，（　　）城镇土地使用税，待核发土地使用证书以后再做调整。

A. 免征

B. 由纳税人申报土地面积，并以此为计税依据缴纳

C. 由税务机关估定土地面积缴纳

D. 由房地产管理部门估定土地面积缴纳

5. 城镇土地使用税的计税依据为（　　）。

A. 纳税人申报的土地面积　　B. 纳税人拥有的土地面积

C. 纳税人实际占用的土地面积　　D. 税务机关认定的土地面积

三、多项选择题

1. 下列属于城镇土地使用税纳税人的有（　　）。

A. 拥有土地使用权的外资企业

B. 用自有房产经营小卖部的个体工商户

C. 拥有农村承包责任田的农民

D. 权属纠纷未解决的土地的实际使用者

2. 下列选项中，应计算缴纳城镇土地使用税的有（　　）。

A. 学校教师食堂用地　　B. 工厂实验室用地

C. 公园内茶室用地　　D. 百货大楼仓库用地

3. 纳税人实际占用的土地面积是城镇土地使用税的计税依据，其具体内容有（　　）。

A. 省人民政府确定的单位组织测定的土地面积

B. 政府部门核发的土地使用证书上确认的土地面积

C. 纳税人不同意土地使用证书上列明的土地面积而自测的土地面积

D. 省人民政府确定的单位尚未组织测量，且纳税人未取得土地使用证书而自测申报的土地面积

4. 下列选项中，属于法定免缴城镇土地使用税的有（　　）。

A. 公园管理单位办公用土地　　B. 市政、街道、绿化地带等公共用地

C. 纳税单位无偿使用免税单位的土地　　D. 个人所有的居住房屋和院落用地

5. 城镇土地使用税的纳税人包括（　　）。

A. 土地的实际使用人　　B. 土地的代管人

C. 拥有土地使用权的单位和个人　　D. 土地使用权共有的各方

四、判断题

1. 城镇土地使用税是以开征区域内的国家所有和集体所有的土地为征税对象，是对拥有土地使用权的单位和个人征收的一种税。（　　）

2. 和房产税一样，城镇土地使用税有开征区域的规定。（　　）

3. 城镇土地使用税采用定额税率。（　　）

4. 城镇土地使用税以纳税人实际占用的土地面积为计税依据。（　　）

5. 按现行税法的规定，对于各类学校，包括由国家财政部门拨付事业经费的学校和集体或个人办的学校所占用的土地，一律免征城镇土地使用税。（　　）

五、简答题

1. 城镇土地使用税的特点是什么？

2. 如何确定城镇土地使用税的纳税人？

3. 开征耕地占用税有何现实意义？

4. 简述土地增值税扣除项目的内容。

案例分析题

宝基公司为位于新化市郊区的国有企业，2019 年使用土地的相关资料如下。

1. 宝基公司提供的政府部门核发的土地使用证书显示：宝基公司实际占用的土地面积中，企业内托儿所和厂医院共占地 1 000 平方米；厂区以外的公用绿化用地 2 000 平方米。

2. 2018 年 1 月 1 日将一块 100 平方米的土地无偿借给某国家机关作为公务使用。

3. 2018 年 1 月 1 日从某公园无偿借到一块 50 平方米的土地作为办公室。

4. 某外商投资企业与宝基公司拥有同一办公楼，该办公楼建筑面积为 5 000 平方米，其中，宝基公司实际使用 2 000 平方米，其余归外商投资企业使用，该办公楼占用土地 3 000 平方米。

5. 除上述土地外，其余土地 10 000 平方米，均为宝基公司生产经营用地。

要求：假设当地的城镇土地使用税每年征收一次，该地每平方米土地年税额为 3 元，请根据上述资料，分析计算宝基公司 2019 年应缴纳的城镇土地使用税。

土地增值税、房产税与烟叶税

第9章

引导案例

企业出售旧房计算土地增值税的方法

某工业企业转让一幢20世纪90年代建造的厂房，当时造价为100万元，无偿取得土地使用权。如果按现行市场价的材料费、人工费计算，建造同样的房子需600万元，该房子为7成新，按500万元出售，支付有关税费27.5万元。计算企业转让旧房应缴纳的土地增值税税额过程如下。

（1）评估价格＝600×70%＝420（万元）

（2）允许扣除的税金＝27.5万元

（3）扣除项目金额合计＝420＋27.5＝447.5（万元）

（4）增值额＝500－447.5＝52.5（万元）

（5）增值率＝52.5÷447.5×100%＝11.73%

（6）应纳税额＝52.5×30%－447.5×0＝15.75（万元）

思考与讨论：

1．简述土地增值税的概念与意义。

2．如何理解土地增值税中的增值？

3．该企业出售旧房计算的土地增值税是否正确？

9.1 土地增值税

土地增值税是对有偿转让国有土地使用权及地上建筑物和其他附着物产权，取得增值收入的单位和个人征收的一种税。征收土地增值税增强了政府对房地产开发和交易市场的调控，有利于抑制炒买炒卖土地获取暴利的行为，也增加了国家财政收入。

现行土地增值税的基本规范是1993年12月13日国务院颁布的《中华人民共和国土地增值税暂行条例》。

9.1.1 征税范围

转让国有土地使用权、地上的建筑物及其附着物，并取得收入的行为，都是土地增值税的征税范围。具体内容如下。

（1）对于转让土地使用权的，只对转让国有土地使用权的行为征税，转让集体土地使用权的行为没有纳入征税范围。这是因为根据《中华人民共和国土地管理法》的规定，集体土地未经国家征用的不得转让。因此，转让集体土地是违法行为，不能将其纳入征税范围。

（2）对于转让房地产的，只对转让后取得的增值收入征税，虽然发生转让房地产行为，但没有增值收入的，如通过继承、赠与等无偿转让房地产的行为不在土地增值税的征税范围内。

（3）我国只对转让房地产的征收土地增值税，对不转让的不征税。例如，出租房地产虽然取得了收入，但没有发生房地产产权的转让，所以，不属于土地增值税的征税范围。

9.1.2 纳税人

土地增值税的纳税人是转让国有土地使用权、地上的建筑物及其附着物并取得收入的单位和个人，包括各类企业单位、事业单位、国家机关、社会团体、个体经营者。根据《国务院关于外商投资企业和外国企业适用增值税、消费税、营业税等税收暂行条例的有关问题的通知》的规定，外商投资企业、外国企业、外籍个人、华侨、港澳台同胞等，只要有转让房地产行为并取得增值收入的，都是土地增值税的纳税人，都要按照规定缴纳土地增值税。

9.1.3 税率

土地增值税规定了四级超率累进税率，它是将增值额与扣除项目金额的比率从低到高划分了 4 个级次，如表 9-1 所示。

表 9-1　土地增值税四级超率累进税率表

级数	增值额与扣除项目金额的比率	税率（%）	速算扣除系数（%）
1	不超过 50%的部分	30	0
2	超过 50%～100%的部分	40	5
3	超过 100%～200%的部分	50	15
4	超过 200%的部分	60	35

四级超率累进税率每级增值额未超过扣除项目金额的比例，均包括本比例数。

9.1.4 土地增值税的计算

土地增值税的计税依据为纳税人转让土地所得的增值额，即纳税人转让土地取得的收入减除规定扣除项目金额后的余额。

土地增值税的计算

1. 应税收入的确定

应税收入是指纳税人转让房产所取得的全部价款及有关的经济利益，包括货币收入、实物收入以及其他收入在内的全部收入。

2. 扣除项目的确定

转让房地产所取得的收入，允许从中扣除的项目，概括起来有以下几项。

（1）取得土地使用权所支付的金额。包括纳税人为取得土地使用权所支付的地价款和按国家统一规定交纳的有关费用。以出让方式取得土地使用权的，为支付的土地出让金；以行政划拨方式取得土地使用权的，为转让土地使用权时按规定补交的出让金；以转让方式取得土地使用权的，为支付的地价款。

（2）开发土地和新建房及配套设施的成本（以下简称“房地产开发成本”）。包括土地征用及拆迁补偿费、前期工程费、建筑安装工程费、基础设施费、公共设施配套费、开发间接费用。这些成本允许按发生额扣除。

（3）开发土地和新建房及配套设施的费用（以下简称“房地产开发费用”）。指与房地产开发项目有关的销售费用、管理费用、财务费用。根据会计制度的规定，与房地产开发有关的费用直接计入当年损益，不按房地产项目进行归集或分摊。为了便于计算，市政府在京政发〔1996〕7号《北京市人民政府关于征收土地增值税有关政策问题的通知》中明确，财务费用中的利息支出，凡能够按转让房地产项目计算分摊并提供金融机构证明的，可将不高于商业银行同类同期贷款利率所支付的利息据实扣除，其他房地产开发费用应按房地产成本之和的5%的比例计算扣除金额。凡不能按转让房地产项目计算分摊利息支出并提供金融机构证明的，房地产开发费用按房地产成本之和的10%计算扣除金额。

（4）旧房及建筑物的评估价格。指转让已使用在一年以上的房屋及建筑物时，由市政府批准的房地产评估机构评定的重置成本价乘以成新度折扣率，并经地方主管税务机关确认的价格。

（5）与转让房地产有关的税金。指在转让房地产时缴纳的城市维护建设税、印花税等。因转让房地产缴纳的教育费附加，也可视同税金予以扣除。

（6）加计扣除。对从事房地产开发的纳税人，可按取得土地使用权所支付的金额与房地产开发成本之和加计 20%扣除。其扣除方法采取项目年终结利和竣工清算税款时一并扣除的方法。

3. 应纳税额的计算

土地增值税按照纳税人转让房地产所取得的增值额和规定的税率计算征收。土地增值税应纳税额的计算公式如下：

应纳税额＝∑（每级距的土地增值税×适用税率）

在实际工作中，一般采取速算扣除法计算应纳税额，计算公式如下：

应纳税额＝增值额×适用税率－允许扣除的项目金额×速算扣除系数

【例 9-1】 广厦公司 2019 年转让一块已开发的土地使用权，取得转让收入 1 400 万元，为取得土地使用权支付 320 万元，开发土地成本为 65 万元，开发土地费用为 21 万元，应纳有关税费为 77 万元。计算该企业应纳的土地增值税税额。

解析：

（1）21÷（320＋65）×100%≈5%，未超过 10%，允许据实扣除。

（2）允许扣除项目金额＝（320＋65）×（1＋20%）＋21＋77＝560（万元）

（3）增值额＝1 400－560＝840（万元）

（4）增值额占允许扣除项目的比率＝840÷560×100%＝150%

（5）应纳土地增值税税额＝840×50%－560×15%＝336（万元）

9.1.5 税收优惠

1. 建造普通标准住宅的税收优惠

纳税人建造普通标准住宅出售，增值额未超过扣除项目金额 20%的，免缴土地增值税；增值额超过扣除项目金额 20%的，应就其全部增值额按规定纳税。

对于纳税人既建造普通标准住宅，又进行其他房地产开发的，应分别核算增值额。不分别核算增值额或不能准确核算增值额的，其建造的普通标准住宅不能适用这一免税规定。

2. 国家征用收回的房地产的税收优惠

国家对因建设需要依法征用，收回的房地产，免征土地增值税。

3. 因城市规划、国家建设需要而搬迁，由纳税人自行转让原房地产的税收优惠

对因城市规划、国家建设需要而搬迁，由纳税人自行转让原房地产的，免征土地增值税。

4. 企事业单位、社会团体以及其他组织转让旧房作为公共租赁住房房源的税收优惠

对企事业单位、社会团体以及其他组织转让旧房作为公共租赁住房房源且增值额未超过扣除项目金额20%的，免征土地增值税。

9.1.6 征收管理

1. 纳税义务发生的时间与地点

土地增值税由房地产所在地税务机关负责征收。纳税人应当自转让房地产合同签订之日起 7 日内，向房地产所在地主管税务机关办理纳税申报。因经常发生房地产转让行为而难以在每次转让后纳税申报的纳税人，经税务机关审核同意后，可以定期进行纳税申报，具体情况由税务机关根据情况确定。

2. 纳税申报

纳税人转让的房地产坐落在两个或两个以上地区的，应按房地产所在地分别申报、缴纳土地增值税。

土地增值税和城市维护建设税、教育费附加、资源税、房产税和城市房地产税、土地增值税和城镇土地使用税（预征部分）、车船使用税、车船使用牌照税、印花税（仅限汇总缴纳和核定征收两种方式）、文化事业建设费、水利建设专项资金一起，统一通过填制《地方税（费）纳税综合申报表》进行申报。

9.2 房产税

9.2.1 房产税概述

房产税是以房屋为征税对象，按照房屋的计税余值或租金收入，向产权所有人征收的一种财产税。

征收房产税有利于地方政府筹集财政收入，也有利于加强房产管理。

现行房产税的基本规范是 1986 年 9 月 15 日国务院颁布的《中华人民共和国房产税暂行条例》（以下简称《房产税暂行条例》）。

9.2.2 征税范围与纳税人

1. 征税范围

房产税是以房产为征税对象的。所谓房产，是指有屋面和围护结构，能够遮风避雨，

可供人们在其中生产、学习、工作、娱乐、居住或储藏物资的场所。对房地产开发企业建造的商品房，在出售前不征收房产税；但对出售前房地产开发企业已使用或出租、出借的商品房按规定征收房产税。

房产税的征税范围为城市、县城、建制镇和工矿区。具体规定如下。

（1）城市是指国务院批准设立的市。

（2）县城是指县人民政府所在地的地区。

（3）建制镇是指经省、自治区、直辖市人民政府批准设立的建制镇。

（4）工矿区是指工商业比较发达、人口比较集中、符合国务院规定的建制镇标准但尚未设立建制镇的大中型工矿企业所在地。

2. 纳税人

房产税以在征税范围内的房屋产权所有人为纳税人。其中：

（1）产权属国家所有的，由经营管理单位纳税；产权属集体和个人所有的，由集体单位和个人纳税；

（2）产权出典的，由承典人纳税。所谓产权出典，是指产权所有人将房屋、生产资料等的产权，在一定期限内典当给他人使用而取得资金的一种融资业务；

（3）产权所有人、承典人不在房屋所在地的，或者产权未确定及租典纠纷未解决的，由房产代管人或者使用人纳税；

（4）纳税单位和个人无租使用房产管理部门、免税单位及纳税单位的房产，应由使用人代为缴纳房产税。

9.2.3 税率与计税依据

1. 税率

我国现行房产税采用的是比例税率。由于房产税的计税依据分为从价计征和从租计征两种形式，所以房产税的税率也有两种：一种是按房产原值一次减除10%～30%后的余值计算缴纳的，税率为1.2%；另一种是按房产租金收入计算缴纳的，税率为12%。自2008年3月1日起，对个人出租住房，不区分用途，按4%的税率征收房产税。

2. 计税依据

房产税的计税依据是房产的计税价值或房产的租金收入。按照房产计税价值征税的，称为从价计征；按照房产租金收入计征的，称为从租计征。

（1）从价计征。《房产税暂行条例》规定，房产税依照房产原值一次减除10%～30%

后的余值计算缴纳。各地扣除比例由当地省、自治区、直辖市人民政府确定。

（2）从租计征。房产出租的，以房产租金收入为房产税的计税依据。所谓房产租金收入，是指房屋所有者出租房产使用权所得的报酬，包括货币收入和实物收入。

9.2.4 应纳税额的计算

1. 从价计征方式下应纳税额的计算

从价计征是按房产的原值减除一定比例后的余值计征，其计算公式如下：

应纳税额＝应税房产原值×（1－扣除比例）×1.2%

【例 9-2】 东风企业 2019 年的经营用房原值为 8 000 万元，按照当地规定允许减除 30%后按余值计税，适用税率为 1.2%，请计算该企业应缴纳的房产税。

解析：

应纳税额＝8 000×（1－30%）×1.2%＝67.2（万元）

2. 从租计征方式下应纳税额的计算

从租计征是按房产的租金收入计征，其计算公式为：

应纳税额＝租金收入×12%（或 4%）

【例 9-3】 新华公司 2019 年出租房屋 20 间，年租金收入为 600 000 元，适用税率为 12%，请计算该公司应缴纳的房产税。

解析：

应纳税额＝600 000×12%＝72 000（元）

9.2.5 税收优惠与征收管理

1. 税收优惠

目前房产税的税收优惠政策主要有以下几个。

（1）国家机关、人民团体、军队自用的房产免征房产税。

（2）由国家财政部门拨付事业经费的单位，如学校、医疗卫生单位、托儿所、幼儿园、敬老院、文化、体育、艺术这些实行全额或差额预算管理的事业单位所有的，本身业务范围内使用的房产免征房产税。

（3）宗教寺庙、公园、名胜古迹自用的房产免征房产税。

（4）个人所有非营业用的房产免征房产税。

（5）经财政部批准免税的其他房产：①对非营利性医疗机构、疾病控制机构和妇幼保健机构等卫生机构自用的房产，免征房产税；②自 2001 年 1 月 1 日起，对按政府规定价格出租的公有住房和廉租住房，暂免征收房产税；③经营公租房的租金收入，免征房产税。

2. 征收管理

（1）纳税义务发生时间。

① 纳税人将原有房产用于生产经营，从生产经营之月起缴纳房产税。

② 纳税人自行新建房屋用于生产经营，从建成之次月起缴纳房产税。

③ 纳税人委托施工企业建设的房屋，从办理验收手续之次月起缴纳房产税。

④ 纳税人购置新建商品房，从房屋交付使用之次月起缴纳房产税。

⑤ 纳税人购置存量房，自办理房屋权属转移、变更登记手续，房地产权属登记机关签发房屋权属证书之次月起缴纳房产税。

⑥ 纳税人出租、出借房产，自交付出租、出借房产之次月起缴纳房产税。

⑦ 房地产开发企业自用、出租、出借本企业建造的商品房，自房屋使用或交付之次月起缴纳房产税。

⑧ 纳税人因房产的实物或权利状态发生变化而依法终止房产税纳税义务的，其应纳税款的计算应截止到房产的实物或权利状态发生变化的当月月末。

（2）房产税按年征收、分期缴纳。纳税期限由省、自治区、直辖市人民政府规定。

（3）房产税在房产所在地缴纳。房产不在同一地方的纳税人，应按房产的坐落地点分别向房产所在地的税务机关纳税。

9.3 烟叶税

烟叶税是以纳税人收购烟叶的收购金额为计税依据征收的一种税。

烟叶税是中华人民共和国成立以后慢慢形成的一个税种。1958 年我国颁布实施《中华人民共和国农业税条例》（以下简称《农业税条例》）；1983 年，国务院根据《农业税条例》，选择特定农业产品征收农林特产农业税。当时农林特产农业税的征收范围不包括烟叶，我国对烟叶另外征收产品税和工商统一税。1994 年我国进行了财政体制和税制改革，国务院决定取消原产品税和工商统一税，将原农林特产农业税与原产品税和工商统一税中的农林牧水产品税目合并，改为统一征收农业特产农业税，并于同年 1 月 30 日发布《国务院关于对农业特产收入征收农业税的规定》，其中规定对烟叶在收购环节征税，税率为 31%。1999 年，我国将烟叶特产农业税的税率下调至 20%。2004 年 6 月，根据《中共中央 国务院关于促进农民增加收入若干政策的意见》，财政部、国家税务总局下发《关于取消除烟叶外的农业特产农业税有关问题的通知》。规定自 2004 年起，除对烟叶暂保留征收农业特产农业税外，取消对其他农业特产品征收的农业特产农业税。2005 年 12 月 29 日，第十届全国人民代表大会常务委员会第十九次会议决定，《农业税条例》自 2006 年 1 月 1 日起废止。2006 年 4 月 28 日，国务院公布了《中华人民共和国烟叶税暂行条例》（以下简称《烟叶税暂行条例》），并自公布之日起施行。

9.3.1 征税范围与纳税人

1. 征税范围

烟叶税的征税范围包括晾晒烟叶、烤烟叶。

2. 纳税人

在中华人民共和国境内收购烟叶的单位为烟叶税的纳税人。

9.3.2 税率与应纳税额的计算

1. 税率

烟叶税实行比例税率，税率为 20%。

2. 应纳税额的计算

烟叶税应纳税额按照《烟叶税暂行条例》的规定，以纳税人收购烟叶的收购金额和规定的税率计算。应纳税额的计算公式如下：

应纳税额＝烟叶收购金额×税率

收购金额包括纳税人支付给烟叶销售者的烟叶收购价款和价外补贴。按照简化手续、方便征收的原则，我国对价外补贴统一暂按烟叶收购价款的 10%计入收购金额征税。收购金额的计算公式如下：

收购金额＝收购价款×（1＋10%）

【例 9-4】 东方烟草公司系增值税一般纳税人，2018 年 3 月收购烟叶 100 000 千克，烟叶收购价格为 10 元/千克，要求计算东方烟草公司收购烟叶应缴纳的烟叶税。

解析：

应缴纳的烟叶税＝1 000 000×（1＋10%）×20%＝220 000（元）

9.3.3 征收管理

烟叶税的征收管理，依照《征管法》及《中华人民共和国烟叶税法》的有关规定执行。

1. 纳税义务发生时间

烟叶税的纳税义务发生时间为纳税人收购烟叶的当天。收购烟叶的当天是指纳税人向烟叶销售者付讫收购烟叶款项或者开具收购烟叶凭据的当日。

2. 纳税地点

纳税人收购烟叶，应当向烟叶收购地的主管税务机关申报纳税。

3. 纳税期限

纳税人应当自纳税义务发生月终了之日起 15 日内申报并缴纳税款。

同步测试题

一、名词解释

房产税；契税；土地增值税；烟叶税

二、单项选择题

1. 纳税人经营用房屋的计税依据是（　　）。

A. 房屋原值　　B. 房屋净值　　C. 房屋计税余值　　D. 房屋现值

2. 纳税人自行新建房屋用于生产经营的，从（　　）起缴纳房产税。

A. 生产经营之月　　B. 建成之月

C. 生产经营之次月　　D. 建成之次月

3. 下列房产中免征房产税的是（　　）。

A. 化工厂的生产用房　　B. 个人自住用房

C. 个人拥有的经营用房　　D. 保险公司自用房产

4. 由国家财政部门拨付事业经费的单位，其经费来源实行自收自支后，从事业单位经费实行自收自支的年度起，免征房产税的期限是（　　）。

A. 1 年　　B. 3 年　　C. 5 年　　D. 无限期

5. 下列项目中属于契税征税范围的有（　　）。

A. 以土地、房屋权属作价投资　　B. 农村集体土地承包经营权转移

C. 等价交换房产　　D. 城镇职工第一次购买商品房

三、多项选择题

1. 下列项目中，符合有关《房产税暂行条例》规定的有（　　）。

A. 房屋产权属于国家所有的，由经营管理单位缴纳房产税

B. 房屋产权属于集体和个人所有的，由集体单位和个人缴纳房产税

C. 房屋产权出典的，由出典人缴纳房产税

D. 产权所有人、承典人不在房产所在地的，由房产代管人或使用人缴纳

2. 经财政部批准，下列房产中可以免缴房产税的有（　　）。

A. 施工期间在基建工地为其服务的各种临时性房屋

B. 经有关部门鉴定属损坏不堪使用的房屋和危险房屋

C. 地下人防设施

D. 微利企业和亏损企业的房产

3. 房产税的计税依据可以是（　　）。

A. 房屋产权属于国家所有的，由经营管理单位缴纳房产税

B. 房屋产权属于集体和个人所有的，由集体单位和个人缴纳房产税

C. 房屋产权出典的，由出典人缴纳房产税

D. 产权所有人、承典人不在房产所在地的，由房产代管人或使用人缴纳

4. 下列项目中，符合《房产税暂行条例》有关规定的有（　　）。

A. 纳税人将原有房产用于生产经营，从生产经营之月起缴纳房产税

B. 纳税人自行新建房屋用于生产经营，从建成之次月起，缴纳房产税

C. 纳税人委托施工企业建设的房屋，从办理验收手续之次月起缴纳房产税

D. 纳税人委托施工企业建设的房屋，在办理验收手续前即已使用的新建房屋，应从使用的次月起缴纳房产税

5. 下列关于契税的正确说法有（　　）。

A. 普遍适用于内、外资企业，企事业单位、中外籍个人

B. 属财产行为税类

C. 属特定目的的税类

D. 采用幅度比例税率

四、判断题

1. 所有拥有城镇房屋产权的单位和个人，都是房产税的纳税人。（　　）

2. 房产税的征税对象是房屋，包括与房屋不可分割的各种附属设备和独立于房屋之外的建筑物。（　　）

3. 企业办的幼儿园、医院免纳房产税。（　　）

4. 房产不在同一地方的纳税人，以纳税人机构所在地为房产税纳税地点。（　　）

5. 随着经济形势的发展，我国出现了以土地、房屋权属作价投资、入股的情况，这种情况不能视同为土地使用权的转让。（　　）

五、简答题

1. 房产税的纳税人及其征税范围是什么？

2. 简述契税的纳税人及其征税范围。

3. 简述我国开征房产税的目的和意义。

4. 简述我国开征烟叶税的目的和意义。

案例分析题

华发公司自有办公楼两栋，原值分别为 1 600 万元和 1 200 万元，占地面积相同，合计为 6 000 平方米。2019 年 7 月 1 日，华发公司将其中价值 1 200 万元的办公楼作为联营投资投入大华公司，每年收取固定的投资收入 100 万元。2019 年华发公司新占用 19 800 平方米耕地用于工业建设。已知华发公司所在地政府规定在计算房产税时允许扣除的减除比例为 30%，经税务机关核定，华发公司所占土地每平方米的年税额为 3 元，所占耕地适用的定额税率为 40 元/平方米。

要求：计算华发公司这两栋办公楼 2019 年应缴纳的房产税、城镇土地使用税和耕地占用税。

车辆购置税、车船税与印花税 第10章

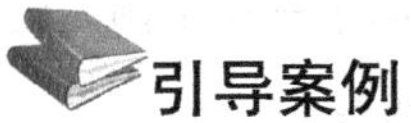引导案例

华远远洋公司依法缴纳印花税案

宝茂县税务局稽查局于2019年8月10日对华远远洋公司2000年度印花税缴纳情况进行了检查。经检查有关账簿凭证，发现下列资料。

（1）与某科研单位签订一份技术开发合同，合同总金额为400万元。合同规定，研究开发费用320万元、报酬80万元。

（2）与大华公司签订非专利技术转让合同，价款50万元；与富达公司签订专利权转让合同，价款100万元。

（3）与市工商银行签订借款合同，合同总金额为400万元，又分两次填开借据领取该笔借款，金额分别是300万元、100万元。

（4）与某财务公司签订一项融资租赁合同，设备租赁费总额为100万元，租期为5年，每年支付租金20万元。

（5）与某建筑公司签订建筑承包合同，金额为500万元。

（6）该公司因兼并一家国有企业，使实收资本和资本公积总额增加400万元，被兼并企业的资金账簿已按规定缴纳印花税。

（7）7月与保险公司签订财产保险合同1份，保险标的物价值总额为4 000万元，按12‰的比例支付保险费48万元。

思考与讨论：

1．印花税的征税范围包括哪些？

2．印花税如何计算？

3．华远远洋公司应缴纳多少印花税？

10.1 车辆购置税

10.1.1 车辆购置税概述

1. 车辆购置税的概念

车辆购置税是以在中国境内购置规定车辆为课税对象，在特定的环节向车辆购置者

征收的一种税。就其性质而言，车辆购置税属于直接税的范畴。车辆购置税于 2001 年 1 月 1 日开始在我国实施，它是一个新的税种，是在原交通部门收取车辆购置费的基础上，通过“费改税”方式演变而来的。征收车辆购置税有利于合理筹集财政资金，规范政府行为，调节收入差距，也有利于配合打击车辆走私行为和维护国家权益。

现行车辆购置税的基本规范是 2018 年 12 月 29 日中华人民共和国第十三届全国人民代表大会常务委员会第七次会议通过的《中华人民共和国车辆购置税法》。

2. 车辆购置税的特点

车辆购置税作为一种特殊税，除具有税收的共性外，还有其独有的以下 4 个特点。

（1）征收范围单一，它仅以购置的特定车辆为课税对象，而不是对所有财产或消费的财产征税。

（2）征收环节单一，它不是在生产、经营和消费的每一个环节征收，而是在消费领域中的特定环节一次征收的。

（3）征税具有特定目的，车辆购置税为中央税，取之于应税车辆，用之于交通建设，具有专门用途。

（4）价外征收，不转嫁税负，征收车辆购置税的商品价格中不含车辆购置税税额，车辆购置税是附加在价格之外的，且税收的缴纳者即为最终的税收负担者，不转嫁税负。

10.1.2 征税范围与纳税人

1. 征税范围

车辆购置税以列举的车辆作为征税对象，未列举的车辆不纳税。其征税范围包括汽车、摩托车、电车、挂车、农用运输车，具体规定如下。

（1）汽车。包括各类汽车。

（2）摩托车。

① 轻便摩托车。最高设计时速不大于 50km/h，发动机汽缸总排量不大于 $50cm^3$ 的两个或者三个车轮的机动车。

② 二轮摩托车。最高设计车速大于 50km/h，或者发动机汽缸总排量大于 $50cm^3$ 的两个车轮的机动车。

③ 三轮摩托车。最高设计车速大于 50km/h，或者发动机汽缸总排量大于 $50cm^3$，空车重量不大于 400kg 的三个车轮的机动车。

（3）电车。

① 无轨电车。无轨电车以电能为动力，是由专用输电电缆线供电的轮式公共车辆。

② 有轨电车。有轨电车是以电能为动力，在轨道上行驶的公共车辆。

（4）挂车。

① 全挂车。全挂车无动力设备，独立承载，是由牵引车辆牵引行驶的车辆。

② 半挂车。半挂车无动力设备，与牵引车辆共同承载，是由牵引车辆牵引行驶的车辆。

（5）农用运输车。

① 三轮农用运输车。其是具有柴油发动机，功率不大于7.4kW，载重量不大于500kg，最高车速不大于40km/h的3个车轮的机动车。

② 四轮农用运输车。其是具有柴油发动机，功率不大于28kW，载重量不大于1 500kg，最高车速不大于50km/h的4个车轮的机动车。

2. 纳税人

车辆购置税的纳税人是指在中华人民共和国境内购置应税车辆的单位和个人，其中，“购置”是指包括购买、进口、自产、受赠、获奖或者以其他方式取得并自用应税车辆的行为。所称单位，包括国有企业、集体企业、私营企业、股份制企业、外商投资企业、外国企业以及其他企业和事业单位、社会团体、国家机关、部队以及其他单位；所称个人，包括个体工商户以及其他个人。

10.1.3 税率与计税依据

1. 税率

车辆购置税实行统一比例税率，税率为10%。

2. 计税依据

车辆购置税以应税车辆为课税对象，应税车辆的价格即计税价格就是车辆购置税的计税依据。

车辆购置税的计税价格根据不同情况，按照下列规定确定。

（1）纳税人购买自用的应税车辆的计税价格，为纳税人购买应税车辆而支付给销售者的全部价款和价外费用，不包括增值税税款。“价外费用”是指销售方价外向购买方收取的基金、集资费、返还利润、补贴、违约金和手续费、包装费、储存费、优质费、运输装卸费、保管费、代收款项、代垫款项以及其他各种性质的价外收费。

由于纳税人购买自用的应税车辆是按不含增值税的计税价格征收车辆购置税的，纳税人购车发票的价格未扣除增值税税款的，或者因不得开具机动车辆销售统一发票（或其他普通发票）而发生价款与增值税税款合并收取的，在确定车辆购置税的计税价格时，应将其换算为不含增值税的销售价格。其换算公式如下：

计税价格＝含增值税的销售价格÷（1＋增值税税率或征收率）

（2）纳税人进口自用的应税车辆的计税价格。纳税人进口自用的应税车辆的计税价格的计算公式如下：

计税价格＝关税完税价格＋关税＋消费税

（3）纳税人自产、受赠、获奖或者以其他方式取得并自用的应税车辆的计税价格，由主管税务机关参照国家税务总局规定的相同类型应税车辆的最低计税价格核定。

（4）以最低计税价格为计税依据。纳税人购买自用的或进口自用的应税车辆，申报的计税价格低于同类型应税车辆的最低计税价格，又无正当理由的，按照最低计税价格缴纳车辆购置税。即纳税人购买自用的或进口自用的应税车辆，首先应分别按上述的计税价格、组成计税价格计税，当申报的计税价格偏低，又提不出正当理由时，应以最低计税价格为计税依据，按照核定的最低计税价格纳税。相关计算公式如下：

核定计税价格＝车辆进价×（1＋成本利润率）

式中，成本利润率由省级税务机关确定。

最低计税价格是指国家税务总局依据车辆生产企业提供的车辆价格信息并参照市场平均交易价格核定的车辆购置税计税价格。

10.1.4 应纳税额的计算

车辆购置税实行从价定率的办法计算应纳税额。应纳税额的计算公式如下：

应纳税额＝计税价格×税率

由于应税车辆购置来源、应税行为发生以及计税价格的不同，车辆购置税应纳税额的计算方法也有所不同。

1. 购买自用的应税车辆的应纳税额的计算

纳税人购买自用的应税车辆，其计税价格由纳税人支付给销售者的全部价款（不包括增值税税款）和价外费用组成。

（1）购买自用的国产应税车辆应纳税额的计算

【例 10-1】 赵某于 2019 年 5 月 8 日从南京汽车公司购买一辆轿车供自己使用，支付含增值税车价款 106 000 元，另支付代收临时牌照费 150 元，代收保险费 352 元，支付购买工具件和零配件的价款 2 035 元，车辆装饰费 250 元。支付的各项价、费款均由南京汽车公司开具“机动车销售统一发票”。要求计算赵某应缴纳的车辆购置税税款。

解析：

计税价格＝（106 000＋150＋352＋2 035＋250）÷（1＋13%）＝96 271.68（元）

应纳税额＝96 271.68×10%＝9 627.168（元）

（2）购买进口自用的应税车辆应纳税额的计算

【例 10-2】 某单位于 2019 年 12 月从东风汽车贸易中心（增值税一般纳税人）购买日本本田公司生产的轿车一辆，该单位按东风汽车贸易中心开具的“机动车辆统一发票”金额支付价款 371 000 元，东风汽车贸易中心代该单位办理车辆上牌等事宜，并向该单位收取新车登记费、上牌办证费、代办手续费、送车费等共计 36 000 元。要求计算该单位应缴的车辆购置税税额。

解析：

应纳税额＝（371 000＋36 000）÷（1＋13%）×10%＝36 017.70（元）

2. 进口自用的应税车辆应纳税额的计算

纳税人进口自用的应税车辆以组成计税价格为计税依据。计税价格的计算公式如下：

计税价格＝关税完税价格＋关税＋消费税

【例 10-3】 某贸易进出口公司于 2019 年 11 月 12 日从国外进口 10 辆小轿车，该公司报关进口这批小轿车时经报关地口岸海关对有关报关资料的审查，确定关税计税价格为 198 000 元/辆，海关按关税政策规定课征关税 217 800 元/辆，并按消费税、增值税有关规定分别代征进口消费税 21 884 元/辆、增值税 74 406 元/辆。由于业务工作的需要，该公司将两辆小轿车用于本单位使用。要求计算该公司应缴纳的车辆购置税。

解析：

组成计税价格＝198 000＋217 800＋21 884＝437 684（元）

应缴纳的车辆购置税＝自用数量×组成计税价格×税率

＝2×437 684×10%

＝87 536.80（元）

3. 其他方式取得并自用的应税车辆应纳税额的计算

纳税人自产自用、受赠使用、获奖使用和以其他方式取得并自用的应税车辆，凡不能取得该种车型的购置价格，或者低于最低计税价格的，以国家税务总局核定的最低计税价格为计税依据计算缴纳车辆购置税。

（1）自产自用的应税车辆应纳税额的计算

【例 10-4】 某客车制造厂于 2019 年 8 月将自产的一辆客车用于本厂后勤生活服务，该厂在办理车辆上牌落籍前，出具该车的发票（发票上注明金额为 44 300 元），并按此金额向主管税务机关申报纳税，经审核，国家税务总局对该车同类型车辆核定的最低计税价格为 47 000 元。该厂对作价提不出正当理由。要求计算该车应纳的车辆购置税。

解析：

应纳税额＝47 000×10%＝4 700（元）

（2）受赠使用的应税车辆应纳税额的计算

【例10-5】 我国某儿童基金会2019年接受某中美合资公司赠送的小轿车一辆，该车经国家税务总局核定的最低计税价格为380 000元，要求计算该基金会应缴纳的车辆购置税。

解析：

应纳税额＝380 000×10%＝38 000（元）

（3）获奖使用的应税车辆应纳税额的计算

【例10-6】 2019年5月余某在某公司举办的有奖销售活动中中奖获得一辆昌河微型汽车，举办公司开具的销售发票上注明金额为58 700元。在余某申报纳税时，经主管税务机关审核，国家税务总局核定该车型的最低计税价格为73 500元，要求计算余某应缴纳的车辆购置税。

解析：

应缴纳的税额＝73 500×10%＝7 350（元）

（4）以其他方式取得并自用的应税车辆应纳税额的计算

其他方式是指除自产自用、受赠使用、获奖使用以外的方式，主要包括拍卖、抵债、走私、罚没等，以这些方式取得并自用的应税车辆，也应按同类型车辆的最低计税价格计征车辆购置税。

【例10-7】 某公司2019年因经营不善、资不抵债而宣告破产，法院等有关部门在清理资产过程中，组织有关单位对其资产进行拍卖，其中，2019年3月由某拍卖公司拍卖的一辆小轿车，成交价为95 000元，该车为未上牌新车，国家税务总局核定同类型车辆的最低计税价格为130 000元，要求计算购买者申报纳税时应缴纳的车辆购置税。

解析：

应缴纳的税额＝130 000×10%＝13 000（元）

10.1.5 税收优惠与征收管理

1. 税收优惠

（1）车辆购置税减免税规定

我国车辆购置税实行法定减免，减免税范围的具体规定如下。

① 外国驻华使馆、领事馆和国际组织驻华机构及其外交人员自用的车辆，免税。

税收优惠与征收管理

② 中国人民解放军和中国人民武装警察部队列入军队武器装备订货计划的车辆，免税。

③ 设有固定装置的非运输车辆免税。

④ 有国务院规定予以免税或者减税的其他情形的，按照规定免税或者减税。

根据现行政策规定，上述其他情形的车辆，目前主要有以下几种。

a．防汛部门和森林消防部门用于指挥、检查、调度、报讯（警）、联络的设有固定装置的指定型号的车辆。

b．回国服务的留学人员用现汇购买的1辆自用国产小汽车。

c．长期来华定居专家进口的1辆自用小汽车。

⑤ 对农用三轮运输车免征车辆购置税。

⑥ 自2016年1月1日起至2020年12月31日止，对城市公交企业购置的公共汽电车辆免征车辆购置税。

（2）车辆购置税的退税

纳税人已经缴纳车辆购置税但在办理车辆登记注册手续前，需要办理退还车辆购置税的，由纳税人申请，征收机构审查后办理退还车辆购置税手续。

2. 征收管理

车辆购置税由税务机关负责征收。车辆购置税的征收规定如下。

（1）纳税申报。车辆购置税实行一车一审报制度。

（2）纳税环节。车辆购置税的纳税环节选择在销售环节。

（3）纳税地点。纳税人购置应税车辆，应当向车辆登记注册地的主管税务机关申报纳税；购置不需要办理车辆登记注册手续的应税车辆的，应当向纳税人所在地的主管税务机关申报纳税。

（4）纳税期限。纳税人购买自用应税车辆的，应当自购买之日起60日内申报纳税；进口自用应税车辆的，应当自进口之日起60日内申报纳税；自产、受赠、获奖或者以其他方式取得并自用应税车辆的，应当自取得之日起60日内申报纳税。

10.2 车船税

10.2.1 车船税概述

1. 车船税的概念

车船税是以车船为征税对象，向拥有车船的单位和个人征收的一种税。

现行车船税的基本规范是2011年2月25日由中华人民共和国第十一届全国人民代

表大会常务委员会第十九次会议通过的《中华人民共和国车船税法》（以下简称《车船税法》），该法自 2012 年 1 月 1 日起施行。

2. 征收车船税的作用

征收车船税的作用主要表现在以下 3 个方面。

（1）有利于为地方政府筹集财政资金。

（2）有利于车船的管理和合理配置。

（3）有利于调节财富差异。

10.2.2 征税范围与纳税人

1. 征税范围

车船税的征税范围为依法应当在车船管理部门登记的车船。

2. 纳税人

在中华人民共和国境内，车辆、船舶（以下简称“车船”）的所有人或者管理人为车船税的纳税人。

10.2.3 税目与税率

车船税实行定额税率。定额税率是税率的一种特殊形式，车船税的适用税额，依照《车船税税目税额表》（见表 10-1）执行。车辆的具体适用税额由省、自治区、直辖市人民政府在规定的子税目税额幅度内确定。

确定车船税税额总的原则是：非机动车船的税负轻于机动车船的税负；人力车的税负轻于畜力车的税负；小吨位船舶的税负轻于大船舶的税负。

表 10-1 车船税税目税额表

	税目	计税单位	年基准税额（元）	备注
乘用车[按发动机汽缸容量(排气量）分档]	1.0 升（含）以下的	每辆	60～360	核定载客人数 9 人（含）以下
	1.0 升以上至 1.6 升（含）的		300～540	
	1.6 升以上至 2.0 升（含）的		360～660	
	2.0 升以上至 2.5 升（含）的		660～1 200	
	2.5 升以上至 3.0 升（含）的		1 200～2 400	
	3.0 升以上至 4.0 升（含）的		2 400～3 600	
	4.0 升以上		3 600～5 400	
商用车	客车	每辆	480～1 440	
	货车	整备质量每吨	16～120	
其他车辆	专用作业车	整备质量每吨	16～120	
	轮式专用机械车	整备质量每吨	16～120	

续表

税目		计税单位	年基准税额（元）	备注
摩托车		每辆	36～180	
船舶	机动船舶	净吨位每吨艇	3～6	拖船、非机动驳船分别按照机动船舶税额的50%计算
	游艇	身长度每米	600～2 000	

（1）机动船舶的具体适用税额如下。

① 净吨位小于或者等于200吨的，每吨3元。

② 净吨位为201～2 000吨的，每吨4元。

③ 净吨位为2 001～10 000吨的，每吨5元。

④ 净吨位为10 001吨及以上的，每吨6元。

拖船按照发动机功率每1千瓦折合净吨位0.67吨计算缴纳车船税。

（2）游艇的具体适用税额如下。

① 艇身长度不超过10米的游艇，每米600元。

② 艇身长度超过10米但不超过18米的游艇，每米900元。

③ 艇身长度超过18米但不超过30米的游艇，每米1 300元。

④ 艇身长度超过30米的游艇，每米2 000元。

⑤ 辅助动力帆艇，每米600元。

10.2.4 应纳税额的计算与缴纳

纳税人按照纳税地点所在的省、自治区、直辖市人民政府确定的具体适用税额缴纳车船税，车船税由地方税务机关负责征收。

（1）购置的新车船，购置当年的应纳税额自纳税义务发生的当月起按月计算。

计算公式如下：

应纳税额=（年应纳税额÷12）×应纳税月份数

其中，应纳税月份数=12−纳税义务发生时间（取月份）+1

（2）在一个纳税年度内，已完税的车船被盗抢、报废、灭失的，纳税人可以凭有关管理机关出具的证明和完税证明，向纳税所在地的主管税务机关申请退还自被盗抢、报废、灭失月份起至该纳税年度终了期间的税款。

（3）已办理退税的被盗抢车船，失而复得的，纳税人应当从公安机关出具相关证明的当月起计算缴纳车船税。

（4）在一个纳税年度内，纳税人在非车辆登记地由保险机构代收代缴机动车车船税，且能够提供合法有效完税证明的，纳税人不再向车辆登记地的税务机关缴纳车船税。

（5）已缴纳车船税的车船在同一纳税年度内办理转让过户的，不另纳税，也不享受退税。

载人汽车、摩托车以“辆”为车船税计税依据；载货汽车、三轮汽车、低速货车以“自重每吨”为计税依据；船舶以“净吨位每吨”为计税依据。其应纳税额计算公式分别如下：

载货汽车、三轮汽车、低速货车的应纳税额＝自重吨数×单位税额

船舶的应纳税额＝净吨位数×单位税额

【例 10-8】 大昌汽车运输公司 2019 年共有卡车 10 辆，每辆自重 3 吨，当地核定的单位税额为 80 元/年；另有本单位职工接送车（大巴）1 辆，当地核定的税额为 600 元/年，计算该公司全年应纳的车船税。

解析：

（1）货车应纳税额＝3×10×80＝2 400（元）

（2）大巴应纳税额＝600×1＝600（元）

（3）大昌汽车运输公司全年应纳车船税＝2 400＋600＝3 000（元）

10.2.5 税收优惠与征收管理

1．税收优惠

（1）法定减免

下列车船可免征或减征车船税。

① 捕捞、养殖渔船，免征车船税。

② 军队、武装警察部队专用的车船，免征车船税。

③ 警用车船，免征车船税。

④ 依照法律规定应当予以免税的外国驻华使领馆、国际组织驻华代表机构及其有关人员的车船，免征车船税。

⑤ 对节约能源、使用新能源的车船可以减征或者免征车船税；对受严重自然灾害影响纳税困难以及有其他特殊原因确需减税、免税的，可以减征或者免征车船税。具体办法由国务院规定，并报全国人民代表大会常务委员会备案。

（2）特定减免

下列车船可享受车船税特定减免。

① 对经批准临时入境的外国车船和我国香港特别行政区、澳门特别行政区、台湾地区的车船，不征收车船税。

② 对按照规定缴纳船舶吨税的机动船舶，自《车船税法》实施之日起5年内免征车船税。

③ 对依法不需要在车船登记管理部门登记的机场、港口、铁路站场内部行驶或作业的车船，自《车船税法》实施之日起5年内免征车船税。

2. 征收管理

（1）纳税期限

车船税按年征收、分期（季度或半年）缴纳。具体的纳税期限由省、自治区、直辖市人民政府确立。

（2）纳税地点

车船税的纳税地点为纳税人所在地，即单位的经营地或机构所在地、个人的住所所在地。车船税实行源泉控制，一律由纳税人所在地的地方税务机关负责征收和管理，各地对外省、市来的车船不计查税款。

（3）纳税申报

车船税和城市维护建设税、教育费附加、资源税、房产税和城市房地产税、土地增值税和城镇土地使用税（预征部分）、车船使用牌照税、印花税（仅限汇总缴纳和核定征收两种方式）、文化事业建设费、水利建设专项资金一起，统一通过填制《地方税（费）纳税综合申报表》进行申报。

10.3 印花税

10.3.1 印花税概述

1. 印花税的概念

印花税是以经济活动和经济交往中书立、领受应税凭证的行为为征税对象征收的一种税。印花税因其采用在应税凭证上粘贴印花税票的方法缴纳税款而得名。

现行的印花税的基本规范是1988年8月6日国务院发布并于同年10月1日实施的《中华人民共和国印花税暂行条例》（以下简称《印花税暂行条例》）。

2. 征收印花税的意义

征收印花税的意义主要有以下几个。

（1）有利于增加财政收入。

（2）有利于配合和加强经济合同的监督管理。

（3）有利于培养纳税意识。

（4）有利于配合其他应纳税种的监督管理。

10.3.2 纳税人

印花税是对经济活动中书立、领受应税凭证的行为征收的一种税。在我国书立、领受应税范围内各种应税凭证的单位和个人，都是印花税的纳税人。

所称的单位和个人，是指国内各类企业、事业单位、机关、团体、部队以及中外合资企业、合作企业、外资企业、外国公司和其他经济组织及其在华机构等。

上述单位和个人，按照书立、使用、领受应税凭证的不同，可以分别确定为立合同人、立据人、立账簿人、领受人、使用人和各类电子应税凭证的签订人。

1. 立合同人

立合同人指合同的当事人。所谓当事人，是指对凭证有直接权利义务关系的单位和个人，但不包括合同的担保人、证人、鉴定人。各类合同的纳税人是立合同人。

2. 立据人

产权转移书据的纳税人是立据人。立据人是指土地、房屋权属转移过程中买卖双方的当事人。

3. 立账簿人

营业账簿的纳税人是立账簿人。所谓立账簿人，是指设立并使用营业账簿的单位和个人。

4. 领受人

权利、许可证照的纳税人是领受人。领受人是指领取或接受并持有该项凭证的单位和个人。

5. 使用人

在国外书立、接受，但在国内使用的应税凭证，其纳税人是使用人。

6. 各类电子应税凭证的签订人

各类电子应税凭证的签订人即以电子形式签订的各类应税凭证的当事人。

10.3.3 税目与税率

1. 税目

印花税的税目是指印花税法明确规定的应当纳税的项目，它具体划定了印花税的征税范围。一般来说，列入税目的就要纳税，未列入税目的就不纳税。印花税共有 13

个税目，具体如下。

（1）购销合同。包括供应、预购、采购、购销结合及协作、调剂、补偿、贸易等合同。

（2）加工承揽合同。包括加工、定做、修缮、修理、印刷广告、测绘、测试等合同。

（3）建设工程勘察设计合同。包括勘察、设计合同。

（4）建筑安装工程承包合同。包括建筑、安装工程承包合同。承包合同包括总承包合同、分包合同和转包合同。

（5）财产租赁合同。包括租赁房屋、船舶、飞机、机动车辆、机械、器具、设备等合同，还包括企业、个人出租门店、柜台等签订的合同。

（6）货物运输合同。包括民用航空运输、铁路运输、海上运输、内河运输、公路运输和联运合同，以及作为合同使用的单据。

（7）仓储保管合同。包括仓储、保管合同，以及作为合同使用的仓单、栈单等。

（8）借款合同。银行及其他金融组织与借款人（不包括同业拆借）所签订的借款合同，以及只填开借据并作为合同使用、取得银行借款的借据。

（9）财产保险合同。包括财产、责任、保证、信用保险合同，以及作为合同使用的单据。

（10）技术合同。包括技术开发、转让、咨询、服务等合同，以及作为合同使用的单据。

（11）产权转移书据。包括财产所有权和版权、商标专用权、专利权、专有技术使用权等转移书据，土地使用权出让合同，商品房销售合同。

（12）营业账簿。是指单位或者个人记载生产经营活动的财务会计核算账簿。营业账簿按其反映内容的不同，可分为记载资金的账簿和其他账簿。

（13）权利、许可证照。包括政府部门发给的房屋产权证、工商营业执照、商标注册证、专利证、土地使用证等。

2. 税率

印花税的税负遵循从轻、共同负担的原则设计税率，所以税率比较低。

印花税税率有比例税率和定额税率两种形式。

（1）比例税率

在印花税的13个税目中，各类合同以及具有合同性质的凭证（含各类以电子形式签订的各类应税凭证）、产权转移书据、营业账簿中记载资金的账簿，适用比例税率。

印花税的比例税率分为4个档次，分别为0.05‰、0.3‰、0.5‰、1‰。

① 适用0.05‰税率的为“借款合同”。

② 适用0.3‰税率的为“购销合同”“建筑工程承包合同”“技术合同”。

③ 适用0.5‰税率的为“加工承揽合同”“建筑工程勘察设计合同”“货物运输合同”“产权转移书据”及“营业账簿”税目中记载资金的账簿。

④ 适用1‰税率的为“财产租赁合同”“仓储保管合同”“财产保险合同”。

⑤ 在上海证券交易所、深圳证券交易所、全国中小企业股份转让系统买卖、继承、赠予优先股所书立的股权转让书据，均依书立时的实际成交金额，由出让方按1‰的税率计算缴纳证券（股票）交易印花税。

（2）定额税率

在印花税的13个税目中，“权利、许可证照”和“营业账簿”税目中的其他账簿，适用定额税率，均为按件贴花，税额为5元。这样规定，主要是考虑到上述应税凭证比较特殊，有的是无法计算金额的凭证，如权利、许可证照；有的是虽记载有金额，但以其作为计税依据又明显不合理的凭证，如其他账簿。采用定额税率，既便于纳税人缴纳，也便于税务机关征管。

印花税税目、税率如表10-2所示。

表10-2　　印花税税目、税率表

税目	范围	税率	纳税人	说明
购销合同	包括供应、预购、采购、购销结合及协作、调剂、补偿、易货等合同	按购销金额的0.3‰贴花	立合同人	
加工承揽合同	包括加工、定做、修缮、修理、印刷广告、测绘、测试等合同	按加工或承揽收入的0.5‰贴花	立合同人	
建设工程勘察设计合同	包括勘察、设计合同	按收取费用的0.5‰贴花	立合同人	
建筑安装工程承包合同	包括建筑、安装工程承包合同	按承包金额的0.3‰贴花	立合同人	
财产租赁合同	包括租赁房屋、船舶、飞机、机动车辆、机械、器具、设备等合同	按租赁金额的1‰贴花，税额不足1元，按1元贴花	立合同人	
货物运输合同	包括民用航空、铁路运输、海上运输、内河运输、公路运输和联运合同	按运输费用的0.5‰贴花	立合同人	单据作为合同使用的，按合同贴花
仓储保管合同	包括仓储、保管合同	按仓储保管费用的1‰贴花	立合同人	仓单或栈单作为合同使用的，按合同贴花

续表

税目	范围	税率	纳税人	说明
借款合同	银行及其他金融组织和借款人(不包括银行同业拆借)所签订的借款合同	按借款金额的0.05‰贴花	立合同人	单据作为合同使用的，按合同贴花
财产保险合同	包括财产、责任、保证、信用等保险合同	按收取保险费的1‰贴花	立合同人	单据作为合同使用的，按合同贴花
技术合同	包括技术开发、转让、咨询、服务等合同	按所记载金额的0.3‰贴花	立合同人	
产权转移书据	包括财产所有权和版权、商标专用权、专利权、专有技术使用权等转移书据，土地使用权出让合同，商品房销售合同	按所记载金额的0.5‰贴花	立据人	
营业账簿	生产经营用账册	记载资金的账簿，按实收资本和资本公积的合计金额的0.5‰贴花，其他账簿按件贴花5元	立账簿人	
权利、许可证照	包括政府部门发给的房屋产权证、工商营业执照、商标注册证、专利证、土地使用证	按件贴花5元	领受人	

10.3.4 应纳税额的计算

1. 计税依据的一般规定

印花税的计税依据为各种应税凭证上所记载的计税金额。印花税计税依据的一般规定如下。

（1）购销合同的计税依据为合同记载的购销金额。

（2）加工承揽合同的计税依据是加工或承揽收入。具体规定如下。

① 对于由受托方提供原材料的加工、定做合同，凡在合同中分别记载加工费金额和原材料金额的，应分别按“加工承揽合同”“购销合同”计税，两项税额相加数，即为合同应贴印花；若合同中未分别记载，则应就全部金额依照加工承揽合同计税贴花。

② 对于由委托方提供主要材料或原料，受托方只提供辅助材料的加工合同，无论加工费和辅助材料金额是否分别记载，均以辅助材料与加工费的合计数，依照加工承揽合同计税贴花。对委托方提供的主要材料或原料金额不计税贴花。

（3）建设工程勘察设计合同的计税依据为收取的费用。

（4）建筑工程承包合同的计税依据为承包金额。

（5）财产租赁合同的计税依据为租赁金额；经计算，税额不足 1 元的，按 1 元贴花。

（6）货物运输合同的计税依据为取得的运输费（即运费收入），不包括所运货物的金额、装卸费和保险费等。

（7）仓储保管合同的计税依据为收取的仓储保管费用。

（8）借款合同的计税依据为借款金额。针对实际借贷活动中不同的借款形式，税法规定了不同的计税方法。

① 凡是一项信贷业务既签订借款合同，又一次或分次填开借据的，只以借款合同所载金额为计税依据计税贴花；凡是只填开借据并作为合同使用的，应以借据所载金额为计税依据计税贴花。

② 借贷双方签订的流动资金周转性借款合同，一般按年（期）签订，规定最高限额，借款人在规定的期限和最高限额内随借随还。为避免加重借贷双方的负担，对这类合同只以其规定的最高限额为计税依据，在签订时贴花一次，在限额内随借随还不签订新合同的，不再另贴印花。

③ 对借款方以财产作为抵押，从贷款方取得一定数量抵押贷款的合同，应按借款合同的有关规定贴花；在借款方因无力偿还借款而将抵押财产转移给贷款方时，应再就双方书立的产权书据，按产权转移书据的有关规定计税贴花。

④ 对银行及其他金融组织的融资租赁业务签订的融资租赁合同，应以合同所载租金总额为计税依据，暂按借款合同计税。

⑤ 在贷款业务中，如果贷方系由若干银行组成的银团，银团各方均承担一定的贷款数额。借款合同由借款方与银团各方共同书立，各方各执一份合同正本。对这类合同借款方与贷款银团各方应分别在所执的合同正本上，按各自的借款金额为计税依据计税贴花。

⑥ 在基本建设贷款中，如果按年度用款计划分年签订借款合同，在最后一年按总概算签订借款总合同，且总合同的借款金额包括各个分合同的借款金额的，对这类基建借款合同，应按分合同分别贴花，最后签订的总合同，只就借款总额扣除分合同借款金额后的余额为计税依据计税贴花。

（9）财产保险合同的计税依据为支付（收取）的保险费，不包括所保财产的金额。

（10）技术合同的计税依据为合同所载的价款、报酬或使用费。

（11）产权转移书据的计税依据为所载金额。

（12）营业账簿税目中记载资金的账簿的计税依据为“实收资本”与“资本公积”两项的合计金额。

（13）权利、许可证照的计税依据为应税凭证件数。

2. 计税依据的特殊规定

（1）上述凭证以“金额”“收入”“费用”作为计税依据的，应当全额计税，不得做任何扣除。

（2）同一凭证，载有两个或两个以上经济事项而适用不同税目税率，如分别记载金额的，应分别计算应纳税额，相加后按合计税额贴花；如未分别记载金额的，按税率高的计税贴花。

（3）按金额比例贴花的应税凭证，未标明金额的，应按照凭证所载数量及国家牌价计算金额；没有国家牌价的，按市场价格计算金额，然后按规定税率计算应纳税额。

（4）应税凭证所载金额为外国货币的，应按照凭证书立当日国家外汇管理局公布的外汇牌价折合成人民币，然后计算应纳税额。

（5）应纳税额不足 1 角的，免纳印花税；1 角以上的，其税额尾数不满 5 分的不计，满 5 分的按 1 角计算。

（6）有些合同，在签订时无法确定计税金额，如技术转让合同中的转让收入，是按销售收入的一定比例收取或是按实现利润分成的；财产租赁合同，只是规定了月（天）租金标准而无租赁期限的。对这类合同，可在签订时先按定额 5 元贴花，以后结算时再按实际金额计税，补贴印花。

（7）应税合同在签订时纳税义务即已产生，应计算应纳税额并贴花。所以，不论合同是否兑现或是否按期兑现，均应贴花。

（8）对有经营收入的事业单位，凡属由国家财政拨付事业经费，实行差额预算管理的单位，其记载经营业务的账簿，按其他账簿定额贴花，不记载经营业务的账簿不贴花；凡属经费来源实行自收自支的单位，其营业账簿，应对记载资金的账簿和其他账簿分别计算应纳税额。

（9）商品购销活动中，采用以货换货方式进行商品交易签订的合同，是反映既购又销双重经济行为的合同。对此，应按合同所载的购、销合计金额计税贴花。合同未列明金额的，应按合同所载购、销数量依照国家牌价或者市场价格计算应纳税额。

（10）施工单位将自己承包的建设项目，分包或者转包给其他施工单位所签订的分包合同或者转包合同，应按新的分包合同或者转包合同所载金额计税贴花。

3. 应纳税额的计算方法

纳税人的应纳税额，根据应纳税凭证的性质，分别按比例税率或者定额税率计算。其计算公式如下：

应纳税额＝应税凭证计税金额（或应税凭证件数）×适用税率

10.3.5 税收优惠与征收管理

1. 税收优惠

印花税的减免税优惠主要如下。

（1）对已缴纳印花税凭证的副本或者抄本免税。凭证的正式签署本已按规定缴纳了印花税，其副本或者抄本对外不发生权利义务关系，只用于备查。但以副本或者抄本视同正本使用的，则应另贴印花。

（2）对无息、贴息贷款合同免税。

（3）对房地产管理部门与个人签订的用于生活居住的租赁合同免税。

（4）对农牧业保险合同免税。

（5）对与高校学生签订的高校公寓租赁合同免税。

（6）对公租房经营管理单位建造管理公租房涉及的印花税予以免税。

（7）对纳税人设立的资金账簿按实收资本和资本公积合计金额征收的印花税减半征收。

（8）对按件征收的其他账簿免征印花税。

2. 征收管理

（1）纳税办法

印花税的纳税办法分为自行贴花、汇贴或汇缴、委托代征 3 种。

① 自行贴花办法。即指纳税人根据应纳税凭证的性质和适用的科目、税率，自行计算应纳税额、自行购买印花税税票、自行一次贴足印花税税票并加以注销或划销的办法。这种办法适用于应税凭证较少或者贴花次数较少的纳税人。

② 汇贴或汇缴办法。当一份凭证应纳税额超过 500 元时，纳税人应向当地税务机关申请填写缴款书或者完税证，将其中一联粘贴在凭证上或者由税务机关在凭证上加注完税标记代替贴花。若同一种类应纳税凭证需频繁贴花，则纳税人应向当地税务机关申请按期汇总缴纳印花税。税务机关对核准汇总缴纳印花税的单位，应发给汇缴许可证。汇总缴纳的限期限额由当地税务机关确定，但最长期限不得超过 1 个月。

③ 委托代征办法。即税务机关委托经由发放或者办理应纳税凭证的单位代为征收印花税税款的办法。例如，工商行政管理部门在核发各类营业执照和商标注册证时，受税务机关委托，代收印花税税款，并监督领受单位和个人贴花。

（2）纳税环节。印花税应当在书立或领受时贴花。

（3）纳税地点。印花税一般就地纳税。

（4）纳税申报。印花税的纳税人应按照有关规定及时办理纳税申报，并如实填写《印花税纳税申报表》。

同步测试题

一、名词解释

契税；印花税；比例税率；定额税率

二、单项选择题

1. 甲企业从某拍卖公司通过拍卖购进两辆轿车自用，其中一辆是未上牌照的新车，不含税成交价为 60 000 元，国家税务总局核定同类型新车的最低计税价格为 120 000 元/辆；另一辆是已使用 8 年的轿车，不含税成交价为 50 000 元（从原车主取得了完税证明）。甲企业应缴纳车辆购置税（　　）元。

A. 6 000　　B. 6 500　　C. 12 000　　D. 24 000

2. 某财政全额拨款的事业单位 2019 年 5 月从汽车贸易公司（增值税一般纳税人）购进一辆 1.8 升排量的轿车自用，取得普通发票，发票上注明含税销售额为 272 400 元，另外支付购买工具件和零配件含税价款 3 600 元，支付控购费 21 000 元，并取得控购部门的收据，汽车贸易公司提供系列服务，代办各种手续并收取一定的费用，该事业单位支付汽车贸易公司代收的保险费 9 500 元，新车登记费、上牌办证费、手续费等共计 7 000 元，并取得汽车贸易公司开具的发票。该事业单位应纳的车辆购置税为（　　）元。

A. 24 188.03　　B. 25 000　　C. 27 240　　D. 26 794.87

3. 李某于 2019 年 5 月从汽车贸易公司（增值税一般纳税人）购进一辆 1.6 升排量的捷达牌轿车，支付的全部价款合计为 10.2 万元（含税），另外支付代收临时牌照费 300 元，购买工具件和零配件含税价款 2 600 元，所支付的款项均由该汽车贸易公司开具普通发票。李某应纳车辆购置税（　　）元。

A. 4 482.91　　B. 8 965.81　　C. 6 724.36　　D. 8 744.62

4. 甲企业 2019 年 5 月购进 3 辆轿车自用，其中两辆是未上牌照的新车，每辆不含税成交价为 120 000 元，国家税务总局核定同类型车辆的最低计税价格为 110 000 元/辆；第 3 辆是从某企业购入的已使用 3 年的轿车（从原车主取得了完税证明），不含税成交价为 60 000 元。甲企业应纳车辆购置税（　　）元。

A. 4 482.91　　B. 8 965.81　　C. 6 724.36　　D. 8 744.62

5. 某 4S 店 2019 年 11 月进口 7 辆商务车，海关核定的关税完税价格为 40 万元/辆，当月销售 4 辆，另将 2 辆作为样车放置在展厅待售，1 辆公司自用，该 4S 店应纳车辆购置税（　　）万元。

A. 5.48　　B. 5.60　　C. 5.68　　D. 17.04

三、多项选择题

1. 根据车辆购置税法律法规的规定，下列行为属于车辆购置税应税行为的有（　　）。

A. 购买应税车辆自用的行为

B. 销售应税车辆的行为

C. 自产自用应税车辆的行为

D. 以获奖方式取得并自用应税车辆的行为

2. 根据车辆购置税法律法规的规定，下列关于车辆购置税计税依据的表述正确的有（　　）。

A. 代为收取的政府部门的行政事业性收费并开具财政票据的，不属于价外费用，不并入计税价格计税

B. 购买者随购买车辆支付的工具件价款，不计入计税价格

C. 购买者随购买车辆支付的零部件价款，不计入计税价格

D. 销售单位的代收款项，一律计入计税价格

3. 按照现行车辆购置税的有关规定，下列说法正确的有（　　）。

A. 最低计税价格的核定权限属于国家税务总局

B. 所有非运输车辆都实行法定免税

C. 长期来华定居的专家购买 2 辆小轿车自用都可以免税

D. 外国驻华使馆自用车辆免税

4. 关于车辆购置税的计算，下列说法正确的有（　　）。

A. 进口自用的应税小汽车的计税价格包括关税完税价格和关税，不包括消费税

B. 汽车销售公司使用保险公司发票代收的保险费应并入计税价格计征车辆购置税

C. 汽车销售公司使用本公司发票代收的代收款项应并入计税价格计征车辆购置税

D. 进口自用的应税小汽车，其计税价格包括关税完税价格、关税和消费税

5. 根据车辆购置税法律法规的规定，下列车辆中可以免缴车辆购置税的有（　　）。

A. 外国驻华使馆自用车辆

B. 长期来华定居专家进口 1 辆自用小汽车

C. 回国服务的留学人员购买自用的进口小汽车

D. 四轮农用运输车

四、判断题

1. 新购置的应税车船如果暂不使用，可不申报纳税。（　　）

2. 车船使用税法规定：租赁的车船，当拥有人和使用人不一致且未协商确定纳税人时，应由使用人缴纳车船使用税。（　　）

3. 中国远洋轮船在国外缴纳了吨税，在国内可免缴车船使用税。（　　）

4. 免税单位与纳税单位合并办公，所用车辆不能划分清楚，则免税单位车辆也应照章纳税。（　　）

5. 如果企业的车船上了外省的车船牌照，应到领取牌照的所在地缴纳车船使用税。（　　）

五、简答题

1. 简述车辆购置税的基本内容。

2. 简述车船税的税目与税率。

3. 试比较车辆购置税与车船税的异同点。

4. 有关印花税纳税人的规定有哪些？

案例分析题

2019 年，肖存庚与他人合资成立一家会计师事务所。2018 年发生以下业务。

1. 事务所委托某外贸公司进口九成新林芝小轿车一辆，海关核定关税完税价格为 20 万元人民币，该车已交付事务所使用。

2. 肖存庚将原值 20 万元的一套自有旧居自年初起提供给事务所使用。

已知：轿车进口关税适用税率为 25%、消费税适用税率为 5%；计算房屋余值的扣除

比例为30%。

要求：根据上述资料，回答下列问题，如有计算，每一个问题需计算出合计数。

（1）进口小轿车应缴纳的增值税是多少？

（2）计算进口小轿车使用环节应缴纳的车辆购置税。

（3）假设肖存庚无偿提供旧居，计算事务所本年应缴纳的房产税。

（4）假设肖存庚出租旧居供事务所职员居住，年租金为5万元，计算其本年应缴纳的房产税。

（5）假设肖存庚利用旧居为事务所提供仓储保管服务，年保管费为5万元，计算其本年应缴纳的房产税。

企业所得税 第11章

引导案例

无票利息费用企业所得税税前扣除争议案

G家电经销公司（以下简称“G公司”）成立于2008年3月22日，其经营范围为家用电器经销。G公司为满足生产经营的需要，通过民间借贷以弥补流动资金的不足。自2009年起，G公司将其民间借贷所支付的利息，在企业所得税税前予以扣除。

无票利息费用企业所得税税前扣除争议案

G公司所在地的W县税务局经核查认为，G公司在会计账簿上记载的贷款利息因没有合法有效的凭证——发票，不能作为财务报销凭证，也就不能进行税前扣除。由此，W县税务局将G公司的税前扣除行为界定为故意隐瞒企业所得收入的偷税行为，先后向G公司下达了《税务处理决定书》和《税务行政处罚决定书》。追缴G公司自2016年起少缴所得税70 507.21元，并收滞纳金23 945.21元，处少缴税额一倍罚款70 507.21元。

G公司对W县税务局做出的行政决定表示不服，就委托税务律师为其代理，申请行政复议。税务律师认为，G公司虽未取得发票，但交易为真实的，也能提供贷款合同、资金流向凭证等资料，因此相关部门应当依据《中华人民共和国企业所得税法》允许G公司在企业所得税税前扣除。经过反复沟通，税务律师最终说服了复议机关。

讨论与思考：

1. G公司因民间借贷支付的利息，是否只有在取得发票的情况下才准予税前扣除？
2. G公司是否构成故意增加税前扣除额，以降低企业所得税税负的行为？

11.1 企业所得税概述

11.1.1 企业所得税的概念

企业所得税是指国家对我国境内的企业和其他取得收入的组织的生产、经营所得和其他所得依法征收的一种税。

现行的企业所得税的基本规范是2007年3月16日第十届全国人民代表大会第五次

全体会议通过的《中华人民共和国企业所得税法》（以下简称《企业所得税法》）和2007年11月28日国务院第197次常务会议通过的《中华人民共和国企业所得税法实施条例》（以下简称《实施条例》）。

11.1.2 企业所得税的作用

企业所得税的作用主要有3个：（1）促进企业改善经营管理活动，提高企业的盈利能力；（2）调节产业结构，促进经济发展；（3）为国家建设筹集财政资金。

11.2 纳税人与征税对象

11.2.1 纳税人

在中华人民共和国境内，企业和其他取得收入的组织（以下统称“企业”）为企业所得税的纳税人。企业分为居民企业和非居民企业。

1. 居民企业

居民企业是指依法在中国境内成立，或者依照外国（地区）法律成立但实际管理机构在中国境内的企业。此处的企业包括国有企业、集体企业、私营企业、联营企业、股份制企业、外商投资企业、外国企业以及有生产、经营所得和其他所得的其他组织。其中有生产、经营所得和其他所得的其他组织，是指经国家有关部门批准，依法注册、登记的事业单位、社会团体等组织。我国的一些社会团体组织、事业单位由于在完成国家事业计划的过程中，开展多种经营和有偿服务活动，取得除财政部门各项拨款、财政部和物价部门批准的各项规费收入以外的经营收入，具有了经营的特点，应当视同企业纳入征税范围。实际管理机构是指对企业的生产经营、人员、账务、财产等实施实质性全面管理和控制的机构。

2. 非居民企业

非居民企业是指依照外国（地区）法律成立且实际管理机构不在中国境内，但在中国境内设立机构、场所的，或者在中国境内未设立机构、场所，但有来源于中国境内所得的企业。

上述所称机构、场所，是指在中国境内从事生产经营活动的机构、场所，具体包括以下几个方面。

（1）管理机构、营业机构、办事机构。

（2）工厂、农场、开采自然资源的场所。

（3）提供劳务的场所。

（4）从事建筑、安装、装配、修理、勘探等工程作业的场所。

（5）其他从事生产经营活动的机构、场所。

（6）若非居民企业委托营业代理人在中国境内从事生产经营活动，包括委托单位或者个人经常代其签订合同，或者储存、交付货物等，该营业代理人视为非居民企业在中国境内设立的机构、场所。

11.2.2 征税对象

企业所得税的征税对象是企业取得的生产经营所得、其他所得和清算所得。所谓生产经营所得，是指企业从事物质生产、商品流通、交通运输、劳务服务以及其他营利事业取得的所得。其他所得包括股息、利息、租金、特许权使用费、财产转让所得以及营业外收益等所得。纳税人按照章程规定解散或破产，以及因其他原因宣布终止时，其清算终了后的清算所得，也属于企业所得税的征税对象。

1. 居民企业的征税对象

居民企业应当就其来源于中国境内、境外的所得缴纳企业所得税。所得包括销售货物所得、提供劳务所得、转让财产所得、股息红利等权益性投资所得、利息所得、租金所得、特许权使用费所得、接受捐赠所得和其他所得。

2. 非居民企业的征税对象

非居民企业在中国境内设立机构、场所的，应当就其所设机构、场所取得的来源于中国境内的所得，以及发生在中国境外但与其所设机构、场所有实际联系的所得缴纳企业所得税。

非居民企业在中国境内未设立机构、场所的，或者虽设立机构、场所但取得的所得与其所设机构、场所没有实际联系的，应当就其来源于中国境内的所得缴纳企业所得税。

上述所称实际联系，是指非居民企业在中国境内设立机构、场所拥有的据以取得所得的股权、债权，以及拥有、管理、控制据以取得所得的财产。

3. 所得来源地的确定

（1）销售货物所得，按照交易活动发生地确定。

（2）提供劳务所得，按照劳务发生地确定。

（3）转让财产所得，可视以下不同情况来确定。

① 不动产转让所得按照不动产所在地确定。

② 动产转让所得按照动产的企业或者机构、场所所在地确定。

③ 权益性投资资产转让所得按照被投资企业所在地确定。

（4）股息、红利等权益性投资所得，按照分配所得的企业所在地确定。

（5）利息所得、租金所得、特许权使用费所得，按照负担、支付所得的企业或者机构、场所所在地确定，或者按照负担、支付所得的个人的住所地确定。

（6）其他所得，由国务院财政、税务主管部门确定。

11.3 税率与税收优惠

11.3.1 税率

企业所得税实行比例税率。比例税率简便易行、透明度高，不会因征税而改变企业之间的收入分配比例，有利于促进效率的提高。现行规定如下。

（1）企业所得税的基本税率为25%。

（2）低税率为20%。

非居民企业在中国境内未设立机构、场所的，或者虽设立机构、场所但取得的所得与其所设机构、场所没有实际联系的，其来源于中国境内的所得按20%征税。但实际征税时适用10%的税率。

如果企业上一年度发生亏损，可用当年应纳税额进行弥补，按弥补亏损后的应纳税额来确定适用税率，但弥补期限最长不得超过5年。

11.3.2 税收优惠

企业所得税的税收优惠，是指国家根据经济和社会发展的需要，在一定的期限内对特定地区、行业和企业的纳税人应缴纳的企业所得税给予减征或者免征的一种照顾和鼓励措施。

概括起来，企业所得税的法定减免税优惠政策主要有以下内容。

（1）国家对重点扶持和鼓励发展的产业和项目，给予企业所得税优惠。

（2）企业的下列收入为免税收入。

① 国债利息收入。

② 符合条件的居民企业之间的股息、红利等权益性投资收益。

③ 在中国境内设立机构、场所的非居民企业从居民企业取得的与该机构、场所有实际联系的股息、红利等权益性投资收益。

④ 符合条件的非营利公益组织的收入。

（3）对企业的下列所得，可以免征、减征企业所得税。

① 从事农、林、牧、渔业项目的所得。

② 从事国家重点扶持的公共基础设施项目投资经营的所得。

③ 从事符合条件的环境保护、节能节水项目的所得。

④ 符合条件的技术转让所得。

⑤ 非居民企业在中国境内未设立机构、场所的，或者虽设立机构、场所但取得的所得与其所设机构、场所没有实际联系的，其来源于中国境内的所得。

（4）对符合条件的小型微利企业，减按 20%的税率征收企业所得税。对国家需要重点扶持的高新技术企业，减按 15%的税率征收企业所得税。

（5）民族自治地方的自治机关对本民族自治地方的企业应缴纳的企业所得税中属于地方分享的部分，可以决定减征或者免征。自治州、自治县决定减征或者免征的，须报省、自治区、直辖市人民政府批准。

（6）企业的下列支出，可以在计算应纳税所得额时加计扣除。

① 开发新技术、新产品、新工艺发生的研究开发费用。

② 安置残疾人员及国家鼓励安置的其他就业人员所支付的工资。

（7）创业投资企业从事国家需要重点扶持和鼓励的创业投资，可以按投资额的一定比例抵扣应纳税所得额。

（8）企业的固定资产由于技术进步等原因，确需加速折旧的，可以缩短折旧年限或者采取加速折旧的方法。

（9）企业综合利用资源，生产符合国家产业政策规定的产品所取得的收入，可以在计算应纳税所得额时减计收入。

（10）企业购置用于环境保护、节能节水、安全生产等的专用设备的投资额，可以按一定比例实行税额抵免。

11.4 应纳税所得额的计算

应纳税所得额是企业所得税的计税依据。按照《企业所得税法》的规定，企业每一纳税年度的收入总额，减除不征税收入、免税收入、各项扣除以及允许弥补的以前年度亏损后的余额，为应纳税所得额。其基本计算公式如下：

应纳税所得额＝收入总额－不征税收入－免税收入－各项扣除－允许弥补的以前年度亏损

企业应纳税所得额是以发生制为原则计算的，应纳税所得额的计算直接关系到国家财政收入和企业的税收负担，并且与成本、费用核算关系密切。其主要内容包括收入总额、扣除范围和标准、亏损弥补、资产的税务处理等。

11.4.1 收入总额

收入总额是指企业以货币形式和非货币形式从各种来源取得的收入。具体包括以下几种收入：销售货物收入，提供劳务收入，转让财产收入，股息、红利等权益性投资收益，利息收入，租金收入，特许权使用费收入，接受捐赠收入，其他收入等。企业取得收入的货币形式，包括现金、存款、应收账款、应收票据、准备持有至到期的债券投资以及债务的豁免等；纳税人以非货币形式取得的收入，包括固定资产、生物资产、无形资产、股权投资、存货、不准备持有至到期的债券投资、劳务以及有关权益等，这些非货币资产应当按照公允价值确定收入额，公允价值是指按照市场价格确定的价值。

11.4.2 税前扣除的原则和范围

1. 扣除项目的原则

企业申报的扣除项目和金额要真实、合法。真实，是指能提供证明有关支出确属已经实际发生；合法是指符合税法的规定。税前扣除一般应遵循以下 5 项原则：权责发生制原则、配比性原则、相关性原则、确定性原则、合理性原则。

2. 扣除项目的范围

企业实际发生的与取得收入有关的、合理的支出，包括成本、费用、税金、损失和其他支出，准予在计算应纳税所得额时扣除。

（1）成本，指纳税人销售商品（产品、材料、下脚料、废料、废旧物资等）、提供劳务、转让固定资产、无形资产（包括技术转让）的成本。纳税人应将经营活动中发生的成本合理划分为直接成本和间接成本。

（2）费用，指纳税人在每一纳税年度为生产、经营商品和提供劳务等所发生的可扣除的销售（经营）费用、管理费用和财务费用。已计入成本的有关费用除外。

（3）税金，指纳税人按规定缴纳的消费税、关税、城市维护建设税、资源税、教育费附加等产品销售税金及附加，以及发生的房产税、车船使用税、土地使用税、印花税等可以扣除的税金。企业缴纳的房产税、车船使用税、土地使用税、印花税等，已经计入管理费用的，不再作为销售税金单独扣除。企业缴纳的增值税，属于价外税，故不在扣除之列。

（4）损失，指纳税人在生产、经营过程中发生的各项营业外支出，包括已发生的经营亏损、投资损失以及其他损失。

（5）扣除的其他支出，是指除成本、费用、税金、损失外，企业在生产经营活动中发生的与生产经营活动有关的、合理的支出。

3. 扣除项目的标准

在计算应纳税所得额时，下列项目可按实际发生额或规定的标准扣除。

（1）工资、薪金支出。企业发生的合理的工资、薪金支出准予据实扣除。工资、薪金支出是企业每一纳税年度支付给本企业任职或与其有雇佣关系的员工的所有现金或非现金形式的劳动报酬。合理的工资、薪金支出是指企业按照股东大会、董事会、薪酬委员会或相关管理机构制定的工资、薪金制度的规定实际发放给员工的工资、薪金。

（2）职工福利费、工会经费、职工教育经费。企业发生的职工福利费、工会经费、职工教育经费按标准扣除，未超过标准的按实际数扣除，超过标准的只能按标准扣除。企业发生的职工福利费支出不超过工资、薪金总额 14%的部分准予扣除；企业缴纳的工会经费不超过工资、薪金总额 2%的部分准予扣除；企业发生的职工教育经费支出不超过工资、薪金总额 8%的部分准予扣除，超过部分准予结转以后纳税年度扣除。

（3）社会保险费。

① 企业依照国务院有关主管部门或者省级人民政府规定的范围和标准为职工缴纳的“五险一金”，即基本养老保险费、基本医疗保险费、失业保险费、工伤保险费、生育保险费等基本社会保险费和住房公积金，准予扣除。

② 企业为投资者或者职工支付的补充养老保险费、补充医疗保险费，在国务院财政、税务主管部门规定的范围和标准内的，准予扣除。企业依照国家有关规定为特殊工种职工支付的人身安全保险费和符合国务院财政、税务主管部门规定可以扣除的商业保险费准予扣除。

③ 企业参加财产保险，按照规定缴纳的保险费，准予扣除。企业为投资者或者职工支付的商业保险费，不得扣除。

（4）利息费用。企业在生产经营活动中发生的利息费用，按下列规定扣除。

① 非金融企业借款的利息支出、金融企业的各项存款利息支出和同业拆借利息支出、企业经批准发行债券的利息支出可据实扣除。

② 非金融企业向非金融企业借款的利息支出，不超过按照金融企业同期同类贷款利率计算的部分可据实扣除，超过部分不许扣除。

③ 关联企业利息费用的扣除。企业从其关联方接受的债权性投资与权益性投资的比例超过规定标准而发生的利息支出，不得在计算应纳税所得额时扣除。

④ 企业向自然人借款的利息支出在企业所得税税前扣除。

（5）借款费用。

① 企业在生产经营活动中发生的合理的不需要资本化的借款费用，准予扣除。

② 企业为购置、建造固定资产、无形资产和经过 12 个月以上的建造才能达到预定可销售状态的存货发生借款的，在有关资产购置、建造期间发生的合理的借款费用，应予以资本化，作为资本性支出计入有关资产的成本；有关资产交付使用后发生的借款利息，可在发生当期扣除。

③ 企业通过发行债券、取得贷款、吸收保户储金等方式融资而发生的合理的费用支

出，符合资本化条件的，应计入相关资产成本；不符合资本化条件的，应作为财务费用，准予在企业所得税税前据实扣除。

（6）汇兑损失。企业在货币交易中，以及纳税年度终了时将人民币以外的货币性资产、负债按照期末即期人民币汇率中间价折算为人民币时产生的汇兑损失，除已经计入有关资产成本以及与向所有者进行利润分配相关的部分外，准予扣除。

（7）业务招待费。

① 企业发生的与生产经营活动有关的业务招待费支出，按照发生额的60%扣除，但最高不得超过当年销售（营业）收入的5‰。

② 对从事股权投资业务的企业，其从被投资企业所分配的股息、红利及股权转让收入，可以按规定的比例计算业务招待费扣除限额。

③ 企业在筹建期间，发生的与筹办活动有关的业务招待费支出，可按实际发生额计入企业筹办费，按上述规定在税前扣除。

（8）广告费和业务宣传费。企业发生的符合条件的广告费和业务宣传费，除国务院财政、税务主管部门另有规定外，不超过当年销售（营业）收入15%的部分，准予扣除；超过部分，准予结转以后纳税年度扣除。

企业在筹建期间，发生的广告费和业务宣传费，可按实际发生额计入企业筹办费，按上述规定在税前扣除。

（9）环境保护专项资金。企业依照法律、行政法规有关规定提取的用于环境保护、生态恢复等方面的专项资金，准予扣除。上述专项资金提取后改变用途的，不得扣除。

（10）保险费。企业参加财产保险，按照规定缴纳的保险费，准予扣除。

（11）租赁费。企业根据生产经营活动的需要租入固定资产支付的租赁费，按照以下方法扣除。

① 以经营性租赁方式租入固定资产发生的租赁费支出，按照租赁期限均匀扣除。

② 以融资租赁方式租入固定资产发生的租赁费支出，按照规定构成融资租入固定资产价值的部分应当提取折旧费用，分期扣除。

（12）劳动保护费。企业发生的合理的劳动保护支出，准予扣除。自2011年7月1日起，企业根据其工作性质和特点，由企业统一制作并要求员工工作时统一着装所发生的工作服饰费用，根据《实施条例》第二十七条的规定，可以作为企业合理的支出在税前扣除。

（13）公益性捐赠支出。公益性捐赠是指企业通过公益性社会团体或者县级以上人民政府及其部门，用于《中华人民共和国公益事业捐赠法》规定的公益事业的捐赠。企业发生的公益性捐赠支出，不超过年度利润总额12%的部分，准予扣除。

（14）有关资产的费用。企业转让各类固定资产发生的费用，允许扣除。企业按规定计算的固定资产折旧费、无形资产和递延资产的摊销费，准予扣除。

（15）总机构分摊的费用。非居民企业在中国境内设立的机构、场所，就其中国境外总机构发生的与该机构、场所生产经营有关的费用，能够提供总机构出具的费用汇集范围、定额、分配依据和方法等证明文件，并合理分摊的，准予扣除。

（16）资产损失。企业当期发生的固定资产和流动资产盘亏、毁损净损失，由其提供清查盘存资料经主管税务机关审核后，准予扣除。

（17）依照有关法律、行政法规和国家有关税法规定准予扣除的其他项目，如会员费、合理的会议费、差旅费、违约金、诉讼费用等，准予扣除。

（18）手续费及佣金支出。企业发生的与生产经营有关的手续费及佣金支出，不超过规定计算限额以内的部分，准予扣除；超过部分，不得扣除。

（19）根据《企业所得税法》第二十一条的规定，对企业依据财务会计制度规定，并实际在财务会计处理上已确认的支出，凡没有超过《企业所得税法》和有关税收法规规定的税前扣除范围和标准的，可按企业实际会计处理确认的支出，在企业所得税税前扣除。

（20）企业维简费支出企业所得税前扣除规定。企业实际发生的维简费支出，属于收益性支出的，可作为当期费用税前扣除；属于资本性支出的，应计入有关资产成本，并按《企业所得税法》规定计提折旧或摊销费用在税前扣除。

4. 不得扣除的项目

在计算应纳税所得额时，下列支出不得扣除。

（1）向投资者支付的股息、红利等权益性投资收益款项。

（2）企业所得税税款。

（3）税收滞纳金，是指纳税人违反税收法规，被税务机关处以的滞纳金。

（4）罚金、罚款和被没收财物的损失，是指纳税人违反国家有关法律、法规规定，被有关部门处以的罚款，以及被司法机关处以的罚金和被没收财物。

（5）超过规定标准的捐赠支出。

（6）赞助支出，是指企业发生的与生产经营无关的各种非广告性质支出。

（7）未经核定的准备金支出，是指不符合国务院财政、税务部门规定的各项资产减值准备、风险准备金支出。

（8）企业之间支付的管理费、企业内营业机构之间支付的租金和特许权使用费，以及非银行企业内营业机构之间支付的利息。

（9）与取得收入无关的其他支出。

11.4.3 亏损弥补

企业纳税年度发生的亏损，准予向以后年度结转，用以后年度的所得弥补，但结转年限最长不得超过五年。但是，企业在汇总计算缴纳企业所得税时，其境外营业机构的亏损不得抵减境内营业机构的盈利。

11.4.4 资产的税务处理

资产是指由于发生资本投资等交易或事项而形成的财产。对于资本性支出以及无形资产受让、开办、开发费用，不允许作为成本、费用从纳税人的收入总额中做一次性扣除，即纳税人经营活动中使用的固定资产的折旧费用、无形资产和长期待摊费用的摊销费用可以扣除。税法规定，纳入税务处理范围的资产形式主要有固定资产、生物资产、无形资产、长期待摊费用、投资资产、存货等，均以历史成本为计税基础。历史成本是指企业实际取得该项资产时实际发生的支出。企业持有各项资产期间资产增值或减值，除国务院财政、税务主管部门规定可以确认损益外，不得调整该资产的计税基础。

11.5 应纳税额的计算

11.5.1 居民企业应纳税额的计算

居民企业应纳税额等于应纳税所得额乘以适用税率，基本计算公式如下：

应纳税额＝应纳税所得额×适用税率－减免税额－抵免税额

从上述计算公式可以看出，应纳税额的多少取决于应纳税所得额和适用税率两个因素，在实际工作中，应纳税所得额的计算一般有直接计算法和间接计算法两种方法。

1. 直接计算法

在直接计算法下，企业每一纳税年度的收入总额减除不征税收入、免税收入、各项扣除以及允许弥补以前年度亏损后的余额为应纳税所得额。计算公式与前述相同，如下：

应纳税所得额＝收入总额－不征税收入－免税收入－各项扣除金额－允许弥补以前年度亏损

2. 间接计算法

在间接计算法下，在会计利润总额的基础上加或减按照税法规定调整的项目金额后，即为应纳税所得额。计算公式如下：

应纳税所得额＝会计利润总额±纳税调整项目金额

纳税调整项目金额包括两方面的内容：一是税收规定范围与会计规定不一致的应予以调整的金额；二是税法规定扣除标准与会计规定不一致的应予以调整的金额。

【例 11-1】 华威公司为居民企业，2019 年发生如下经营业务。

（1）取得产品销售收入 4 000 万元。

（2）发生产品销售成本 2 600 万元。

（3）发生销售费用 770 万元（其中，广告费 650 万元）；管理费用 480 万元（其中，业务招待费 25 万元）；财务费用 60 万元。

（4）销售税金 160 万元（含增值税 120 万元）。

（5）营业外收入 80 万元，营业外支出 50 万元（含通过公益性社会团体向贫困山区捐款 30 万元，支付税收滞纳金 6 万元）。

（6）计入成本、费用中的实发工资总额 400 万元、拨缴职工工会经费 5 万元、发生职工福利费 31 万元、发生职工教育经费 7 万元。

要求：计算该公司 2019 年度实际应纳的企业所得税。

解析：

（1）会计利润总额＝4 000＋80－2 600－770－480－60－40－50＝80（万元）

（2）广告费和业务宣传费调增所得额＝650－4 000×15%＝650－600＝50（万元）

（3）业务招待费调增所得额＝25－25×60%＝25－15＝10（万元）[4 000×5‰＝20（万元）>25×60%＝15（万元），按照规定税前扣除限额应为 15 万元]

（4）捐赠支出应调增所得额＝30－80×12%＝20.40（万元）

（5）工会经费应调增所得额＝5－200×2%＝1（万元）

（6）职工福利费应调增所得额＝31－200×14%＝3（万元）

（7）职工教育经费扣除限额＝200×8%＝16（万元）（实际发生额小于扣除限额，不做纳税调整）

（8）应纳税所得额＝80＋50＋10＋20.40＋6＋1＋3＝170.40（万元）

（9）2019 年应缴企业所得税＝170.40×25%＝42.60（万元）

【例 11-2】 龙腾公司为居民企业，2019 年发生如下经营业务：全年取得产品销售收入 5 600 万元，发生产品销售成本 4 000 万元，其他业务收入 800 万元，其他业务成本 694 万元，取得购买国债的利息收入 40 万元，缴纳非增值税销售税金及附加 300 万元，发生的管理费用 760 万元（其中，新技术的研究开发费用 60 万元），业务招待费用 70 万元，发生财务费用 200 万元，取得直接投资其他居民企业的权益性收益 34 万元（已在投资方所在地按 15%的税率缴纳了所得税），取得营业外收入 100 万元，发生营业外支出 250 万元（其中，含公益捐赠38万元）。

要求：计算龙腾公司2019年应纳的企业所得税。

解析：

（1）利润总额＝5 600＋800＋40＋34＋100－4 000－694－300－760－200－250＝370（万元）

（2）国债利息收入免征企业所得税，应调减所得额40万元。

（3）技术开发费调减所得额＝60×75%＝45（万元）

（4）按实际发生业务招待费的60%计算＝70×60%＝42（万元）

按销售收入的5‰计算＝（5 600＋800）×5‰＝32（万元）

按照规定税前扣除限额应为32万元，实际应调增应纳税所得额＝70－32＝38（万元）

（5）取得直接投资其他居民企业的权益性收益属于免税收入，应调减应纳税所得额34万元。

（6）捐赠扣除标准＝370×12%＝44.40（万元）

实际捐赠额38万元小于扣除标准44.40万元，可按实捐数扣除，不做纳税调整。

（7）应纳税所得额＝370－40－45＋38－34＝289（万元）

（8）龙腾公司2019年应纳的企业所得税＝289×25%＝72.25（万元）

【例11-3】 之金公司为一家科技型中小企业，拥有职工90人，资产总额为2 800万元，2019年发生如下经营业务：

（1）取得产品销售收入3 000万元、国债利息收入20万元。

（2）发生产品销售成本2 200万元。

（3）发生销售费用252万元、管理费用390万元（其中，业务招待费28万元、新产品研发费用120万元）。

（4）向非金融企业借款200万元，支付年利息费用18万元（注：金融企业同期同类借款年利息率为6%）。

（5）企业所得税前准许扣除的税金及附加为32万元。

（6）10月购进符合《环境保护专用设备企业所得税优惠目录》的专用设备，取得增值税专用发票注明金额30万元，增值税进项税额为5.1万元，该设备当月投入使用。

（7）计入成本费用中的实发工资总额200万元、拨缴职工工会经费4万元，发生职工福利费35万元，发生职工教育经费10万元。

要求：计算之金公司2019年应缴纳的企业所得税。

解析：

（1）利润总额＝3 000＋20－2 200－252－390－18－32＝128（万元）

（2）国债利息收入免征企业所得税，应调减所得额20万元。

（3）业务招待费应调增所得额＝28－15＝13（万元）

28×60%＝16.80（万元）>3 000×5‰＝15（万元）

（4）新产品研发费用应调减所得额＝120×75%＝90（万元）

（5）利息费用支出应调增所得额＝18－200×6%＝6（万元）

（6）工会经费应调增所得额＝4－200×2%＝0（万元）

（7）职工福利费应调增所得额＝35－200×14%＝7（万元）

（8）职工教育经费扣除限额＝200×8%＝16（万元）

（9）应纳税所得额＝128－20＋13－90＋6＋7＝44（万元）

（10）之金公司2019年应纳的企业所得税＝44×50%×20%－30×10%＝1.40（万元）

11.5.2 非居民企业应纳税额的计算

对于在中国境内未设立机构、场所的，或者虽设立机构、场所但取得的所得与其所设机构、场所没有实际联系的非居民企业的所得，按照下列方法计算应纳税所得额。

（1）股息、红利等权益性投资收益和利息、租金、特许权使用费所得，以收入全额为应纳税所得额。

营改增试点中的非居民企业，应以不含增值税的收入全额作为应纳税所得额。

（2）转让财产所得，以收入全额减除财产净值后的余额为应纳税所得额。

（3）其他所得，参照前两项规定的方法计算应纳税所得额。

扣缴企业所得税应纳税额计算公式如下：

扣缴企业所得税应纳税额＝应纳税所得额×实际征收率

11.5.3 非居民企业所得税核定征收办法

非居民企业因会计账簿不健全，资料残缺难以查账，或者其他原因不能准确计算并据实申报其应纳税所得额的，税务机关有权采取以下方法核定其应纳税所得额。

（1）按收入总额核定应纳税所得额：适用于能够正确核算收入或通过合理方法推定收入总额，但不能正确核算成本费用的非居民企业。计算公式如下：

应纳税所得额＝收入总额×税务机关核定的利润率

（2）按成本费用核定应纳税所得额：适用于能够正确核算成本费用，但不能正确核算收入总额的非居民企业。计算公式如下：

应纳税所得额＝成本费用总额÷（1－经税务机关核定的利润率）×经税务机关核定的利润率

（3）按经费支出换算收入核定应纳税所得额：适用于能够正确核算经费支出总额，但不能正确核算收入总额和成本费用的非居民企业。计算公式如下：

应纳税所得额＝经费支出总额÷（1－经税务机关核定的利润率）×经税务机关核定的利润率

税务机关可按照以下标准确定非居民企业的利润率：

① 从事承包工程作业、设计和咨询劳务的，利润率为15%～30%；

② 从事管理服务的，利润率为30%～50%；

③ 从事其他劳务或劳务以外经营活动的，利润率不低于15%。

税务机关有根据认为非居民企业的利润率明显高于上述标准的，可以按照比上述标准更高的利润率核定其应纳税所得额。

11.6 征收管理

11.6.1 纳税地点

企业所得税由纳税人向其所在地主管税务机关缴纳。

（1）居民企业以企业登记注册地确定纳税地点，但登记注册地在境外的，以实际管理机构所在地为纳税地点。居民企业在中国境内设立不具有法人资格的营业机构的，应当汇总计算并缴纳企业所得税。

（2）非居民企业以机构、场所所在地为纳税地点。非居民企业在中国境内设立两个或者两个以上机构、场所的，经税务机关审核批准，可以选择由其主要机构、场所汇总缴纳企业所得税。

（3）对非居民企业在中国境内未设立机构、场所的，或者虽设立机构、场所但取得的所得与其所设机构、场所没有实际联系的，其来源于中国境内的所得，以扣缴义务人所在地为纳税地点。

除国务院另有规定外，企业之间不得合并缴纳企业所得税。

11.6.2 纳税期限

企业所得税按年计征，分月或者分季预缴，年终汇算清缴，多退少补。

企业所得税的纳税年度，自公历1月1日起至12月31日止。企业在一个纳税年度的中间开业，或者由于合并、关闭等原因终止经营活动，使该纳税年度的实际经营期不足12个月的，应当以其实际经营期为一个纳税年度。

11.6.3 纳税申报

按月或按季预缴的，应当自月份或者季度终了之日起15日内，向税务机关报送预缴企业所得税纳税申报表，预缴税款。

企业在报送企业所得税纳税申报表时，应当按照规定附送财务会计报告和其他有关资料。

11.6.4 源泉扣缴

1. 扣缴义务人

（1）对非居民企业在中国境内未设立机构、场所的，或者虽设立机构、场所但取得的所得与其所设机构、场所没有实际联系的，其来源于中国境内的所得，实行源泉扣缴，以支付人为扣缴义务人。税款由扣缴义务人在每次支付或者到期应支付时，从支付或者到期应支付的款项中扣缴。

（2）对非居民企业在中国境内取得工程作业和劳务所得应缴纳的所得税，税务机关可以指定工程价款或者劳务费的支付人为扣缴义务人。

2. 扣缴方法

（1）扣缴义务人扣缴税款时，按照非居民企业计算方法计算税款。

（2）应当扣缴的所得税，扣缴义务人未依法扣缴或者无法履行扣缴义务的，由企业在所得发生地缴纳。企业未依法缴纳的，税务机关可以从该纳税人在中国境内其他收入项目的支付人应付的款额中，追缴该纳税人的应纳税款。

（3）税务机关在追缴该企业应纳税款时，应当将追缴理由、追缴数额、缴纳期限和缴纳方式等告知该企业。

（4）扣缴义务人每次代扣的税款，应当自代扣之日起7日内缴入国库，并向所在地的税务机关报送扣缴企业所得税报告表。

同步测试题

一、名词解释

居民企业；非居民企业；公益性捐赠支出；机构；场所

二、单项选择题

1. 下列各项中，不属于企业所得税纳税人的企业是（　　）。

A. 股份制企业　　　　B. 合伙企业

C. 外商投资企业　　D. 有经营所得的其他组织

2. 依据企业所得税法的规定，下列各项所得中，按负担、支付所得的企业或机构、场所所在地或者个人的住所所在地确定所得来源地的是（　　）。

A. 提供劳务所得　　B. 转让房屋所得

C. 权益性投资所得　　D. 特许权使用费所得

3. 依据企业所得税法的规定，纳税人的下列收入形式中，按照公允价值确定收入的是（　　）。

A. 债务的豁免　　B. 准备持有至到期的债券投资

C. 应收票据　　D. 不准备持有至到期的债券投资

4. 符合条件的非营利组织取得的下列收入，免征企业所得税的是（　　）。

A. 从事营利活动取得的收入

B. 因政府购买服务而取得的收入

C. 不征税收入孳生的银行利息收入

D. 按照县级民政部门规定收取的会费收入

5. 以下关于企业所得税收入确认时间的表述中，正确的有（　　）。

A. 股息、红利等权益性投资收益，以投资方收到分配金额的日期确认收入的实现

B. 利息收入按照合同约定的债务人应付利息的日期确认收入的实现

C. 租金收入，在实际收到租金收入时确认收入的实现

D. 特许权使用费收入在实际收到使用费收入时确认收入的实现

三、多项选择题

1. 根据企业所得税处置资产确认收入的规定，下列行为中应视同销售的有（　　）。

A. 将生产的产品用于市场推广

B. 将生产的产品用于职工福利

C. 将资产用于境外分支机构加工另一产品

D. 将资产在总机构及境内分支机构间转移

2. 企业所得税法中关于企业的说法，正确的有（　　）。

A. 企业分为居民企业与非居民企业

B. 居民企业应就其来源于中国境内、境外的所得缴纳企业所得税

C. 非居民企业在中国境内设立机构、场所取得的来源于中国境内的所得缴纳所得税

D. 非居民企业在中国境内未设立机构、场所的，或虽设立机构、场所的但取得的所得与其所设机构、场所没有实际联系的，应就其来源于中国境内的所得缴纳企业所得税

3. 企业取得的下列收入，属于企业所得税免税收入的有（　　）。

A. 国债利息收入

B. 金融债券的利息收入

C. 居民企业直接投资于其他居民企业取得的投资收益

D. 在中国境内设立机构、场所的非居民企业连续持有居民企业公开发行并上市流通的股票 1 年以上取得的投资收益

4. 下列各项中关于收入的确认说法正确的有（　　）。

A. 销售商品需要安装和检验的，在购买方接受商品及安装和检验完毕时确认收入

B. 企业转让国债应在转让国债合同生效日或国债移交时确认转让收入的实现

C. 销售商品采用支付手续费方式委托代销的，在收到代销货款时确认收入的实现

D. 采用以旧换新方式销售的，应按新货物的同期销售价格确定销售额

5. 根据企业所得税有关规定，企业发生的下列支出中应作为长期待摊费用的有（　　）。

A. 长期借款的利息支出　　B. 租入固定资产的改建支出

C. 固定资产的大修理支出　　D. 已提足折旧的固定资产的改建支出

四、判断题

1. 外商投资企业从其投资的企业取得的利润（股息），可以不计入本企业的应纳税所得额，但与该投资有关的可行性研究费用、投资贷款利息支出、投资管理费用等投资决策实施中的各项费用和投资期满不能收回的投资损失等，不得冲减企业应纳税所得额。（　　）

2. 在中国境内设立机构、场所的外国企业，取得发生在中国境外的与该机构、场所有实际联系的利润、利息、特许权使用费等所得，应按我国税法规定计算缴纳所得税。（　　）

3. 外商投资企业的分支机构向总机构和关联单位上交的合理的管理费用，允许在计算应纳税所得额时扣除。（　　）

4. 外商投资企业转让股票取得的净收益或净损失，应当计入或冲减当期的应纳税所

得额。(　)

5. 对由于提高使用率、加强使用而常年处于日夜运转状态的机器、设备，需要缩短其折旧年限的，可以由企业提出申请，经当地税务机关审核后，报国家税务总局批准。(　　)

五、简答题

1. 简述企业所得税居民企业与非居民企业的界定与各自的纳税义务。

2. 简述企业所得税应纳税所得额中收入总额的基本规定。

3. 简述不征税收入、免税收入各自的规定与两者的区别。

4. 简述企业所得税税收优惠。

5. 简述企业所得税亏损弥补的基本内容。

案例分析题

三泰工业企业为居民企业，假定 2019 年发生的经营业务如下。

1. 产品销售收入 640 万元，其他业务收入 180 万元。

2. 产品销售成本 400 万元，其他业务成本 80 万元。

3. 税金及附加 28.6 万元。

4. 当期发生的管理费用 86 万元，其中，新技术的研究开发费用 35 万元、业务招待费 10 万元。

5. 财务费用 20 万元。

6. 权益性投资收益 15 万元（被投资方位于深圳，当年适用税率为 20%）。

7. 营业外收入 10 万元（其中，处置固定资产净收益 6 万元），营业外支出 30 万元（其中，含公益性捐赠 25 万元）。

8. 当年 12 月购进安全生产设备一台，投资额为 30 万元。

要求：

（1）计算该企业 2019 年管理费用纳税调整金额（包括加计扣除部分）。

（2）计算该企业 2019 年营业外收支纳税调整金额。

（3）计算该企业 2019 年应纳所得税额。

个人所得税　第12章

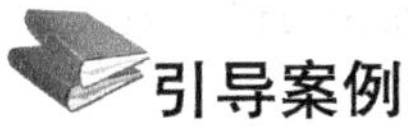

引导案例

工资一样，缴税为何不同

在广州市某公司打工的大学毕业生小王最近有点心烦：几个月前，他和同班同学小张同时通过应聘来到某公司工作，身份都是临时工，协议工资均为4 000元，但每个月实际拿到手的工资却不同：小张为3 985元，而他却只有3 360元。小王想不通的是，大家都是同样的工资，为什么实际所得不一样？小王说，一开始，他以为是自己的工作业绩不如小张的工作业绩好，所以公司对自己的工资进行了一定的扣除，因此，在开始工作的前两个月里，他便没有到公司的财务部询问。从第三个月开始，小王的业绩明显比小张的业绩好很多，他盘算自己当月的工资应该比小张的高些。但是，小王第三个月的工资还是3 360元，而小张的也还是3 985元，只是公司给他们的奖金有些差别，他的奖金比小张的要多几百元。小王这时觉得，自己的工资比小张少不是因为业绩，因此，小王很生气，便到公司财务部询问详情。财务人员告诉小王，公司就是按4 000元的标准给他支付的，与小张是同一个工资档次，至于实际到手的工资有差别，主要是因为他们俩跟公司签订了不一样的合同，这导致在扣税时适用的税法不同。

思考与讨论：为什么小王的工资比小张的少呢？

12.1 个人所得税概述

12.1.1　个人所得税的概念

个人所得税是以自然人取得的各类应税所得为征税对象而征收的一种所得税，是政府利用税收对个人收入进行调节的一种手段。个人所得税在组织财政收入、提高公民纳税意识，尤其在调节个人收入分配差距方面具有重要作用。

12.1.2　个人所得税的税制模式

从世界范围看，个人所得税的税制模式有以下几种。

（1）分类征收制

分类征收制就是对纳税人不同来源、性质的所得项目，分别规定不同的税率征税的税制模式。

（2）综合征收制

综合征收制是对纳税人全年的各项所得加以汇总，就其总额进行征税的税制模式。

（3）混合征收制

混合征收制是对纳税人不同来源、性质的所得先分别按照不同的税率征税，然后将全年的各项所得进行汇总征税的税制模式。

目前，我国个人所得税的征收采用的是分类征收制，其改革方向是由分类征收制向分类征收制与综合征收制相结合的模式转变。

12.2 征税范围与纳税人

12.2.1 征税范围

个人所得税的应税所得，不全是个人所得，而只限于按照税法规定应税项目的范围内。现行个人所得税的应税所得共有 9 项：（1）工资、薪金所得；（2）劳务报酬所得；（3）稿酬所得；（4）特许权使用费所得；（5）经营所得；（6）利息、股息、红利所得；（7）财产租赁所得；（8）财产转让所得；（9）偶然所得。

居民个人取得上述（1）至（4）项所得（以下简称“综合所得”），按纳税年度合并计算个人所得税；非居民个人取得上述（1）至（4）项所得，按月或者按次分项计算个人所得税。纳税人取得上述（5）至（9）项所得，依照《中华人民共和国个人所得税法》的规定分别计算个人所得税。

12.2.2 纳税人

我国个人所得税的纳税人及纳税对象为中国公民，个体工商户以及在中国有所得的外籍人员和香港、澳门、台湾同胞。上述纳税人依据住所和居住时间两个标准，区分为居民和非居民，分别承担不同的纳税义务。居民纳税人有无限纳税义务。其取得的应纳税所得，无论是来源于中国境内还是中国境外，都要在中国缴纳个人所得税。

1. *居民纳税人*

居民纳税人是指在中国境内有住所，或者无住所而一个纳税年度内在中国境内居住累计满 183 天的个人。所谓在中国境内有住所的个人，是指因户籍、家庭、经济利益关系而在中国境内习惯居住的个人；所谓在境内居住满 183 天，是指在一个纳税年度内，在中国境内居住累计满 183 天。在计算居住天数时，对临时离境人员应视同其在华居住，不扣减其在华居住天数。

2. 非居民纳税人

非居民纳税人，是指不符合居民纳税义务人判定标准的纳税人。非居民纳税人承担有限纳税义务，即仅就其来源于中国境内的所得，向中国缴纳个人所得税。

12.3 税率

12.3.1 综合所得适用税率

综合所得，适用 3%至 45%的超额累进税率（见表 12-1）。

表 12-1　个人所得税税率表（综合所得适用）

级数	全年应纳税所得额	税率（%）
1	不超过 36 000 元的部分	3
2	超过 36 000 元至 144 000 元的部分	10
3	超过 144 000 元至 300 000 元的部分	20
4	超过 300 000 元至 420 000 元的部分	25
5	超过 420 000 元至 660 000 元的部分	30
6	超过 660 000 元至 960 000 元的部分	35
7	超过 960 000 元的部分	45

注：（1）本表所称全年应纳税所得额是指依照《中华人民共和国个人所得税法》的规定，居民个人取得综合所得以每一纳税年度收入额减除费用六万元以及专项扣除、专项附加扣除和依法确定的其他扣除后的余额。

（2）非居民个人取得工资、薪金所得，劳务报酬所得，稿酬所得和特许权使用费所得，依照本表按月换算后计算应纳税额。

12.3.2 经营所得适用税率

经营所得，适用 5%至 35%的超额累进税率（见表 12-2）。

表 12-2　个人所得税税率表（经营所得适用）

级数	全年应纳税所得额	税率（%）
1	不超过 30 000 元的部分	5
2	超过 30 000 元至 90 000 元的部分	10

续表

级数	全年应纳税所得额	税率（%）
3	超过 90 000 元至 300 000 元的部分	20
4	超过 300 000 元至 500 000 元的部分	30
5	超过 500 000 元的部分	35

注：本表所称全年应纳税所得额是指依照《中华人民共和国个人所得税法》的规定，以每一纳税年度的收入总额减除成本、费用以及损失后的余额。

12.3.3 其他所得适用税率

利息、股息、红利所得，财产租赁所得，财产转让所得和偶然所得，适用比例税率，税率为 20%。

12.4 专项附加扣除

为了规范个人所得税专项附加扣除行为，切实维护纳税人合法权益，根据《中华人民共和国个人所得税法》及其实施条例、《中华人民共和国税收征收管理法》及其实施细则、《国务院关于印发个人所得税专项附加扣除暂行办法的通知》的规定，国家税务总局制定了《个人所得税专项附加扣除操作办法（试行）》，自 2019 年 1 月 1 日起施行，纳税人享受子女教育、继续教育、大病医疗、住房贷款利息或者住房租金、赡养老人专项附加扣除的，依照该办法办理。

12.4.1 专项附加扣除的具体内容

个人所得税专项附加扣除，是指《中华人民共和国个人所得税法》规定的子女教育、继续教育、大病医疗、住房贷款利息或者住房租金、赡养老人等 6 项专项附加扣除。

专项附加扣除的具体内容

1. 子女教育

纳税人的子女接受全日制学历教育的相关支出，按照每个子女每月 1 000 元的标准定额扣除。

学历教育包括义务教育（小学、初中教育）、高中阶段教育（普通高中、中等职业、技工教育）、高等教育（大学专科、大学本科、硕士研究生、博士研究生教育）。

年满 3 岁至小学入学前处于学前教育阶段的子女，按照每个子女每月 1 000 元的标准定额扣除。

父母可以选择由其中一方按扣除标准的100%扣除，也可以选择由双方分别按扣除标准的50%扣除，具体扣除方式在一个纳税年度内不能变更。

2. 继续教育

纳税人在中国境内接受学历（学位）继续教育的支出，在学历（学位）教育期间按照每月400元定额扣除。同一学历（学位）继续教育的扣除期限不能超过48个月。纳税人接受技能人员职业资格继续教育、专业技术人员职业资格继续教育的支出，在取得相关证书的当年，按照3 600元定额扣除。

个人接受本科及以下学历（学位）继续教育，符合《个人所得税专项附加扣除暂行办法（试行）》规定扣除条件的，可以选择由其父母扣除，也可以选择由本人扣除。

3. 大病医疗

在一个纳税年度内，纳税人发生的与基本医保相关的医药费用支出，扣除医保报销后个人负担（指医保目录范围内的自付部分）累计超过15 000元的部分，由纳税人在办理年度汇算清缴时，在80 000元限额内据实扣除。

纳税人发生的医药费用支出可以选择由本人或者其配偶扣除；未成年子女发生的医药费用支出可以选择由其父母一方扣除。

纳税人及其配偶、未成年子女发生的医药费用支出，按上述规定分别计算扣除额。

4. 住房贷款利息

纳税人本人或者配偶单独或者共同使用商业银行或者住房公积金个人住房贷款为本人或者其配偶购买中国境内住房，发生的首套住房贷款利息支出，在实际发生贷款利息的年度，按照每月1 000元的标准定额扣除，扣除期限最长不超过240个月。纳税人只能享受一次首套住房贷款的利息扣除。首套住房贷款是指购买住房享受首套住房贷款利率的住房贷款。

经夫妻双方约定，可以选择由其中一方扣除，具体扣除方式在一个纳税年度内不能变更。

夫妻双方婚前分别购买住房发生的首套住房贷款，其贷款利息支出，婚后可以选择其中一套购买的住房，由购买方按扣除标准的100%扣除，也可以由夫妻双方对各自购买的住房分别按扣除标准的50%扣除，具体扣除方式在一个纳税年度内不能变更。

5. 住房租金

纳税人在主要工作城市没有自有住房而发生的住房租金支出，可以按照以下标准定额扣除：

（1）直辖市、省会（首府）城市、计划单列市以及国务院确定的其他城市，扣除标准为每月 1 500 元；

（2）除第一项所列城市以外，市辖区户籍人口超过 100 万的城市，扣除标准为每月 1 100 元；市辖区户籍人口不超过 100 万的城市，扣除标准为每月 800 元。

纳税人的配偶在纳税人的主要工作城市有自有住房的，视同纳税人在主要工作城市有自有住房。

市辖区户籍人口，以国家统计局公布的数据为准。

主要工作城市是指纳税人任职受雇的直辖市、计划单列市、副省级城市、地级市（地区、州、盟）全部行政区域范围；纳税人无任职受雇单位的，为受理其综合所得汇算清缴的税务机关所在城市。

夫妻双方主要工作城市相同的，只能由一方扣除住房租金支出。

住房租金支出由签订租赁住房合同的承租人扣除。

纳税人及其配偶在一个纳税年度内不能同时分别享受住房贷款利息和住房租金专项附加扣除。

6. 赡养老人

纳税人赡养一位及以上被赡养人的赡养支出，统一按照以下标准定额扣除：

（1）纳税人为独生子女的，按照每月 2 000 元的标准定额扣除；

（2）纳税人为非独生子女的，由其与兄弟姐妹分摊每月 2 000 元的扣除额度，每人分摊的额度不能超过每月 1 000 元。可以由赡养人均摊或者约定分摊，也可以由被赡养人指定分摊。约定或者指定分摊的须签订书面分摊协议，指定分摊优先于约定分摊。具体分摊方式和额度在一个纳税年度内不能变更。

被赡养人是指年满 60 岁的父母，以及子女均已去世的年满 60 岁的祖父母、外祖父母。

12.4.2 享受扣除及办理时间

（1）纳税人享受符合规定的专项附加扣除的计算时间分别如下。

① 子女教育。学前教育阶段，为子女年满 3 周岁当月至小学入学前一月。学历教育，为子女接受全日制学历教育入学的当月至全日制学历教育结束的当月。

② 继续教育。学历（学位）继续教育，为在中国境内接受学历（学位）继续教育入学的当月至学历（学位）继续教育结束的当月，同一学历（学位）继续教育的扣除期限最长不得超过 48 个月。技能人员职业资格继续教育、专业技术人员职业资格继续教育，为取得相关证书的当年。

③ 大病医疗。为医疗保障信息系统记录的医药费用实际支出的当年。

④ 住房贷款利息。为贷款合同约定开始还款的当月至贷款全部归还或贷款合同终止的当月，扣除期限最长不得超过240个月。

⑤ 住房租金。为租赁合同（协议）约定的房屋租赁期开始的当月至租赁期结束的当月。提前终止合同（协议）的，以实际租赁期限为准。

⑥ 赡养老人。为被赡养人年满60周岁的当月至赡养义务终止的年末。

学历教育和学历（学位）继续教育的期间，包含因病或其他非主观原因休学但学籍继续保留的休学期间，以及施教机构按规定组织实施的寒暑假等假期。

（2）享受子女教育、继续教育、住房贷款利息或者住房租金、赡养老人专项附加扣除的纳税人，自符合条件开始，可以向支付工资、薪金所得的扣缴义务人提供上述专项附加扣除有关信息，由扣缴义务人在预扣预缴税款时，按其在本单位本年可享受的累计扣除额办理扣除；也可以在次年3月1日至6月30日内，向汇缴地主管税务机关办理汇算清缴申报时扣除。

纳税人同时从两处以上取得工资、薪金所得，并由扣缴义务人办理上述专项附加扣除的，对同一专项附加扣除项目，在一个纳税年度内，纳税人只能选择从其中一处扣除。

享受大病医疗专项附加扣除的纳税人，由其在次年3月1日至6月30日内，自行向汇缴地主管税务机关办理汇算清缴申报时扣除。

（3）扣缴义务人办理工资、薪金所得预扣预缴税款时，应当根据纳税人报送的《个人所得税专项附加扣除信息表》（以下简称《扣除信息表》）为纳税人办理专项附加扣除。

纳税人年度中间更换工作单位的，在原单位任职、受雇期间已享受的专项附加扣除金额，不得在新任职、受雇单位扣除。原扣缴义务人应当自纳税人离职不再发放工资、薪金所得的当月起，停止为其办理专项附加扣除。

（4）纳税人未取得工资、薪金所得，仅取得劳务报酬所得、稿酬所得、特许权使用费所得需要享受专项附加扣除的，应当在次年3月1日至6月30日内，自行向汇缴地主管税务机关报送《扣除信息表》，并在办理汇算清缴申报时扣除。

（5）一个纳税年度内，纳税人在扣缴义务人预扣预缴税款环节未享受或未足额享受专项附加扣除的，可以在当年内向支付工资、薪金的扣缴义务人申请在剩余月份发放工资、薪金时补充扣除，也可以在次年3月1日至6月30日内，向汇缴地主管税务机关办理汇算清缴时申报扣除。

12.4.3 报送信息及留存备查资料

（1）纳税人选择在扣缴义务人发放工资、薪金所得时享受专项附加扣除的，首次享受时应当填写并向扣缴义务人报送《扣除信息表》；纳税年度中间相关信息发生变化的，纳税人应当更新《扣除信息表》相应栏次，并及时报送给扣缴义务人。

更换工作单位的纳税人，需要由新任职、受雇扣缴义务人办理专项附加扣除的，应当在入职的当月，填写并向扣缴义务人报送《扣除信息表》。

（2）纳税人次年需要由扣缴义务人继续办理专项附加扣除的，应当于每年 12 月份对次年享受专项附加扣除的内容进行确认，并报送至扣缴义务人。纳税人未及时确认的，扣缴义务人于次年 1 月起暂停扣除，待纳税人确认后再行办理专项附加扣除。

扣缴义务人应当将纳税人报送的专项附加扣除信息，在次月办理扣缴申报时一并报送至主管税务机关。

（3）纳税人选择在汇算清缴申报时享受专项附加扣除的，应当填写并向汇缴地主管税务机关报送《扣除信息表》。

（4）纳税人将需要享受的专项附加扣除项目信息填报至《扣除信息表》相应栏次。填报要素完整的，扣缴义务人或者主管税务机关应当受理；填报要素不完整的，扣缴义务人或者主管税务机关应当及时告知纳税人补正或重新填报。纳税人未补正或重新填报的，扣缴义务人或者主管税务机关暂不办理相关专项附加扣除，待纳税人补正或重新填报后再行办理。

（5）纳税人享受子女教育专项附加扣除，应当填报配偶及子女的姓名、身份证件类型及号码、子女当前受教育阶段及起止时间、子女就读学校以及本人与配偶之间扣除分配比例等信息。

纳税人需要留存的备查资料包括：子女在境外接受教育的，应当留存境外学校录取通知书、留学签证等境外教育佐证资料。

（6）纳税人享受继续教育专项附加扣除，接受学历（学位）继续教育的，应当填报教育起止时间、教育阶段等信息；接受技能人员或者专业技术人员职业资格继续教育的，应当填报证书名称、证书编号、发证机关、发证（批准）时间等信息。

纳税人需要留存的备查资料包括：纳税人接受技能人员职业资格继续教育、专业技术人员职业资格继续教育的，应当留存职业资格相关证书等资料。

（7）纳税人享受住房贷款利息专项附加扣除，应当填报住房权属信息、住房坐落地址、贷款方式、贷款银行、贷款合同编号、贷款期限、首次还款日期等信息；纳税人有配偶的，填写配偶姓名、身份证件类型及号码。

纳税人需要留存的备查资料包括：住房贷款合同、贷款还款支出凭证等资料。

（8）纳税人享受住房租金专项附加扣除，应当填报主要工作城市、租赁住房坐落地址、出租人姓名及身份证件类型和号码或者出租方单位名称及纳税人识别号（社会统一信用代码）、租赁起止时间等信息；纳税人有配偶的，填写配偶姓名、身份证件类型及号码。

纳税人需要留存的备查资料包括：住房租赁合同或协议等资料。

（9）纳税人享受赡养老人专项附加扣除，应当填报纳税人是否为独生子女、月扣除金额、被赡养人姓名及身份证件类型和号码、与纳税人的关系；有共同赡养人的，需填报分摊方式、共同赡养人姓名及身份证件类型和号码等信息。

纳税人需要留存的备查资料包括：约定或指定分摊的书面分摊协议等资料。

（10）纳税人享受大病医疗专项附加扣除，应当填报患者姓名、身份证件类型及号码、与纳税人的关系、与基本医保相关的医药费用总金额、医保目录范围内个人负担的自付金额等信息。

纳税人需要留存的备查资料包括：大病患者医药服务收费及医保报销相关票据原件或复印件，或者医疗保障部门出具的纳税年度医药费用清单等资料。

（11）纳税人应当对报送的专项附加扣除信息的真实性、准确性、完整性负责。

12.4.4 信息报送方式

（1）纳税人可以通过远程办税端、电子或者纸质报表等方式，向扣缴义务人或者主管税务机关报送个人专项附加扣除信息。

（2）纳税人选择纳税年度内由扣缴义务人办理专项附加扣除的，按下列规定办理。

① 纳税人通过远程办税端选择扣缴义务人并报送专项附加扣除信息的，扣缴义务人根据接收的扣除信息办理扣除。

② 纳税人通过填写电子或者纸质《扣除信息表》直接报送扣缴义务人的，扣缴义务人将相关信息导入或者录入扣缴端软件，并在次月办理扣缴申报时提交给主管税务机关。《扣除信息表》应当一式两份，纳税人和扣缴义务人签字（章）后分别留存备查。

（3）纳税人选择年度终了后办理汇算清缴申报时享受专项附加扣除的，既可以通过远程办税端报送专项附加扣除信息，也可以将电子或者纸质《扣除信息表》（一式两份）报送给汇缴地主管税务机关。

报送电子《扣除信息表》的，主管税务机关受理打印，交由纳税人签字后，一份由纳税人留存备查，一份由税务机关留存；报送纸质《扣除信息表》的，纳税人签字确认、主管税务机关受理签章后，一份退还纳税人留存备查，一份由税务机关留存。

（4）扣缴义务人和税务机关应当告知纳税人办理专项附加扣除的方式和渠道，鼓励并引导纳税人采用远程办税端报送信息。

12.4.5 后续管理

（1）纳税人应当将《扣除信息表》及相关留存备查资料，自法定汇算清缴期结束后保存5年。

纳税人报送给扣缴义务人的《扣除信息表》，扣缴义务人应当自预扣预缴年度的次年起留存5年。

（2）纳税人向扣缴义务人提供专项附加扣除信息的，扣缴义务人应当按照规定予以扣除，不得拒绝。扣缴义务人应当为纳税人报送的专项附加扣除信息保密。

（3）扣缴义务人应当及时按照纳税人提供的信息计算办理扣缴申报，不得擅自更改纳税人提供的相关信息。

扣缴义务人发现纳税人提供的信息与实际情况不符，可以要求纳税人修改。纳税人拒绝修改的，扣缴义务人应当向主管税务机关报告，税务机关应当及时处理。

除纳税人另有要求外，扣缴义务人应当于年度终了后两个月内，向纳税人提供已办理的专项附加扣除项目及金额等信息。

（4）税务机关定期对纳税人提供的专项附加扣除信息开展抽查。

（5）税务机关核查时，纳税人无法提供留存备查资料，或者留存备查资料不能支持相关情况的，税务机关可以要求纳税人提供其他佐证；不能提供其他佐证材料，或者佐证材料仍不足以支持的，不得享受相关专项附加扣除。

（6）税务机关核查专项附加扣除情况时，可以提请有关单位和个人协助核查，相关单位和个人应当协助。

（7）纳税人有下列情形之一的，主管税务机关应当责令其改正；情形严重的，应当纳入有关信用信息系统，并按照国家有关规定实施联合惩戒；涉及违反税收征管法等法律法规的，税务机关依法进行处理。

① 报送虚假专项附加扣除信息。

② 重复享受专项附加扣除。

③ 超范围或标准享受专项附加扣除。

④ 拒不提供留存备查资料。

⑤ 国家税务总局规定的其他情形。

纳税人在任职、受雇单位报送虚假扣除信息的，税务机关责令改正的同时，通知扣缴义务人。

12.5 应纳税额的计算

12.5.1 居民个人综合所得应纳税额的计算

1. 收入额的确定

工资、薪金所得全额计入收入额；劳务报酬所得、特许权使用费所得的收入额可扣除 20%的费用，即为实际取得劳务报酬所得、特许权使用费收入的 80%；稿酬所得的收入额在扣除 20%费用的基础上，再减按 70%计算，即稿酬所得的收入额为实际取得稿酬收入的 56%。

2. 居民个人的综合所得

居民个人的综合所得，以每一纳税年度的收入额减除费用 6 万元以及专项扣除、专项附加扣除和依法确定的其他扣除后的余额，为应纳税所得额。

居民个人综合所得应纳税额＝Σ（每一级数的全年应纳税所得额×对应级数的适用税率）
＝Σ［每一级数（全年收入额－60 000 元－专项扣除－享受的专项附加扣除－享受的其他扣除）×对应级数的适用税率］

此处需要说明的是，由于居民个人的全年综合所得在计算应纳个人所得税额时，适用的是超额累进税率，所以，计算比较烦琐。运用速算扣除数计算法，可以简化计算过程。速算扣除数是指在采用超额累进税率征税的情况下，根据超额累进税率表中划分的应纳税所得额级距和税率，采用全额累进方法计算出税额，再减去用超额累进方法计算的应征税额以后的差额。超额累进税率表中的应纳税所得额级距和税率确定以后，各级速算扣除数也固定不变，成为计算应纳税额时的常数。虽然税法中没有提供含有速算扣除数的税率表，但人们利用上述原理整理出含有速算扣除数的居民个人全年综合所得税税率表（见表 12-3）。

表 12-3 居民个人全年综合所得税税率表

级数	全年应纳税所得额	税率（%）	速算扣除数
1	不超过 36 000 元的部分	3	0
2	超过 36 000 元至 144 000 元的部分	10	2 520
3	超过 144 000 元至 300 000 元的部分	20	16 920

续表

级数	全年应纳税所得额	税率（%）	速算扣除数
4	超过 300 000 元至 420 000 元的部分	25	31 920
5	超过 420 000 元至 660 000 元的部分	30	52 920
6	超过 660 000 元至 960 000 元的部分	35	85 920
7	超过 960 000 元的部分	45	181 920

这样，居民个人综合所得应纳税额的计算公式如下：

应纳税额＝全年应纳税所得额×适用税率－速算扣除数＝（全年收入额－60 000 元－社保、住房公积金费用－享受的专项附加扣除－享受的其他扣除）×适用税率－速算扣除数

【例 12-1】 居民个人张元 2019 年扣除“四险一金”后共取得含税工资收入 12 万元，除住房贷款专项附加扣除外，张元不享受其余专项附加扣除和税法规定的其他扣除。要求：计算张元 2019 年应纳个人所得税税额。

解析：

（1）全年应纳税所得额＝120 000－60 000－12 000＝48 000（元）

（2）应纳税额＝48 000×10%－2 520＝2 280（元）

【例 12-2】 假定居民个人李云为独生子女，2019 年交完社保和住房公积金后共取得税前工资收入 20 万元，劳务报酬 1 万元，稿酬 1 万元，李云有两个小孩且均由其扣除子女教育专项附加，李云的父母健在且均已年满 60 岁。要求：计算李云 2019 年应纳个人所得税税额。

解析：

（1）全年应纳税所得额＝200 000＋10 000×（1－20%）＋10 000×70%×（1－20%）－60 000－12 000×2－24 000＝213 600－108 000＝105 600（元）

（2）应纳税额＝105 600×10%－2 520＝8 040（元）

12.5.2 非居民个人取得的工资、薪金所得，劳务报酬所得和特许权使用费所得应纳税额的计算

与居民个人取得劳务报酬所得、稿酬所得和特许权使用费所得一样，非居民个人取得的这些项目的所得同样适用劳务报酬所得、稿酬所得、特许权使用费所得以收入减除 20%的费用后的余额为收入额；稿酬所得的收入额减按 70%计算的规定。

非居民个人的工资、薪金所得，以每月收入额减除费用 5 000 元后的余额为应纳税所得额；劳务报酬所得、稿酬所得和特许权使用费所得，以每次收入额为应纳税所得额。

前已述及，非居民个人的工资、薪金所得，劳务报酬所得，稿酬所得和特许权使用

费所得，依照表 12-1 按月换算后计算应纳税额。因此，非居民个人从我国境内取得这些所得时，适用的税率表如表 12-4 所示。

表 12-4 非居民个人的工资、薪金所得，劳务报酬所得，稿酬所得和特许权使用费所得适用的税率表

级数	应纳税所得额	税率（%）	速算扣除数
1	不超过 3 000 元的部分	3	0
2	超过 3 000 元至 12 000 元的部分	10	210
3	超过 12 000 元至 25 000 元的部分	20	1 410
4	超过 25 000 元至 35 000 元的部分	25	2 660
5	超过 35 000 元至 55 000 元的部分	30	4 410
6	超过 55 000 元至 80 000 元的部分	35	7 160
7	超过 80 000 元的部分	45	15 160

【例 12-3】 假定某外商投资企业中工作的德国专家西蒙（假设为非居民纳税人），2019 年 3 月取得由该企业发放的含税工资收入 10 400 元人民币，此外还从别处取得劳务报酬 5 000 元人民币。要求：计算西蒙 2019 年 3 月应纳个人所得税税额。

解析：

西蒙 2019 年 3 月工资、薪金所得应纳个人所得税税额＝（10 400－5 000）×10%－210＝330（元）

西蒙 2019 年 3 月劳务报酬所得应纳个人所得税税额＝5 000×（1－20%）×10%－210＝190（元）

12.5.3 经营所得应纳税额的计算

经营所得应纳税额的计算公式如下：

应纳税额＝全年应纳税所得额×适用税率－速算扣除数

或 ＝（全年收入总额－成本、费用以及损失）×适用税率－速算扣除数

与居民个人综合所得应纳税额的计算一样，利用税法中给出的经营所得税税率表，换算得到包含速算扣除数的经营所得适用税率表（见表 12-5）。

表 12-5 经营所得个人所得税税率表

级数	全年应纳税所得额	税率（%）	速算扣除数
1	不超过 30 000 元的部分	5	0
2	超过 30 000 元至 90 000 元的部分	10	1 500
3	超过 90 000 元至 300 000 元的部分	20	10 500
4	超过 300 000 元至 500 000 元的部分	30	40 500
5	超过 500 000 元的部分	35	65 500

1. 个体工商户应纳税额的计算

个体工商户应纳税额的计算，以权责发生制为原则，属于当期的收入和费用，无论款项是否收付，均作为当期的收入和费用；不属于当期的收入和费用，即使款项已经在当期收付，均不作为当期的收入和费用。基本规定如下：第一，个体工商户的生产、经营所得，以每一纳税年度的收入总额，扣除成本、费用、税金、损失、其他支出以及允许弥补的以前年度亏损后的余额，为应纳税所得额。第二，扣除项目及标准个体工商户实际支付给从业人员的、合理的工资薪金支出，准予扣除。个体工商户业主的费用扣除标准确定为 60 000 元/年。个体工商户按照国务院或者省级人民政府规定的范围和标准为其业主和从业人员缴纳的基本养老保险费、基本医疗保险费、失业保险费、生育保险费、工伤保险费和住房公积金，准予扣除。

【例 12-4】 某小型运输公司系个体工商户，账证健全，2019 年 12 月取得经营收入为 320 000 元，准许扣除的当月成本、费用（不含业主工资）及相关税金共计 250 600 元。1～11 月累计应纳税所得额为 88 400 元（未扣除业主费用减除标准），1～11 月累计已预缴个人所得税 10 200 元。除经营所得外，业主本人没有其他收入，且 2019 年全年均享受赡养老人一项专项附加扣除。不考虑专项扣除和符合税法规定的其他扣除。要求：计算该个体工商户就 2019 年度汇算清缴时应申请的个人所得税退税额。

解析：纳税人取得经营所得，按年计算个人所得税，由纳税人在月度或季度终了后 15 天内，向经营管理所在地主管税务机关办理预缴纳税申报；在取得所得的次年 3 月 31 日前，向经营管理所在地主管税务机关办理汇算清缴。因此，按照税法规定，先计算全年应纳税所得额，再计算全年应纳税额。并根据全年应纳税额和当年已预缴税额计算出当年度应补（退）税额。

（1）全年应纳税所得额 320 000－250 600＋88 400－60 000－24 000＝73 800（元）

（2）全年应缴纳个人所得税＝73 800×10%－1 500＝5 880（元）

（3）该个体工商户 2019 年度应申请的个人所得税退税额＝10 200－5 880＝4 320（元）

2. 个人独资企业和合伙企业应纳税额的计算

对个人独资企业和合伙企业生产经营所得，其个人所得税应纳税额的计算有以下两种方法。

第一种：查账征税。

(1) 自 2019 年 1 月 1 日起，个人独资企业和合伙企业投资者的生产经营所得依法计征个人所得税时，个人独资企业和合伙企业投资者本人的费用扣除标准统一确定为 60 000 元/年。

(2) 企业向其从业人员实际支付的合理的工资、薪金支出，允许在税前据实扣除。

（3）企业拨缴的工会经费、发生的福利费、职工教育经费支出分别在工资薪金总额2%、14%、2.5%的标准内据实扣除。

（4）每一纳税年度发生的广告费和业务宣传费用不超过当年销售收入15%的部分，可据实扣除；超过部分，准予在以后纳税年度结转扣除。

（5）每一纳税年度发生的与其生产经营业务直接相关的业务招待费支出，按照发生额的60%扣除，但最高不得超过当年销售收入的5‰。

（6）投资者兴办两个或两个以上企业，并且企业性质全部是独资的，年度终了后，汇算清缴时，应纳税款的计算按以下方法进行：汇总其投资兴办的所有企业的经营所得作为应纳税所得额，以此确定适用税率，计算出全年经营所得的应纳税额，再根据每个企业的经营所得占所有企业经营所得的比例，分别计算出每个企业的应纳税额和应补缴税额。计算公式如下：

应纳税所得额＝各个企业的经营所得之和

应纳税额＝应纳税所得额×税率－速算扣除数

本企业应纳税额＝应纳税额×本企业的经营所得÷各个企业的经营所得之和

本企业应补缴的税额＝本企业应纳税额－本企业预缴的税额

第二种：核定征收。

（1）有下列情形之一的，主管税务机关应采取核定征收方式征收个人所得税：

① 企业依照国家有关规定应当设置但未设置账簿的；

② 企业虽设置账簿，但账目混乱或者成本资料、收入凭证、费用凭证残缺不全，难以查账的；

③ 纳税人发生纳税义务，未按照规定的期限办理纳税申报，经税务机关责令限期申报，逾期仍不申报的。

（2）实行核定应税所得率征收方式的，应纳所得税额的计算公式如下：

应纳所得税额＝应纳税所得额×适用税率

应纳税所得额＝收入总额×应税所得率＝成本费用支出额÷（1－应税所得率）×应税所得率

应税所得率应按规定的标准执行（见表12-6）。

表12-6　个人所得税核定征收应税所得率表

行业	应税所得率（%）
工业、交通运输业、商业	5～20
建筑业、房地产开发业	7～20
饮食服务业	7～25
娱乐业	20～40
其他行业	10～30

12.5.4 财产租赁所得应纳税额的计算

1. 应纳税所得额

财产租赁所得一般以个人每次取得的收入，定额或定率减除规定费用后的余额为应纳税所得额。每次收入不超过 4 000 元的，减除费用 800 元；每次收入在 4 000 元以上的，定率减除 20%的费用，其余额为应纳税所得额，财产租赁所得以 1 个月内取得的收入为一次。

个人出租财产取得的财产租赁收入，在计算缴纳个人所得税时，应依次扣除以下费用。

（1）财产租赁过程中缴纳的税金和国家能源交通重点建设基金、国家预算调节基金、教育费附加。

（2）由纳税人负担的该出租财产实际开支的修缮费用。

（3）税法规定的其他费用扣除标准。

应纳税所得额的计算公式如下：

（1）每次（月）收入不超过 4 000 元的：

应纳税所得额＝每次（月）收入－准予扣除项目－修缮费用－800 元

（2）每次（月）收入超过 4 000 元的：

应纳税所得额＝[每次（月）收入－准予扣除项目－修缮费用]×（1－20%）

2. 应纳税额的计算

财产租赁所得适用 20%的比例税率。但对个人按市场价格出租的居民住房取得的所得，自 2001 年 1 月 1 日起暂按 10%的税率征收个人所得税。其应纳税额的计算公式如下：

应纳税额＝全年应纳税所得额×适用税率

【例 12-5】 江某于 2019 年 1 月将他拥有的面积为 119 平方米的公寓按市场价出租给张三居住。江某每月取得租金收入 3 000 元，全年租金收入 36 000 元，要求计算江某全年租金收入应缴纳的个人所得税。

解析：

财产租赁收入以每月取得的收入为一次，按市场价出租给个人居住适用 10%的税率，因此，江某每月及全年应纳税额为：

（1）每月应纳税额＝3 000×（1－20%）×10%＝240（元）

（2）全年应纳税额＝240×12＝2 880（元）

12.5.5 财产转让所得应纳税额的计算

财产转让所得应纳税额的计算公式如下：

应纳税额=全年应纳税所得额×适用税率

=（收入总额−财产原值−合理税费）×20%

【例12-6】 某个人建造房屋一幢，造价360 000元，支付其他费用50 000元。房屋建成后，该个人将房屋出售，售价为600 000元，在售房过程中按规定支付交易费等相关税费35 000元。要求：计算该个人应缴纳的个人所得税。

解析：

（1）应纳税所得额=财产转让收入−财产原值−合理费用=600 000−（360 000+50 000）−35 000=155 000（元）

（2）应纳税额=155 000×20%=31 000（元）

12.5.6 利息、股息、红利所得和偶然所得应纳税额的计算

利息、股息、红利所得和偶然所得应纳税额的计算公式如下：

应纳税额=应纳税所得额×适用税率=每次收入额×20%

12.6 税收优惠与征收管理

12.6.1 税收优惠

《中华人民共和国个人所得税法》及其实施条例以及财政部、国家税务总局的若干规定等，都对个人所得项目给予了减税免税的优惠，主要有以下内容。

1. 免征个人所得税的范围

（1）省级人民政府、国务院部委和中国人民解放军军以上单位，以及外国组织、国际组织颁发的科学、教育、技术、文化、卫生、体育、环境保护等方面的奖金。

（2）国债和国家发行的金融债券利息。国债利息，是指个人持有中华人民共和国财政部发行的债券而取得的利息所得；所说的国家发行的金融债券利息，是指个人持有经国务院批准发行的金融债券而取得的利息所得。

（3）按照国家统一规定发给的补贴、津贴。按照国家统一规定发给的补贴、津贴，是指按照国务院规定发给的政府特殊津贴和国务院规定免纳个人所得税的补贴、津贴。

（4）福利费、抚恤金、救济金。福利费，是指根据国家有关规定，从企业、事业单位、国家机关、社会团体提留的福利费或者工会经费中支付给个人的生活补助费；所说的救济金，是指国家民政部门支付给个人的生活困难补助费。

（5）保险赔款。

（6）军人的转业费、复员费。

（7）按照国家统一规定发给干部、职工的安家费、退职费、退休工资、离休工资、离休生活补助费。

（8）依照我国有关法律规定应予免税的各国驻华使馆、领事馆的外交代表、领事官员和其他人员的所得。

（9）中国政府参加的国际公约、签订的协议中规定免税的所得。

（10）对乡、镇（含乡、镇）以上人民政府或经县（含县）以上人民政府主管部门批准的有机构、有章程的见义勇为基金或者类似性质组织，奖励见义勇为者的奖金或奖品，经主管税务机关核准，免征个人所得税。

（11）企业和个人按照国家或地方政府规定的比例提取并向指定金融机构实际缴付的住房公积金、医疗保险金、基本养老保险金，不计入个人当期的工资、薪金收入，免予征收个人所得税。

（12）对个人取得的教育储蓄存款利息所得以及国务院财政部门确定的其他专项储蓄存款或储蓄专项基金存款的利息所得，免征个人所得税。

（13）国务院财政部门批准的其他免税的所得。

2. 减征个人所得税的范围

有下列情形之一的，可以减征个人所得税，具体幅度和期限，由省、自治区、直辖市人民政府规定，并报同级人民代表大会常务委员会备案。

（1）残疾、孤老人员和烈属的所得。

（2）因严重自然灾害造成重大损失的。

（3）国务院可以规定其他减税情形，报全国人民代表大会常务委员会备案。

12.6.2 征收管理

个人所得税的纳税办法，有自行申报纳税和全员全额扣缴申报纳税两种。

1. 自行申报纳税

自行申报纳税是由纳税人在税法规定的纳税期限内向税务机关申报取得的应税所得项目和数额，如实填写个人所得税纳税申报表，并按照税法规定计算应纳税额，据以缴纳个人所得税的一种方法。

（1）自行申报纳税的范围

有下列情形之一的，纳税人应当依法办理纳税申报。

① 取得综合所得需要办理汇算清缴。

② 取得应税所得没有扣缴义务人。

③ 取得应税所得，扣缴义务人未扣缴税款。

④ 取得境外所得。

⑤ 因移居境外注销中国户籍。

⑥ 非居民个人在中国境内从两处以上取得工资、薪金所得。

⑦ 国务院规定的其他情形。

（2）取得综合所得需要办理汇算清缴的纳税申报

取得综合所得且符合下列情形之一的纳税人，应当依法办理汇算清缴。

① 从两处以上取得综合所得，且综合所得年收入额减除专项扣除后的余额超过 6 万元。

② 取得劳务报酬所得、稿酬所得、特许权使用费所得中一项或者多项所得，且综合所得年收入额减除专项扣除后的余额超过 6 万元。

③ 纳税年度内预缴税额低于应纳税额。

④ 纳税人申请退税。

需要办理汇算清缴的纳税人，应当在取得所得的次年 3 月 1 日至 6 月 30 日内，向任职、受雇单位所在地主管税务机关办理纳税申报，并报送《个人所得税年度自行纳税申报表》。纳税人有两处以上任职、受雇单位的，选择向其中一处任职、受雇单位所在地主管税务机关办理纳税申报；纳税人没有任职、受雇单位的，向户籍所在地或经常居住地主管税务机关办理纳税申报。

纳税人办理综合所得汇算清缴，应当准备与收入、专项扣除、专项附加扣除、依法确定的其他扣除、捐赠、享受税收优惠等相关的资料，并按规定留存备查或报送。

（3）取得经营所得的纳税申报

个体工商户业主、个人独资企业投资者、合伙企业个人合伙人、承包承租经营者个人以及其他从事生产、经营活动的个人取得经营所得，包括以下情形。

① 个体工商户从事生产、经营活动取得的所得，个人独资企业投资者、合伙企业个人合伙人来源于境内注册的个人独资企业、合伙企业生产、经营的所得。

② 个人依法从事办学、医疗、咨询以及其他有偿服务活动取得的所得。

③ 个人对企业、事业单位承包经营、承租经营以及转包、转租取得的所得。

④ 个人从事其他生产、经营活动取得的所得。

纳税人取得经营所得，按年计算个人所得税，由纳税人在月度或者季度终了后15日内，向经营管理所在地主管税务机关办理预缴纳税申报，并报送《个人所得税经营所得纳税申报表（A表）》。在取得所得的次年3月31日前，向经营管理所在地主管税务机关办理汇算清缴，并报送《个人所得税经营所得纳税申报表（B表）》；从两处以上取得经营所得的，选择其中一处经营管理所在地主管税务机关办理年度汇总申报，并报送《个人所得税经营所得纳税申报表（C表）》。

（4）纳税申报方式

纳税人可以采用远程办税端、邮寄等方式申报，也可以直接到主管税务机关申报。

2. 全员全额扣缴申报纳税

税法规定，扣缴义务人向个人支付应税款项时，应当依照个人所得税法规定预扣或者代扣税款，按时缴库，并专项记载备查。全员全额扣缴申报是指扣缴义务人应当在代扣税款的次月15日内，向主管税务机关报送其支付所得的所有个人的有关信息、支付所得数额、扣除事项和数额、扣缴税款的具体数额和总额以及其他相关涉税信息资料。采用这种方法，有利于控制税源、防止漏税和逃税。

（1）扣缴义务人和代扣预扣税款的范围

① 扣缴义务人是指向个人支付所得的单位或者个人。

② 代扣预扣税款的范围。实行个人所得税全员全额扣缴申报的应税所得包括以下内容：工资、薪金所得；劳务报酬所得；稿酬所得；特许权使用费所得；利息、股息、红利所得；财产租赁所得；财产转让所得；偶然所得。

（2）不同项目所得的扣缴方法

① 扣缴义务人向居民个人支付工资、薪金所得时，应当按照累计预扣法计算预扣税款，并按月办理扣缴申报。

② 扣缴义务人向居民个人支付劳务报酬所得、稿酬所得、特许权使用费所得时，应当按次或按月预扣预缴税款。

③ 非居民个人取得工资、薪金所得，劳务报酬所得、稿酬所得、特许权使用费所得，有扣缴义务人的，由扣缴义务人按月或者按次代扣代缴税款，不办理汇算清缴。

④ 扣缴义务人支付利息、股息、红利所得，财产租赁所得，财产转让所得或者偶然所得时，应当依法按次或者按月代扣代缴税款。

⑤ 劳务报酬所得、稿酬所得、特许权使用费所得，属于一次性收入的，以取得该项

收入为一次；属于同一项目连续性收入的，以一个月内取得的收入为一次。

⑥ 纳税人需要享受税收协定待遇的，应当在取得应税所得时主动向扣缴义务人提出，并提交相关信息、资料，扣缴义务人代扣代缴税款时按照享受税收协定待遇有关办法办理。

⑦ 扣缴义务人未将扣缴的税款解缴入库的，不影响纳税人按照规定申请退税，税务机关应当凭纳税人提供的有关资料办理退税。

（3）扣缴义务人的责任与义务

① 支付工资、薪金所得的扣缴义务人应当于年度终了后两个月内，向纳税人提供其个人所得和已扣缴税款等信息。

② 扣缴义务人应当按照纳税人提供的信息计算税款、办理扣缴申报，不得擅自更改纳税人提供的信息。

③ 扣缴义务人对纳税人提供的《个人所得税专项附加扣除信息表》，应当按照规定妥善保存备查。

④ 扣缴义务人应当依法对纳税人报送的专项附加扣除等相关涉税信息和资料保密。

⑤ 对扣缴义务人按照规定扣缴的税款，按年付给 2%的手续费。

⑥ 扣缴义务人依法履行代扣代缴义务，纳税人不得拒绝。纳税人拒绝的，扣缴义务人应当及时报告税务机关。

⑦ 扣缴义务人有未按照规定向税务机关报送资料和信息、未按照纳税人提供信息虚扣专项附加扣除、应扣未扣税款、不缴或少缴已扣税款、借用或冒用他人身份等行为的，依照《中华人民共和国税收征收管理法》等相关法律、行政法规进行处理。

（4）代扣代缴期限

扣缴义务人每月或者每次预扣、代扣的税款，应当在次月 15 日内缴入国库，并向税务机关报送《个人所得税扣缴申报表》。

同步测试题

一、名词解释

个人所得税；习惯性居住地；合理费用；财产转让所得

二、单项选择题

1. 以下属于工资、薪金所得项目的是（　　）。

A. 托儿补助费　　B. 劳动分红　　C. 投资分红　　D. 独生子女补贴

2. 出租车经营单位对出租车驾驶员采取单车承包或承租方式运营，出租车驾驶员从事客货营运取得的收入，按（　　）项目征收个人所得税。

A. 工资、薪金所得

B. 对企事业单位的承包、承租经营所得

C. 劳务报酬所得

D. 个体工商户生产、经营所得

3. 个人参加笔会现场作画取得的作画所得属于（　　）。

A. 工资、薪金所得　　B 稿酬所得

C. 劳务报酬所得　　D. 个体工商户生产、经营所得

4. 以下不属于特许权使用费所得项目的是（　　）。

A. 提供商标权使用权取得的所得　　B. 提供非专利技术使用权取得的所得

C. 提供专利权使用权取得的所得　　D. 转让土地使用权取得的所得

5. 个人对企业承包经营、承租经营时，承包、承租人对企业经营成果不拥有所有权，仅按合同（协议）规定取得一定所得的，应按（　　）所得项目征收个人所得税。

A. 工资、薪金　　B. 劳务报酬

C. 对企事业单位的承包、承租经营　　D. 个体工商户生产、经营所得

三、多项选择题

1. 以下有关个人所得税所得来源的说法正确的有（　　）。

A. 工资、薪金所得以纳税人任职的单位所在地作为所得来源地

B. 生产经营所得以纳税人生产经营活动实现地作为所得来源地

C. 不动产转让所得以不动产坐落地为所得来源地

D. 特许权使用费所得以特许权的使用地作为所得来源地

2. 以下采用定额与定率相结合的费用扣除方法的项目有（　　）。

A. 劳务报酬所得　　B. 特许权使用费所得

C. 财产转让所得　　D. 其他活动取得的所得

3. 下列项目中，属于劳务报酬所得的有（　　）。

A. 个人书画展卖画取得的报酬

B. 提供著作版权而取得的报酬

C. 将国外的作品翻译出版取得的报酬

D. 高校教师受出版社委托进行审稿取得的报酬

4. 下列各项中，应按照利息、股息、红利项目计征个人所得税的有（　　）。

A. 股份制公司为个人股东购买住房而支付的款项

B. 员工因拥有股权而参与公司税后利润分配取得的所得

C. 员工将行权后的股票再转让时获得高于购买日公平市场价的差额

D. 股份制公司个人投资者年终既不归还又未用于企业经营的借款

5. 下列所得中，以每次收入额为应税所得额的有（　　）。

A. 利息　　B. 红利　　C. 偶然所得　　D. 劳务报酬所得

四、判断题

1. 对国家发行的金融债券利息所得免征个人所得税。（　　）

2. 股份制企业购买车辆并将车辆所有权办到股东个人名下，应按照工资、薪金所得项目征收个人所得税。（　　）

3. 连续或累计在中国境内居住不超过90天的非居民纳税人，其所取得的中国境内所得并由境内支付的部分免税。（　　）

4. 居民企业纳税义务人承担有限纳税义务，即仅就其来源于中国境内的所得，向中国缴纳个人所得税。（　　）

五、简答题

1. 什么是个人所得税？

2. 个人所得税规定的应税所得项目有哪些？

3. 个人所得税的计税原理和应纳税额的计算方法是什么？

4. 个人所得税自行申报办法是如何规定的？

5. 扣缴义务人的适用范围和法定义务是什么？

案例分析题

赵园作为中国居民，2019年共发生以下经济事项。

1. 承包了某小区餐厅，按照协议，赵园每年支付12万元的租金，餐厅由赵园自主经营。2017年全年餐厅共收入110万元，购买原材料支出30万元，水电燃气费共支出5万元，装饰支出10万元，支付给外请员工工资20万元，赞助小区物业春节游园活动1万元，赵园为孩子报兴趣班支出2万元。

2. 在经过业主同意后，赵园将餐厅四分之一的房屋转租给王沛，用于王沛售卖彩票，每个月收取租金 4 000 元。

3. 赵园为小区居民提供设计服务，取得一次性收入 30 000 元。

4. 赵园买彩票中奖 2 000 元。

要求：

（1）赵园承包餐厅的收入，按什么税目计算缴纳个人所得税？

（2）计算 2019 年赵园承包餐厅应缴纳的个人所得税。

（3）计算赵园将餐厅房屋转租每月应缴纳的个人所得税。

（4）计算赵园提供设计服务应缴纳的个人所得税。

（5）计算赵园买彩票中奖应缴纳的个人所得税。

关税和船舶吨税　第13章

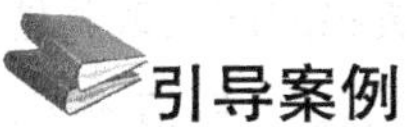

引导案例

从 15.7%到 6.9%，日用消费品关税迎大幅下降

2018 年 6 月 4 日，国务院新闻办就日用消费品降低关税问题进行记者问答。据了解，目前，我国日用消费品最惠国进口关税平均税率为 14.5%，高于我国关税总水平 9.8%。此次降税拟较大幅度扩大和提高其他日用消费品降税范围和降税力度，包括境外消费相对较少但国外具有特色优势的产品，以及进口税率相对较高的产品，涉及税目 1 449 个，是前 4 次降税总数的 7 倍。平均税率由 15.7%降为 6.9%，平均降幅 55.9%。

思考与讨论：

1. 谈谈你对关税的认识。
2. 此案例对你有何启发？

13.1　关税

关税是海关对进出境货物、物品征收的一种税。所谓“境”是指关境，又称“海关境域”或“关税领域”。通常情况下，一国关境与国境是一致的，包括国家全部的领土、领海、领空。但当某一国家在国境内设立了自由港、自由贸易区等，这些区域就进出口关税而言处在关境之外，这时该国家的关境小于国境。根据《中华人民共和国海关法》和《中华人民共和国进出口关税条例》《中华人民共和国海关进出口税则》《中华人民共和国海关入境旅客行李物品和个人邮递物品征收进口税办法》等的规定，海关依法对进出品的货物和物品代征关税。

现行关税法律规范以全国人民代表大会于 2000 年 7 月修正颁布的《中华人民共和国海关法》（以下简称《海关法》）为法律依据。

13.1.1　征税对象与纳税人

1. 征税对象

关税的征税对象是进出我国国境或关境的货物和物品。货物是指贸易性商品。物品包括入境旅客随身携带的行李和物品、各种运输工具上服务人员携带进口的自用物品、个人邮递物品、馈赠物品及以其他方式入境的个人物品。

2. 纳税人

关税的纳税人是指进口货物的收货人、出口货物的发货人、进出境物品的所有人。进出口货物的收、发货人是依法取得对外贸易经营权，并进口或出口货物的法人或其他社会团体。进出境物品的所有人包括该物品的所有人和推定为所有人的人。一般情况下，对于携带进境的物品，推定其携带人为所有人，对分离运输的行李，推定相应的进出境旅客为所有人，对以邮递方式进境的物品，推定其收件人为所有人，以邮递或其他运输方式出境的物品，推定其寄件人或托运人为所有人。

13.1.2 税率

关税税率

关税税率分为进口税率和出口税率两个部分。国务院制定《中华人民共和国进出口税则》和《中华人民共和国进境物品进口税税率表》规定关税的税目、税则号列和税率，作为进出口关税条例的组成部分。国务院设立关税税则委员会负责：进出口税则和进境物品进口税税率表的税目、税则号列和税率的调整和解释，报国务院批准后执行；决定实行暂定税率的货物、税率和期限；决定关税配额税率；决定征收反倾销税、反补贴税、保障措施关税、报复性关税和实施其他关税措施；决定特殊情况下税率的适用；履行国务院规定的其他职责。

1. 进口关税税率

（1）税率的设置与适用范围

从2002年1月1日开始，我国进口税则设有最惠国税率、协定税率、特惠税率、普通税率等税率。对进口货物在一定期限内也可以实行暂定税率。

① 最惠国税率。最惠国税率适用原产于我国共同适用最惠国待遇条款的WTO成员或地区的进口货物，或原产于与我国签订有给予最惠国待遇条款的双边贸易协定的国家或地区进口的货物，以及原产于我国境内的进口货物。

② 协定税率。协定税率适用于原产于我国参加的含有关税优惠条款的区域性贸易协定有关缔约方的进口货物，目前对原产于韩国、斯里兰卡和孟加拉国3个曼谷协定成员的739个科目进口商品实行协定税率（即曼谷协定税率）。

③ 特惠税率。特惠税率适用原产于与我国签订有特殊优惠关税协定的国家或地区的进口货物，目前对原产于孟加拉国的18个科目进口商品实行特惠税率（即曼谷协定特惠税率）。

④ 普通税率。普通税率适用于原产于上述国家或地区以外的其他国家或地区的进口货物。按照普通税率征税的进口货物，经国务院关税税则委员会特别批准，可以适用最惠国税率。

（2）税率的种类

按照征收关税的标准，其税率可以分为从价税、从量税、复合税、选择税、滑准税。

① 从价税。从价税是一种最常用的关税计税标准。它以货物的价格或价值为征税标准，以应征税额占货物价格或者价值的百分比为税率，价格或价值越高，税额越高。目前，我国海关计征关税标准主要是从价税。

② 从量税。从量税以货物的数量、重量、体积、容量等计量单位为计税标准，以每计量单位货物的应征税额为税率。我国目前对原油、啤酒和胶卷等进口商品征收从量税。

③ 复合税。复合税又称混合税。即订立从价、从量两种税率，随着完税价格和进口数量而变化，征收时两种税率合并计征。它是对某种进口货物混合使用从价税和从量税的一种关税计税标准。我国目前仅对录像机、放像机、摄像机、数字照相机和摄录一体机等进口商品征收复合税。

④ 选择税。选择税是对一种进口商品同时定有从价税和从量税两种税率，但征税时选择其税额较高的一种征税标准。

⑤ 滑准税。滑准税是根据货物的不同价格适用不同税率的一类特殊的从价关税。它是一种关税税率随进口货物价格由高至低而由低至高设置计征关税的方法。简单地讲，就是进口货物的价格越高，其进口关税税率越低，进口货物的价格越低，其进口关税税率越高。滑准税的特点是可保持实行滑准税商品的国内市场价格的相对稳定，而不受国际市场价格波动的影响。

（3）暂定税率与关税配额税率

根据经济发展的需要，国家对部分进口原材料、零部件、农药原药和中间体、乐器及生产设备实行暂定税率。《中华人民共和国进出口关税条例》规定，适用最惠国税率的进口货物有暂定税率的，应当适用暂定税率；适用特惠税率、协定税率的进口货物有暂定税率的，应当从低适用税率；适用普通税率的进口货物，不适用暂定税率。同时，对部分进口农产品和化肥产品实行关税配额，即一定数量内的上述进口商品适用税率较低的配额内税率，超出该数量的进口商品适用税率较高的配额外税率。现行税则对700多个税目进口商品实行了暂定税率，对小麦、玉米和尿素等3种化肥产品实行关税配额管理。

2. 出口关税税率

我国出口税则为一栏税率，即出口税率。国家仅对少数资源性产品及易于竞相杀价、盲目进口、需要规范出口秩序的半制成品征收出口关税。1992 年我国对 47 种商品计征出口关税，税率为 20%～40%。

现行税则对 36 种商品计征出口关税，主要是鳗鱼苗、部分有色金属矿砂及其精矿、生锑、磷、氟钽酸钾、苯、山羊板皮、部分铁合金、钢铁废碎料、铜和铝原料及其制品、镍锭、锌锭、锑锭。出口商品税则税率一直未予调整。但对上述范围内的 23 种商品 0～20%的暂定税率，其中 16 种商品为零关税，6 种商品的税率在 10%及以下。与进口暂定税率一样，出口暂定税率优先适用于出口税则中规定的出口税率。因此，我国真正征收出口关税的商品只有 20 种，税率也较低。

3. 反倾销税、反补贴税、保障措施关税和报复性关税税率

我国按照有关法律、行政法规的规定对进口货物采取反倾销税、反补贴税和保障措施的，其适用税率按照国务院发布的《中华人民共和国反倾销条例》《中华人民共和国反补贴条例》和《中华人民共和国保障措施条例》的有关规定执行。

4. 原产地的规定

确定进境货物原产地的主要原因之一是便于运用进口税则的各栏税率，对产自不同国家或地区的进口货物适用不同的关税税率。我国基本上采用了“全部产地生产标准”和“实质性加工标准”两种国际上通用的原产地标准。

（1）全部产地生产标准

全部产地生产标准是指进口货物“完全在一个国家内生产或制造”，生产或制造国即为该货物的原产地。完全在一个国家内生产或制造的进口货物包括：①在该国领土或领海内开采的矿产品；②在该国领土上收获或采集的植物产品；③在该国领土上出生或由该国饲养的活动物及从其所得产品；④在该国领土上狩猎或捕捞所得的产品；⑤在该国的船只上卸下的海洋捕捞物，以及由该国船只在海上取得的其他产品；⑥在该国加工船上加工上述 5 项所列物品所得的产品；⑦在该国收集的只适用做再加工制造的废碎料和废旧物品；⑧在该国完全使用上述①至⑦项所列产品加工成的制成品。

（2）实质性加工标准

实质性加工标准是适用于确定有两个或两个以上国家参与生产的产品的原产国的标准，其基本含义是：经过几个国家加工、制造的进口货物，以最后一个对货物进行经济上可以视为实质性加工的国家作为有关货物的原产国。

“实质性加工”是指产品加工后，在进出口税则中 4 位数税号一级的税则归类已经有了改变，或者加工增值部分所占新产品总值的比例已超过 30%及以上。

（3）其他

其他对机器、仪器、器材或车辆所用零件、配件、备件及工具，如与主件同时进口且数量合理的，其原产地按主件的原产地确定，分别进口的则按各自的原产地确定。

13.1.3 税收优惠

我国《海关法》规定，减免进口关税的权限属于中央人民政府；在未经中央人民政府许可的情况下，各地海关不得擅自决定关税减免，这可保证国家关税政策的统一。关税减免主要可分法定减免、特定减免和临时减免 3 种类型。

1. 法定减免

法定减免是依照关税基本法规的规定，对以下列举的课税对象给予的减免，包括：关税税额在人民币 10 元以下；无商业价值的广告品和货样；外国政府、国际组织无偿赠送的物资；进出境运输工具装载的途中必需的燃料、物料和饮食用品；中华人民共和国缔结或者参加的国际条约规定减征、免征关税的货物、物品。

海关可以酌情减免关税的情形包括：在境外运输途中或者起卸时，受损坏或者损失的；起卸后海关放行前，因不可抗力受损坏或者损失的；海关查验时已经破漏、损坏或者腐烂，经证明不是保管不慎造成的。为境外厂商加工、装配成品和为制造外销产品而进口的原材料、辅料、零件、部件、配套件和包装物料，海关按照实际加工出口的成品数量免征进口关税；或者对进口料、件先征进口关税，再按照实际加工出口的成品数量予以退税。经海关核准暂时进境或者暂时出境并在 6 个月内复运出境或者复运进境的货样、展览品、施工机械、工程车辆、工程船舶、供安装设备时使用的仪器和工具、电视或者电影摄制器械、盛装货物的容器以及剧团服装道具，在货物收发货人向海关缴纳相当于税款的保证金或者提供担保后，准予暂时免纳关税等。

2. 特定减免

特定减免是指在关税基本法规确定的法定减免范围以外，由国务院或国务院授权的机关颁布法规、规章特别规定的减免，包括对特定地区、特定企业和特定用途货物的减免等。

3. 临时减免

临时减免是指在以上两项减免以外，对某个纳税人由于特殊原因临时给予的减免。适用临时减免的纳税人必须在货物进出口前，向所在地海关提出书面申请，并随附必要的证明资料，经所在地海关审核后，转报海关总署，由海关总署会同国家税务总局、财政部审核批准。

13.1.4 应纳税额的计算

1. 进口货物完税价格的确定

（1）一般进口货物完税价格的确定

根据《中华人民共和国进出口关税条例》第十条规定，进口货物以海关审定的成交价格为基础的到岸价格作为完税价格。因此完税价格的确认基础是进口货物的成交价格，但不一定与成交价格一致。实际成交价格是一般贸易项下进口货物的买方为购买该项货物对卖方实际支付或应当支付的价格。成交价格为运抵我国境内口岸的货价加运费价格，也应另加保险费。完税价格必须是经过海关审核并接受的申报价格。对于不真实或不准确的申报价格，海关有权不予接受，并可依照税法规定对有关进口货物的申报价格进行调整或另行估定完税价格。进口货物成交价格不同，海关审核的标准不同，因此完税价格的确定方式有以下几种。

① 以到岸价格为进口货物的完税价格。到岸价格是指由货价、货物运抵我国关境内输入地点起卸前的包装费、运费、保险费和其他劳务费等费用组成的一种价格。其计算公式如下：

完税价格＝到岸价格＋国外运费＋国外保险费＋其他费用

买价中还包括了为了在境内生产制造、使用或出版、发行而向境外支付的与该进口货物有关的专利、商标、著作权，以及专有技术、计算机软件或者资料等费用。该货物在成交过程中，如有我方在成交价格外另行支付卖方的佣金，也计入成交价格。因而进口货物的到岸价格包括下列费用。

a. 进口人为在国内生产、制造、出版、发行或使用该项货物而向国外支付的软件费。

b. 在该项货物成交过程中，进口人向卖方支付的佣金。

c. 货物运抵我国关境内输入地点起卸前的包装费、运输费和其他劳务费用。

d. 保险费。

但下列费用如单独计价，且已包括在进口货物的成交价格中，经海关审查属实的，可以从完税价格中扣除：进口人向其境外采购代理人支付的买方佣金；卖方付给买方的正常回扣；工业设施、机械设备类货物进口后基建、安装、装配、调试或技术指导的费用。

② 进口货物由海关估价确定。进口货物的价格不符合成交条件或成交价格不能确定的，海关应当依次以相同货物成交价格方法、类似货物成交价格方法、倒扣价格方法、计算价格方法及其他合理方法确定的价格为基础，估定完税价格。

（2）特殊进口货物的完税价格

① 运往境外加工的货物。运往境外加工的货物，出境时已向海关报明，并在海关规定期限内复运进境的，应当以加工后货物进境时的到岸价格与原出境货物或者相同、类似货物在进境时的到岸价格之间的差额，作为完税价格。如上述原出境货物在进境时的到岸价格无法得到，可用原出境货物申报出境时的离岸价格替代。如上述两种方法的到岸价格都无法得到，可用该出境货物在境外加工时支付的工缴费加上运抵我国关境输入地点起卸前的包装费、运费、保险费、其他劳务费等一切费用作为完税价格。

② 运往境外修理的机器、工具等。运往境外修理的机械器具、运输工具或者其他货物，出境时已向海关报明并在海关规定期限内复运进境的，应当以海关审查确定的正常的修理费和料件费，作为完税价格。

③ 租赁、租借方式进境的货物。租赁和租借方式进境的货物，以海关审查确定的该项进口货物的成交价格作为完税价格。如租赁进境货物是一次性支付租金的，则可以海关审定的该项进口货物的成交价格确定完税价格。

④ 准予暂时进口的施工机械等。准予暂时进口的施工机械、工程车辆、供安装使用的仪器和工具、电视或电影摄制机械，以及盛装货物的容器，如超过半年仍留在国内使用的，应自第 7 个月起，按月征收进口关税，其完税价格按原货进口时的到岸价格确定，货物每月的税额计算公式如下：

关税税额＝货物原到岸价格×关税税率÷48

⑤ 留购的进口货样等。国内单位留购的进口货样、展览品和广告陈列品，以留购价格作为完税价格。但是，买方留购货样、展览品和广告陈列品后，除按留购价格付款外，又直接或间接给卖方一定利益的，海关可以另行确定上述货物的完税价格。

（3）进口货物运保费的确认

进口货物的到岸价格中应包括的运费、保险费，简称运保费。在计算时，海运进口货物计算至该项货物运抵我国境内的卸货口岸，如该货物的卸货口岸是内河（江）口岸，则应计算至内河口岸；陆运进口货物，计算至该货物运抵关境的第一口岸为止，如成交价格中所包括的运、保、杂费计算至内地到达口岸的，关境的第一口岸至内地一段的运、保、杂费不予扣除；空运进口货物，计算至进入关境的第一个口岸外的其他口岸，则计算至目的地口岸。进口货物以境外口岸离岸价格成交的，应加上该项货物从境外发货或交货口岸运到我国境内以前所实际支付的各段的运费和保险费。如实际支付数无法确定时，可按有关主管机构规定的运费率（额）、保险费率计算。陆、空、邮运进口货物的保险费无法确定时，都可按“货价加运费”两者总额的 3‰计算保险费。

2. 进口关税的计算

进口关税的应纳税额是依据完税价格和适用的税率计量的，其计算公式如下：

应纳进口关税＝完税价格×适用税率

【例 13-1】 新欣公司 2019 年 12 月 1 日从英国进口高档美容修饰类化妆品一批，该批货物在国外的买价为 120 万元，货物运抵我国入关前发生的运输费、保险费和其他费用分别为 10 万元、6 万元、4 万元。货物报关后，该公司按规定缴纳了进口环节的增值税和消费税，将化妆品从海关运往公司所在地取得增值税专用发票，注明运输费用 5 万元、增值税进项税额 0.5 万元，该批化妆品当月在国内全部销售，取得不含税销售额 520 万元，化妆品进口关税税率为 20%，增值税税率为 13%，消费税税率为 15%，要求：计算该批化妆品进口环节应缴纳的关税、增值税、消费税和国内销售环节应缴纳的增值税。

解析：

（1）关税完税价格＝120＋10＋6＋4＝140（万元）

（2）应缴纳进口关税＝140×20%＝28（万元）

（3）进口环节的组成计税价格＝（140＋28）÷（1−15%）＝197.65（万元）

（4）进口环节应缴纳增值税＝197.65×13%＝25.69（万元）

（5）进口环节应缴纳消费税＝197.65×15%＝29.65（万元）

3. 出口关税的计算

（1）出口货物完税价格的确定

出口货物以海关审定的成交价格为基础的离岸价格作为完税价格。离岸价格是离开我国关境口岸的价格。具体地说应以该项货物运离关境前的最后一个口岸的离岸价格为实际离岸价格。如该项货物从内地起运，即从内地口岸至最后出境口岸所支付的国内段运输费用应予扣除。出口货物成交价格如为境外口岸的到岸价格或货价加运费价格时，应先扣除运费、保险费后，再按法定公式计算完税价格。出口货物以海关审定的成交价格为基础的售予境外的离岸价格，扣除出口关税后作为完税价格。其计算公式如下：

完税价格＝离岸价格÷（1＋出口税率）

如果出口货物成交价格中含有支付给国外的佣金，并与货物的离岸价格分列，应予以扣除；未单独列明的，不予扣除。出口货物在离岸以外，买方还另行支付货物包装费的，应将其计入完税价格。

为防止出口商品低价竞销，维护正常的对外贸易秩序，保护正当经营者的合法权益，海关自 1995 年 2 月 1 日起实施《中华人民共和国海关对出口商品审价暂行办法》。该办法规定，出口商品的发货人或其代理人应如实向海关申报出口商品售与境外的价格，对不符合海关审价依据的出口商品，海关将依次序按下列价格予以审定。

① 同一时期内向同一国家或者地区销售出口的相同商品的成交价格。

② 同一时期内向同一国家或者地区销售出口的类似商品的成交价格。

③ 根据境内生产相同或者类似商品的成本、储运和保险费用、利润及其他杂费计算所得的价格。

④ 如果按照以上方法仍不能确定的，由海关用其他合理方法审定价格。

出口关税的税率是根据促进和保护国内生产，调节对外经济往来和为国家建设积累资金等项基本政策制定的。出口关税税率没有普通和优惠之分，是一种差别比例税率。出口税率设有10%、20%、30%、60%共4级，对列举的少数几种出口商品征收出口关税。

（2）出口货物关税的计算

① 以我国口岸离岸价格成交的出口关税的计算，计算公式如下：

应纳关税税额＝离岸价格÷（1＋关税税率）×关税税率

② 以国外口岸到岸价格成交的出口关税的计算，计算公式如下：

应纳关税税额＝（到岸价格－保险费－运费）÷（1＋关税税率）×关税税率

【例13-2】 华扬企业2019年12月27日出口异型钢材一批，离岸价格为10 000 000元人民币，出口关税税率为30%。要求：计算应纳出口关税。

解析：

应纳出口关税＝10 000 000×30%＝3 000 000（元）

13.1.5 申报缴纳

关税的纳税人或其代理人应在规定的报关期限内向货物进（出）境地海关申报，经海关对实际货物进行查验后，根据货物的税则归类和完税价格计算应纳关税和进口环节代征税费，填发税款缴纳证。纳税人或其代理人应在海关填发税款缴纳证的次日起7日内，向指定银行缴纳。进口货物在完税后方可进入国内市场流通，出口货物完税后方可装船出口。为了方便货主，经货物收货人申请，海关批准，也可在起运地海关办理申报纳税手续。

如果关税的纳税人缺乏纳税资金或由于其他原因而造成缴纳关税有困难，不能在关税缴纳期限内履行纳税义务，可以缓纳关税。缓纳关税是海关批准纳税人将其部分或全部应缴税款的缴纳期限延长的一种制度。根据规定，申请缓纳关税的纳税人应于有关货物申报进口前或于申报进口之日起7日内（星期日或法定节假日除外），向主管海关提出书面申请，并递交关税缴纳计划和由其开户银行或其上级主管机关出具的纳税担保函件。

经海关审核批准缓纳关税的纳税人，应按海关批准的缴纳关税计划如期缴纳关税，并按月支付10‰的利息。

《中华人民共和国进出口关税条例》规定，有下列情形之一的，进出口货物的收发货人或其代理人，可以自缴纳税款之日起1年内书面声明理由，连同原纳税收据向海关申请退税，逾期不予受理：①因海关误征，多纳税款的；②海关核准免验进口的货物，在免税后，发现有短缺情况，经海关审查认可的；③已征出口关税的货物，因故未装运出口，申报退关，经海关查验属实的。退还关税是关税纳税人按海关核定的税额缴纳关税后，因上述原因的出现，海关将已缴税款的部分或全部退还给关税纳税人的一种规定。海关应当自受理退税申请之日起30日内做出书面答复并通知各纳税申请人。

按海关现行规定，进出口货物完税后，如发现少征或者漏征税款，海关应当自缴纳税款或者货物放行之日起1年内，向收发货人或者他们的代理人补征。

根据《中华人民共和国进出口关税条例》的规定，进出口货物的纳税人或其代理人，应当自海关填发税款缴纳证的次日起7日内缴纳税款，若逾期缴纳而又未经批准缓纳关税，则由海关征收一定比例的滞纳金。关税滞纳金的计算方法是自缴纳期限期满之日的次日起，至缴清税款之日止，按日征收所欠税款的0.1%，其计算公式如下：

关税滞纳金＝应纳税额×0.1%×滞纳天数

13.2 船舶吨税

船舶吨税是根据船舶运载量课征的一种税。现行的船舶吨税的规范是2017年12月27日第十二届全国人民代表大会常务委员会第三十一次会议通过的《中华人民共和国船舶吨税法》，自2018年7月1日起施行。

13.2.1 征税范围与税率

1. 征税范围

自中华人民共和国境外港口进入境内港口的船舶，应当缴纳船舶吨税。

2. 税率

船舶吨税设置优惠税率和普通税率。中华人民共和国国籍的应税船舶，船籍国（地区）与中华人民共和国签订含有相互给予最惠国待遇条款的条约或者协定的应税船舶，适用优惠税率。其他应税船舶，适用普通税率。《船舶吨税税目税率表》（见表13-1）的调整，由国务院决定。

表 13-1　　船舶吨税税目税率表

税目（按船舶净吨位划分）	税率（元/净吨）						备注
	普通税率（按执照期限划分）			优惠税率（按执照期限划分）			
	1 年	90 日	30 日	1 年	90 日	30 日	
不超过 2 000 净吨	12.6	4.2	2.1	9.0	3.0	1.5	拖船和非机动驳船分别按相同净吨位船舶税率的 50%计征税款
超过 2 000 净吨，但不超过 10 000 净吨	24.0	8.0	4.0	17.4	5.8	2.9	
超过 10 000 净吨，但不超过 50 000 净吨	27.6	9.2	4.6	19.8	6.6	3.3	
超过 50 000 净吨	31.8	10.6	5.3	22.8	7.6	3.8	

13.2.2 应纳税额的计算

船舶吨税按照船舶净吨位、执照期限征收，应纳税额按照船舶净吨位乘以适用税率计算。净吨位是指由船籍国（地区）政府授权签发的船舶吨位证明书上标明的净吨位。计算公式如下：

应纳税额＝船舶净吨位×定额税率

【例 13-3】 A 国 2019 年 12 月某运输公司一艘货轮驶入我国某港口，该货轮净吨位为 30 000 吨，货轮负责人已向我国某海关领取了船舶吨税执照，在港口的停留期限为 30 天，A 国已与我国签订相互给予船舶吨税最惠国待遇条款。根据船舶吨税的相关规定，该货轮应享受优惠汇率，每净吨位为 3.3 元。要求：计算该货轮负责人应向我国海关缴纳的船舶吨税。

解析：

应缴纳的船舶吨税的计算如下：

应缴纳的船舶吨税＝30 000×3.3＝99 000（元）

13.2.3 税收优惠与征收管理

1. 税收优惠

（1）直接优惠

对下列船舶免征船舶吨税。

① 应纳税额在人民币 50 元以下的船舶。

② 自境外以购买、受赠、继承等方式取得船舶所有权的初次进口到港的空载船舶。

③ 吨税执照期满后 24 小时内不上下客货的船舶。

④ 非机动船舶（不包括非机动驳船），是指自身没有动力装置，依靠外力驱动的

船舶。

⑤ 捕捞、养殖渔船，是指在中华人民共和国渔业船舶管理部门登记为捕捞船或者养殖船的船舶。

⑥ 避难、防疫隔离、修理、终止运营或者拆解，并不上下客货的船舶。

⑦ 军队、武装警察部队专用或者征用的船舶。

⑧ 依照法律规定应当予以免税的外国驻华使领馆、国际组织驻华代表机构及其有关人员的船舶。

⑨ 国务院规定的其他船舶。

（2）延期优惠

在船舶吨税执照期限内，若应税船舶发生下列情形之一，则海关按照实际发生的天数批注延长在船舶吨税执照期限。

① 避难、防疫隔离、修理，并不上下客货。

② 军队、武装警察部队征用。

③ 应税船舶因不可抗力在未设立海关地点停泊的，船舶负责人应当立即向附近海关报告，并在不可抗力原因消除后，向海关申报纳税。

2. 征收管理

（1）船舶吨税由海关负责征收，海关征收吨税应当制发缴款凭证。

（2）船舶吨税纳税义务发生时间为应税船舶进入港口的当日。

同步测试题

一、名词解释

关税；复合关税；选择关税；滑准关税；船舶吨税

二、单项选择题

1. 下列项目中，属于进口关税完税价格组成部分的是（　　）。

   A. 进口人向自己的境外采购代理人支付的购货佣金

   B. 进口人负担的向中介机构支付的经纪费

   C. 进口设备报关后的维修费用

   D. 货物运抵境内输入地点起卸之后的运输费用

2. 下列各项关于关税适用税率的表述中，正确的是（　　）。

A. 出口货物按货物实际离境之日规定的税率纳税

B. 出口货物按纳税人申报进口之日规定的税率纳税

C. 暂时出口货物转为正式进口需补税时按其申报暂时进口之日实施的税率纳税

D. 查获走私进口货物需补税时按海关确认的其实际走私进口日期实施的税率纳税

3. 下列各项中，应计入出口货物完税价格的是（　　）。

A. 出口关税税额

B. 单独列明的支付给境外的佣金

C. 货物在我国境内输出地点装载后的运输费用

D. 货物运至我国境内输出地点装载前的保险费

4. 某企业于2019年5月将一台账面余值为55万元的进口设备运往境外修理，当月在海关规定的期限内复运进境。经海关审定的境外修理费为4万元，料件费为6万元，假定该设备的进口关税税率为30%，则该企业应缴纳的关税为（　　）万元。

A. 1.8　　B. 3　　C. 16.5　　D. 19.5

5. 2016年6月1日，某公司经批准进口一台符合国家特定免征关税的科研设备用于研发项目，设备进口时经海关审定的完税价格折合人民币800万元（关税税率为10%），海关规定的监管年限为5年；2018年5月31日，公司研发项目完成后，将已计提200万元折旧的免税设备出售给国内另一家企业，该公司应补缴关税（　　）万元。

A. 24　　B. 32　　C. 48　　D. 80

三、多项选择题

1. 以下关于关税税率的说法正确的有（　　）。

A. 进出口货物一般应按纳税人申报进口或出口之日实施的税率纳税

B. 加工贸易进口料、件等属于保税性质的进口货物如经批准转为内销，应按向海关申报转为内销之日实施的税率纳税

C. 暂时进口货物转为正式进口需予补税时，应按其申报暂时进口之日实施税率纳税

D. 查获走私进口货物需补税时，应按原走私进口之日实施的税率征税

2. 下列各项中，应当计入进口货物关税完税价格的有（　　）。

A. 由买方负担的购货佣金

B. 由买方负担的境外包装材料费用

C. 由买方负担的境外包装劳务费用

D. 与买方负担的进口货物视为一体的容器费用

3. 下列进出口货物，海关可以酌情减免关税的有（　　）。

A. 在境外运输途中或者起卸时，遭受损坏或损失的货物

B. 起卸后海关放行前，因不可抗力遭受损坏或损失的货物

C. 海关查验时已经破漏、损坏或腐烂，经查为保管不慎的货物

D. 纳税人因不可抗力，缴税确有困难的纳税人进口的货物

4. 按照关税的有关规定，进出口货物的收发货人或他们的代理人，可以自缴纳税款之日起 1 年内，书面声明理由，申请退还关税。下列各项中，经海关确定可申请退税的有（　　）。

A. 因海关误征而多缴纳关税税款的

B. 海关核准免验完税进口货物后发现短缺的

C. 已征收出口关税的货物因故未装运出口的

D. 已征收出口关税的货物因故发生退货的

5. 下列各项中，符合关税减免规定的有（　　）。

A. 因故退还国内出口货物，经海关审查可免征进口关税，已征出口关税准予退还

B. 因故退还国内出口货物，经海关审查可免征进口关税，已征出口关税不予退还

C. 因故退还境外进口货物，经海关审查可免征出口关税，已征进口关税准予退还

D. 因故退还境外进口货物，经海关审查可免征出口关税，已征进口关税不予退还

四、判断题

1. 关税的纳税人仅指进出我国国境货物的单位和个人，包括外籍人员。（　　）

2. 根据我国关税条例的规定，个人邮寄物品可以不纳关税。（　　）

3. 进口人向境外卖方支付的佣金，构成关税完税价格，而进口人向境外采购代理人支付的买方佣金，不构成关税的完税价格。（　　）

4. 国内单位留购的进口货样、展览品和广告陈列品，以国际市场价格为免税价格。（　　）

5. 某公司进口货物的完税价格为 100 万元人民币，进口关税税率为 10%，海关于 2018 年 7 月 1 日填发税收缴纳证，公司于当年 7 月 18 日才缴纳税收，因此该公司应缴纳

0.1 万元滞纳金。(　　)

五、简答题

1. 关税的特点是什么?
2. 简述我国进出口税则的概况。
3. 简述有关货物原产地的规定。
4. 如何对进口货物的成交价格进行调整?
5. 简述船舶吨税的基本内容。

案例分析题

位于市区的某公司为增值税一般纳税人，2019 年 3 月发生的经营业务如下：

1. 从国外进口机器设备，国外买价折合为 640 000 元人民币，运抵我国入关地前支付的运费折合为 42 000 元人民币、保险费折合为 38 000 元人民币，入关后运抵公司所在地，取得运输公司开具的增值税专用发票，注明运费 16 000 元、税额 1 300 元。

2. 支付给境外某公司特许权使用费，扣缴相应税款并取得完税凭证，合同约定的特许权使用费的金额为 1 000 000 元人民币（含按税法规定应由该公司代扣代缴的税款）。

3. 该进口货物的关税优惠税率为 12%。

要求：

（1）计算进口该批设施备件应纳的进口关税。

（2）计算该批设施备件进口环节应缴纳的增值税。

（3）计算业务 2 中应代扣代缴的增值税。

（4）计算业务 2 中应代扣代缴的城建税、教育费附加和地方教育附加。

参考文献

[1] 中国注册会计师协会. 税法. 北京：中国财政经济出版社，2019.

[2] 刘颖. 税法（上册）. 北京：北京科学技术出版社，2019.

[3] 刘颖. 税法（下册）. 北京：北京科学技术出版社，2019.

[4] 刘颖. 2015年注册会计师考试应试指导及全真模拟测试 税法. 北京：北京大学出版社，2015.

[5] 李德文. 税法：学习和理解. 上海：上海交通大学出版社，2011.

[6] 王振东. 税法. 北京：人民邮电出版社，2017.

[7] 席晓娟. 税法. 上海：上海交通大学出版社，2011.

[8] 李宏彪. 税法. 北京：北京理工大学出版社，2017.

[9] 郝琳琳. 税收法律实务. 北京：北京大学出版社，2011.

[10] 王宏军. 税法案例选评. 北京：对外经济贸易大学出版社，2011.

[11] 徐孟洲. 税法案例分析. 北京：中国人民大学出版社，2006.

[12] 刘少军. 税法案例教程. 北京：知识产权出版社，2002.

[13] 腾祥志. 税法实务与理论研究. 北京：法律出版社，2008.

[14] 刘继虎. 税法实例说. 长沙：湖南人民出版社，1999.

[15] 盖地. 税务会计与税务筹划. 大连：东北财经大学出版社，2017.

[16] 陈文军. 税务会计. 徐州：中国矿业大学出版社，2011.

[17] 邓芳杰. 税法全真模拟试题. 北京：中国财政经济出版社，2017.

[18] 陈解生. 2002年度注册会计师全国统一考试考点精粹. 北京：中国经济出版社，2002.

[19] 杨小强. 中国税法原理、实务与整体化. 济南：山东人民出版社，2008.